Herbert Dowalil

Grundlagen des modularen Softwareentwurfs

Der Bau langlebiger Mikro- und
Makro-Architekturen
wie Microservices und SOA 2.0

HANSER

Der Autor:

Herbert Dowalil, Wien

Bibliografische Information der Deutschen Nationalbibliothek:

Die Deutsche Nationalbibliothek verzeichnet diese Publikation in der Deutschen Nationalbibliografie; detaillierte bibliografische Daten sind im Internet über http://dnb.d-nb.de abrufbar.

© 2018 Carl Hanser Verlag München, www.hanser-fachbuch.de
Lektorat: Brigitte Bauer-Schiewek
Copy editing: Petra Kienle, Fürstenfeldbruck
Umschlagdesign: Marc Müller-Bremer, München, www.rebranding.de
Umschlagrealisation: Stephan Rönigk
Gesamtherstellung: Kösel, Krugzell
Ausstattung patentrechtlich geschützt. Kösel FD 351, Patent-Nr. 0748702
Printed in Germany

Print-ISBN: 978-3-446-45509-2
E-Book-ISBN: 978-3-446-45600-6

Für Claudia und Valentina

Inhalt

Vorwort

Motivation

„Entwickler an die Macht!" Selbstbewusst läutete das Java Magazin im September 2016 [Zör16] eine neue Ära der Softwarearchitektur ein. Gerade und vor allem durch den Trend hin zu Microservices, so der Tenor, würde die Softwarearchitektur immer mehr zum Basisskill werden und eine eigene Architektenrolle überflüssig machen. Was ist von dieser Ansage zu halten? Ich nehme hier gleich vorweg, dass ich diese Ansicht weitgehend teile. Softwarearchitektur ist nämlich gar nicht so schwierig zu verstehen und umzusetzen. Bei der Demokratisierung des Themas gilt es aber vorsichtig zu sein. Ich sehe dabei auf der einen Seite die große Gefahr, dass es im Zuge dessen falsch verstanden oder im Extremfall zunächst bagatellisiert und danach weggelassen wird. Andererseits, und in diese Falle würde unsere Branche nicht zum ersten Mal tappen, könnte es wieder passieren, dass einige wenige Muster so in den Vordergrund rücken, dass diese eine gewisse Eigendynamik entwickeln und im Endeffekt die Architekturarbeit ersetzen. So geschehen zu Beginn des Jahrtausends im Zuge des Booms der SOA 1.0, die heute noch von einigen als Ziel mit Selbstzweck betrieben wird. Ähnliches konnte man auch in der Welt der Softwaredesigns beobachten, wie den ehemals gängigen Core JEE Pattern und deren Glaube daran, dass ganz besonders viele Schichten ganz besonders viel Nutzen bringen würden.

Microservices, als der zurzeit aktuelle Hype, machen hier leider keine Ausnahme. Ins Vokabular vieler sind sie bereits als Ersatz für Softwarearchitektur eingegangen. Und natürlich als neues Muster, welches angeblich absolut und immer perfekt passen soll. So sinnvoll sie in einigen Anwendungsfällen sein mögen, ein Allheilmittel stellen sie bestimmt nicht dar, dazu mehr in Kapitel 7. Inzwischen ist es ja sogar schon so, dass die diversen großen Beratungsfirmen die Microservices als neue Einnahmequelle für sich entdeckt haben und nun dieses zweite Muster parallel zur SOA 1.0 um teure Beratertagsätze als absolute Wahrheit verkaufen. Ich sehe hier leider durchaus die Gefahr, dass sich auch um das Thema Microservices, obwohl den Mustern der SOA 1.0 natürlich meilenweit voraus, ein neuer Cargo Cult entwickeln könnte, und das wäre wirklich das Letzte, was unsere Branche noch braucht.

Eine andere Tendenz, welche ich beobachte, ist die der Verwässerung des Themas Softwarearchitektur. In diesem Buch beschränke ich mich auf den Hauptaspekt, nämlich den Bau effizienter und langfristig wartbarer Strukturen beim Softwareentwurf, auch als Komponenten oder Module bekannt. Überraschend oft wird dies aber nach wie vor übersehen und man beschränkt sich bei der Architekturarbeit auf Dinge, die bestenfalls Randthemen der Architektur sind, wie Lead Development, Requirements Engineering, Kommunikation oder Technologie Coaching. All diese immer noch weit verbreiteten Missverständnisse zum Thema Softwarearchitektur, welche einem das Arbeitsleben als Architekt manchmal ganz schön schwermachen, waren es unter dem Strich dann auch, welche mich motivierten, dieses Buch zu schreiben.

Können wir diesmal etwas besser machen? Auf jeden Fall! Zunächst einmal ist es wichtig, nicht in Mustern (Pattern) zu denken und diese als reines Mittel zum Zweck zu sehen. Bei jedem Muster, welches man einzusetzen gedenkt, muss man sich immer die Frage stellen, was man damit eigentlich erreichen möchte, und damit, ob es für den jeweiligen Anwendungsfall überhaupt geeignet ist. Bringt es auch den Mehrwert, den man sich von seinem Einsatz erwartet? Die Frage lautet demnach: Was kann man denn vom Thema Softwarearchitektur erwarten? Worum geht es dabei überhaupt? Ich möchte Sie hiermit einladen, diese Fragen durch die Lektüre dieses Buchs gemeinsam mit mir zu beantworten. Ich wünsche mir nämlich für die Zukunft, dass der Weg der Demokratisierung des Themas Softwarearchitektur anhält. Dabei aber auch, dass es im Zuge dessen nicht bagatellisiert oder falsch verstanden wird.

Für die Demokratisierung der Softwarearchitektur nur bedingt geeignet, sehe ich die Aspekte der Makro-Architektur, worauf ich in Kapitel 6 näher eingehen werde. Während ich keinen Sinn darin sehe, die Aufgaben der Mikro-Architektur in einem zentralen Team zu kapseln, wird einem bei den Themen der Makro-Architektur manchmal einfach nichts anderes übrigbleiben. Je mehr das Thema allerdings an der Basis angekommen ist, desto weniger zentrale Arbeit wird dafür nötig sein. Jedenfalls wird es uns Softwarearchitekten hoffentlich gelingen, das Thema Makro-Architektur in Zukunft nicht mehr so stiefmütterlich zu behandeln, wie dies momentan der Fall ist. Denn wenn wir das tun, überlassen wir es genau jenen Vertretern, die nur darauf warten, ein Tool zu verkaufen, welches im Endeffekt nur die Symptome misslungener Makro-Architekturen etwas lindern wird, anstatt für echte Abhilfe zu sorgen.

Worauf sollte man achten, wenn man das Thema Softwarearchitektur im Team etablieren möchte? Es geht dabei um eine objektive Betrachtung des Themas und darum, dass nicht eine ebenso eingeschränkte wie subjektive Sicht darauf in das Selbstverständnis der Mitarbeiter übergeht. Beginnen sollte man dabei auf jeden Fall mit den Aspekten der Mikro-Architektur, da diese zunächst einfacher zu erlernen und zu etablieren sind, bevor man sich an das abstraktere Thema der Makro-Architektur heranwagt. Es ist schlichtweg nicht denkbar, jemandem die Verantwortung für eine ganze Systemlandschaft zu übergeben, der noch niemals eine größere Menge Code mit seinem Team strukturiert hat. Nur dabei kann man miterleben, welche Herausforderung die Wartung einer komplexen und stetig wachsenden Codebasis mit sich bringt. Vor allem kann man aber nur dabei auch noch relativ kurzfristig reagieren, sollte einmal etwas nicht zu den erwarteten Ergebnissen führen.

Zielgruppe

Für wen ist dieses Buch von Interesse? Natürlich zunächst einmal für alle Developer oder Architekten, welche etwas mehr über den modularen Softwareentwurf erfahren möchten. Sowie jede handelnde Person in einem typischen Softwareentwicklungs-Projekt, welche mit diesen Rollen zu tun hat, wie Projektleiter, Scrum-Master oder Requirements Engineer. Dazu natürlich auch alle Manager und Führungskräfte, die sich die Frage stellen, wie denn mit der ständig weiterwachsenden Systemlandschaft am besten umzugehen wäre, oder wenn diese ihre bestehende SOA-1.0-Strategie auf ihre Sinnhaftigkeit hinterfragen möchten.

Über dieses Buch

Zum Inhalt sei vorweg noch so viel gesagt, dass ich den Aufbau und die Reihenfolge der Themen ganz bewusst gewählt habe. Ich glaube nämlich, dass es wichtig ist, zunächst zu verstehen, worum es bei Softwarearchitektur überhaupt geht und welche Ziele man damit verfolgt. Dies bietet einem dabei das Rüstzeug, die Bedeutung der einzelnen Muster und ihre sinnvolle Anwendbarkeit einzuschätzen. Pattern, welche als Mittel zum Zweck betrieben werden, sind nämlich bereits viel zu oft anzutreffen und es handelt sich dabei um etwas, wozu ich auf keinen Fall noch weiter beitragen möchte.

Bei den Grafiken greife ich meist auf einen recht plakativen Stil der „Bubbles and Arrows" zurück. Die Spitze eines Pfeils zeigt dabei von einer Komponente aus in die Richtung zu der Komponente, zu der diese eine Abhängigkeit besitzt. Mir sind die Vorteile eines Standards wie UML natürlich voll und ganz bewusst. Ich möchte allerdings mit diesem Buch keine exakte Dokumentation oder Implementierungsvorgabe liefern, sondern eben gewisse Inhalte möglichst gut rüberbringen, und dafür ist diese Art und Weise der Darstellung einfach besser geeignet. Codebeispiele führe ich fast ausschließlich in Java an, einerseits, weil es im Moment die am weitesten verbreitete Programmiersprache ist, und andererseits, weil ich selbst diese Sprache am besten beherrsche. Ich bin mir sicher, dass jemand, der andere Programmiersprachen wie C# oder JavaScript beherrscht, sich in diesen Beispielen auch sehr gut zurechtfinden wird.

Eine der Schwächen unserer Branche und eine der Hauptquellen für viele Missverständnisse in unserem Berufsleben ist bestimmt die Tatsache, dass viele der Begriffe, welche wir tagtäglich verwenden, nicht genauer definiert sind. Aus diesem Grund gibt es am Ende dieses Buchs ein eigenes Glossar, welches für viele dieser Begriffe, welche auch in diesem Buch verwendet werden, eine Definition bietet, was genau darunter zu verstehen ist. Im Zweifelsfall bitte ich Sie, einfach dort nachzuschlagen.

Auf die „Randthemen" der Architektur werde ich dabei wenig bis gar nicht eingehen. Es ist schlichtweg eine Definitionsfrage, ob ein Thema wie Technologieauswahl noch zur Disziplin der Softwarearchitektur zu zählen ist oder nicht. Primär geht es mir darum, softwareintensive Systeme zu strukturieren, und genau darauf wird auch der Fokus dieses Buchs liegen. Eine detaillierte Darstellung, welche Messaging-Infrastrukturen (ob Bus, Broker oder ESB) es am Markt gibt und welche Vor- und Nachteile diese haben, würde alleine schon ein ganzes Buch füllen. Dies überlasse ich gerne anderen, was das betrifft berufeneren Autoren. Für mich besitzen Themen wie eben Technologie zwar eine starke Wechselwirkung mit dem Thema Architektur, sie gehören aber nicht zum Thema Architektur selbst. Zur Abgrenzung noch die Aspekte, die man üblicherweise im Umfeld des Softwareengineerings antrifft, und wie ich die Abgrenzung bzw. Wechselwirkung mit dem Thema Architektur bzw. Modularisierung sehe:

Architektur/Modularisierung

Beim Thema Architektur geht es in erster Linie um die Einteilung einer Software in seine einzelnen Komponenten bzw. Module. Dieses Buch wird fast ausschließlich davon handeln. Und zwar sowohl auf Mikro- als auch auf Makro-Architekturebene.

Requirements Engineering

Um zu wissen, welche Aufgaben eine Software zu erfüllen hat, ist es wichtig, die Wünsche des Auftraggebers zu verstehen. Da dies nicht so einfach ist, wie ein Laie meinen könnte, gibt es eine eigene Disziplin dafür. Die so erhobenen Anforderungen sind natürlich wichtig für den Entwurf einer angemessenen Modulstruktur, wobei die Funktionalen Anforderungen darauf mehr Einfluss haben als die Nichtfunktionalen Anforderungen! Als Architekt werden Sie also nicht darum herumkommen, die funktionalen/fachlichen Requirements in ihre Einzelteile zu zerlegen und deren Abhängigkeiten untereinander zu verstehen oder zumindest bei diesem Prozess zu unterstützen.

Technologie/Betrieb

Die Auswahl der einzelnen Technologien wie Frameworks ist so eng mit dem späteren Betrieb der Software verzahnt, dass ich dieses Thema gerne als ein gemeinsames betrachte. Es wird dabei sehr von den Nichtfunktionalen Anforderungen beeinflusst. Es besteht außerdem eine hohe Wechselwirkung mit dem Thema Architektur, da der Entwurf mancher Strukturen, Abläufe und Kopplungen nicht so ohne Weiteres mit jeder Technologie möglich ist. So könnte man aufgrund der Nichtfunktionalen Anforderung in Bezug auf hohe Skalierbarkeit eine Plattform wie vert.x im Zusammenspiel mit RxJava wählen, was dann die Möglichkeit zum Bau sehr feingranularer Strukturen mit sich bringt bzw. sogar nötig macht.

Management, Leitung, Kommunikation

Bei einem so hohen Vernetzungsgrad der einzelnen Themen ist es natürlich unerlässlich, im Zuge der Erstellung einer Software viel zu kommunizieren. Nicht selten wird diese Ehre automatisch dem Architekten zuteil. Es ist aber genauso denkbar, dass diese Aufgabe von einem versierten Projektleiter erledigt wird.

Development

Die Entwicklung der Software selbst ist eine von manchen Unternehmen leider noch immer unterschätzte Disziplin. Dabei hat dann oft das bürokratische Rundherum den Blick auf die eigentliche Aufgabe so verschleiert, dass man zu wenig Augenmerk darauf legt. Die Aufgabe des Developments ist es jedenfalls, die Anforderungen umzusetzen, und dies in Abstimmung mit der Architektur, wobei die Mikro-Architekturaspekte dabei idealerweise vom Development-Team selbst erledigt werden.

Wie auch immer, sollten Sie bei der Umsetzung eines der in diesem Buch behandelten Themen Unterstützung benötigen, so gibt es Leute wie mich, die Ihnen dabei gerne beratend oder mit einem gezielten Training zur Verfügung stehen.

◼ Danksagung

Danken möchte ich zunächst einmal meiner Familie, beginnend bei meinen Eltern, welche mir als kleinem Kind meinen großen Wunsch nach einem Computer erfüllt hatten, und das, obwohl sie nie viel Geld hatten und Computer damals wirklich noch sehr, sehr teuer waren. Dann meiner lieben Frau, welche mich jederzeit bei diesem Buchprojekt unterstützt hat, auch wenn das Leben für berufstätige Eltern einer kleinen Tochter nicht selten stressig ist und am Anfang natürlich noch keineswegs klar war, ob es überhaupt jemals zu einer Veröffentlichung kommen würde. Dann natürlich meiner entzückenden kleinen Tochter, die es immer wieder akzeptierte, dass Papa, anstatt mit ihr zu spielen, sich lieber das Notebook schnappte, um an seinem Buch weiterzuarbeiten.

Dann gilt mein besonderer Dank noch meinen Freunden Gernot Starke und Alexander von Zitzewitz, da sie mich mit ihrem Feedback zu meinem Content ermutigt haben, mich als Autor zu versuchen. Meinem ehemaligen Boss Mohammad Kabiri, weil er es mir immer ermöglicht hat, mich Schritt für Schritt weiterzuentwickeln, auch wenn das Umfeld dafür nicht immer ideal war. Und zu guter Letzt noch vielen meiner vormaligen Kollegen, allen voran Michael Koitz, Miroslaw Szelag und Sebastian Bicchi (sec-research.com), da sie auch bei hoher Arbeitsbelastung immer die Zeit für mich fanden, um als Freunde für mich da zu sein, und auch immer ein offenes Ohr für Fachsimpeleien hatten, die mir halfen, die Inhalte für dieses Buch zu entwickeln. Philipp Krenn von Elastic gilt mein Dank für die Prüfung des Abschnitts über Skalierung und Sharding von Datenbanken. Last but not least möchte ich noch Brigitte Bauer-Schiewek, Irene Weilhart und Petra Kienle vom Carl Hanser Verlag danken für die prima Zusammenarbeit im Zuge des Lektorats.

Der Autor

Herbert Dowalil, Jahrgang 1976, ist glücklich verheiratet und lebt mit seiner Frau und der gemeinsamen Tochter im Großraum Wien. Er begann bereits zu seiner Grundschulzeit in den 80er-Jahren des letzten Jahrhunderts damit, sich selbst das Programmieren beizubringen. Dabei begann er mit Acorn Electron Basic, um später Turbo Pascal, C und C++ und zuletzt im 21. Jahrhundert Java zu verwenden. Dabei legte er sein Hauptaugenmerk bald auf die Frage, was gut wartbare und robuste Systeme von den Problemfällen, welche man in der Branche ja leider zu oft antrifft, unterscheidet. Heute ist er als selbstständiger Berater, Trainer und Autor zu Themen wie Vermessung von Software in Kennzahlen, Mikro- bzw. Makro-Architekturen, Design Pattern und Prinzipien des modularen Softwareentwurfs tätig. Spezialisiert ist er u. a. auf Refactorings und Evolution von Legacy-Architekturen.

- Kontakt: hdowalil@gmail.com
- Twitter: @hdowalil

Im World Wide Web:

- *http://improve-it.solutions*
- *http://software-architektur.training*

1 Grundlagen

„Die Dinge, die du besitzt, werden letztendlich dich besitzen."
Tyler Durden

Was ist Softwarearchitektur eigentlich? Immer noch gibt es viele Missverständnisse, was diesen Begriff angeht. Mit dem ersten Kapitel dieses Buchs möchte ich etwas Licht ins Dunkel bringen und Ihnen gerne diesen Begriff etwas näherbringen. Meiner Meinung nach handelt es sich bei der Softwarearchitektur nämlich um die wichtigste der vielen Disziplinen der IT-Branche. Hier werden mir vermutlich schon manche widersprechen. Was nützt eine gute Architektur, wenn ein System aufgrund fehlender Usability für den Benutzer unbrauchbar ist? Das ist allerdings wahr, andererseits liefert nur die Softwarearchitektur Ansätze, um mit jedem System flexibel zu bleiben. Wenn Sie immer auf angemessene Strukturierung achten, werden Sie immer in der Lage sein, einzelne Teile auszutauschen und somit Probleme jederzeit zu beheben. Da es mein Ziel mit diesem Buch ist, alles möglichst gut auf den Punkt zu bringen, möchte ich gleich mit meiner eigenen Definition von Softwarearchitektur starten, welche natürlich von diversen existierenden Definitionen inspiriert worden ist. Dabei gehe ich auf den von mir bewusst enger gesteckten Rahmen des Begriffs ein.

1.1 Definition Architektur

Eine Softwarearchitektur definiert, wie sich ein System aus seinen einzelnen Komponenten aufbaut. Sie beschreibt die Schnittstellen, über die diese miteinander verbunden sind, und darüber hinaus die Abläufe dieses Zusammenspiels. Es wird im Zuge dessen auf alle Entscheidungen Einfluss genommen, welche in Zusammenhang damit stehen. Insbesondere auf Technologieauswahl und die Abbildung auf operative Systeme. Ziel ist es dabei immer, damit die funktionalen, wie auch die nichtfunktionalen Anforderungen des Auftraggebers zu erfüllen.

1.1.1 Strukturierung in Komponenten – Modularisierung

Beim Thema Strukturierung bzw. Modularisierung handelt es sich bestimmt um die wichtigste Frage und die Hauptaufgabe der Softwarearchitektur. Eine dabei erstellte Komponente ist als ein abgegrenzter Teil des Systems definiert. Dieser wird durch seine extern wahrnehmbaren Eigenschaften beschrieben, wie ein- und ausgehende Schnittstellen. Prinzipiell sollte eine solche Komponente jederzeit auf Basis dieser Eigenschaften, die sie quasi als Vertrag garantiert, ersetzbar sein, und zwar durch eine Komponente mit denselben Eigenschaften. Um so etwas zu beschreiben, eignen sich die Strukturdiagramme der UML, wie das Komponentendiagramm in Bild 1.1.

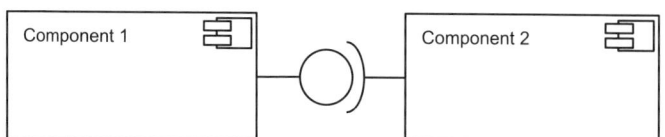

Bild 1.1 Ein einfaches UML-Komponentendiagramm

In Bild 1.1 sehen Sie einen sehr einfachen Fall einer Systemstruktur. Es gibt zwei Komponenten, die über eine Schnittstelle miteinander kommunizieren. Wir entscheiden uns dazu, auf Komponente „1" noch einen näheren Blick zu werfen. Wir sehen in Bild 1.2 den inneren Aufbau der Komponente „1": Diese ist ihrerseits wiederum aus drei anderen Komponenten, nämlich „A", „B" und „C", aufgebaut. Die Schnittstelle zur Komponente „2" wird dabei an den Sub-Bestandteil „C" delegiert. Dieses Spiel der Verschachtelung können Sie, wie bei den berühmten Matroschka-Puppen (oder ugs. Babuschka-Puppen) aus Russland, immer weiter fortsetzen. Je größer das System dabei in Summe ist, desto mehr dieser Abstraktionsebenen machen Sinn.

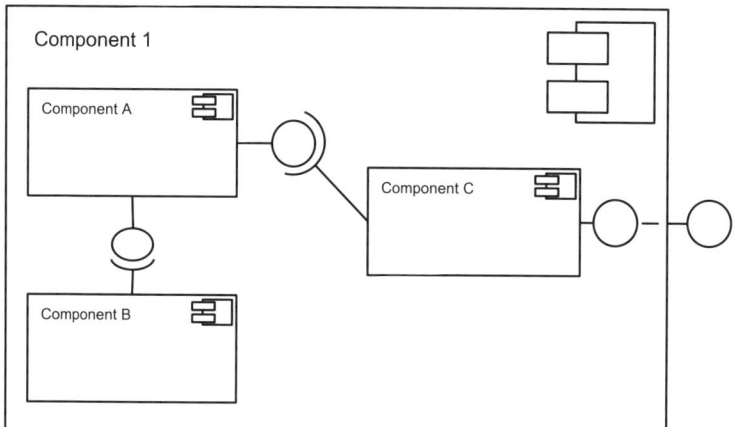

Bild 1.2 Ein näherer Blick auf eine der Komponenten

  Eine Komponente ist bei Einhaltung ihres Vertrags immer austauschbar. Als Vertrag werden die extern wahrgenommenen Eigenschaften gesehen, wie z. B. Schnittstellen, die erfüllt werden müssen.

Dabei unterscheidet man prinzipiell zwischen den unteren Ebenen der Architektur und den höheren Abstraktionsebenen. Die untere Ebene (hier die Komponenten A, B und C) wird dabei üblicherweise als „Softwaredesign" oder „Mikro-Architektur" bezeichnet, während die obere Ebene (Komponenten 1 und 2) einfach „Architektur" oder expliziter „Makro-Architektur" genannt wird. Man darf wirklich niemals unterschätzen, wie wichtig es ist, beim Entwurf komplexer Systeme diese in einzelne Komponenten zu zerlegen. Die so gebauten Strukturen sollten Ihnen Folgendes ermöglichen:

- Einzelne Komponenten möglichst ohne Seiteneffekte und Abstimmungsarbeit weiterzuentwickeln.
- Einzelne Komponenten unabhängig vom Rest zu dokumentieren und zu verstehen.
- Einzelne Komponenten an ihren ein- und ausgehenden Schnittstellen isoliert zu testen.
- Einzelne Komponenten auszutauschen.

Mit anderen Worten: Sollte eine Software mit der Zeit irgendwelche Probleme bekommen, sei es beispielsweise mit der Stabilität oder mit der Wartbarkeit, so werden sich diese Probleme, so man auch immer auf Modularisierung geachtet hat, immer nur auf einen Teil des Systems beziehen und niemals auf die gesamte Software. Software ab einer gewissen Größenordnung, die keine erkennbaren Strukturen aufweist, kommt potenziell in existenzielle Bedrohung, sobald sie die ersten Probleme dieser Art aufweist.

1.1.2 Abläufe

Abläufe beschreiben das Verhalten der einzelnen Komponenten und die Interaktionen über deren Schnittstellen. In der UML werden diese in Verhaltens- oder Interaktionsdiagrammen beschrieben. Typische Beispiele sind das Zustandsdiagramm (State Machine) oder das Sequenzdiagramm, wie hier ein Beispiel in Bild 1.3 für das Circuit Breaker Pattern, welches wir später noch näher kennenlernen werden:

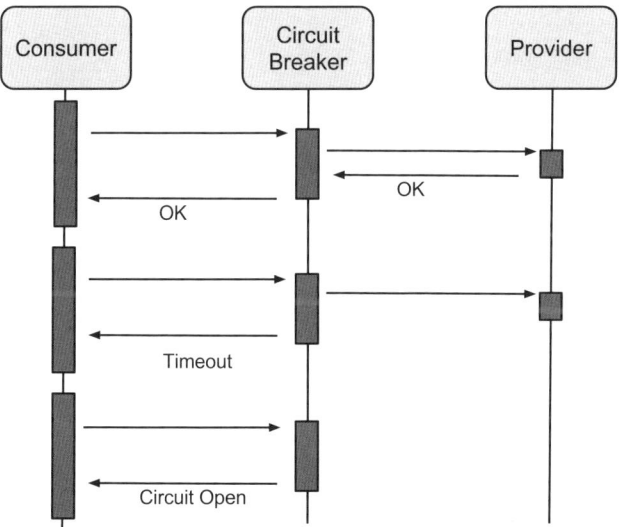

Bild 1.3 Ein Sequenzdiagramm für das Circuit Breaker Pattern

1.1.3 Anforderungen

Eine Anforderung ist zunächst mal der Bedarf des Auftraggebers, betreffend eines gewünschten Verhaltens einer Softwarelösung. Dabei wird unterschieden zwischen den Funktionalen und den Nichtfunktionalen Anforderungen (NFAs). Während eine Funktionale Anforderung festlegt, was ein System tun soll, definiert eine Nichtfunktionale Anforderung gewisse Qualitätsaspekte der Lösung. Als Softwarearchitekt werden beide Arten von Anforderungen für Sie interessant sein. Da ich aber annehme, dass jedermann Bescheid weiß, worum es sich bei Funktionalen Anforderungen handelt, möchte ich an dieser Stelle noch ein paar Beispiele für Nichtfunktionale Anforderungen anführen:

- Wartbarkeit (Änderbarkeit, Erweiterbarkeit, Ersetzbarkeit)
- Zuverlässigkeit (Stabilität, Wiederherstellbarkeit)
- Skalierbarkeit
- Leistung (Geschwindigkeit, Effizienz, Antwortzeiten)
- Usability (Benutzbarkeit, Erlernbarkeit)

Es ist in erster Linie die Erfüllung einer dieser NFAs, auf die der Inhalt dieses Buchs abzielen wird, und zwar die der Wartbarkeit bzw. Änderbarkeit. Diese wird vom Kunden oft als selbstverständlich angenommen und daher oft nicht explizit als Wunsch geäußert. Die meisten Kunden gehen einfach davon aus, dass auch in Zukunft jederzeit Änderungswünsche bei gewohnter Produktivität umgesetzt werden können. Unter dem Strich ist es wichtig zu verstehen, dass es bei jeder Architekturdefinition immer um die Erfüllung der konkreten Anforderungen des Kunden geht. Wobei damit die Funktionalen ebenso gemeint sind wie die Nichtfunktionalen. Es sind dabei sowohl die gemeint, die der Kunde äußert, als auch jene, die er einfach als selbstverständlich annimmt.

 Von den Nichtfunktionalen Anforderungen sollte immer die der Wartbarkeit die höchste Priorität haben. Dadurch können auch später noch evtl. vorhandene Mängel betreffend anderer Anforderungen behoben werden.

ATAM

Die Architecture Tradeoff Analysis Method (ATAM) ist eine Methode zur Bewertung von Softwarearchitekturen [Sta15]. Dabei werden von den Nichtfunktionalen Anforderungen verschiedene Szenarien abgeleitet wie: „System antwortet bei mehr als 100 gleichzeitigen Benutzern bei 9 von 10 Requests in weniger als 1 Sekunde." Die Angemessenheit der Architektur wird dann danach bewertet, ob das gebaute System auch wirklich diese definierten Szenarien erfüllt.

ATAM ist weit verbreitet und durchaus empfehlenswert als Methode zur Architekturbewertung. Allerdings werden Sie eine beginnende strukturelle Erosion eines Systems damit erst entdecken, wenn es schon zu spät ist. Darum sollte man sich nicht unbedingt auf ATAM alleine verlassen.

1.1.4 Technologien

Die Rolle der Technologien in der Softwarearchitektur wird meiner Meinung nach nicht selten überschätzt. Es ist nämlich keineswegs die Hauptaufgabe des Architekten, Technologien (wie Frameworks oder Code Libraries) auszuwählen und danach bei der Umsetzung zu betreuen. Die Auswahl einer konkreten Technologie ist meist etwas, was mehrere Bereiche betrifft (wie Development und Betrieb), und eine Entscheidung, die gemeinsam in Abstimmung getroffen werden sollte. Für den Architekten ist die jeweils eingesetzte Technologie insofern relevant, weil nicht jeder Ablauf bzw. jede Form von Struktur auch mit jeder Technologie möglich ist. So fördern Umgebungen wie z.B. vert.x die Entwicklung sehr kleiner Komponenten, genannt Nanoservices, während dies mit einem JEE-Server kaum möglich wäre. Insofern muss die Komponentenstruktur natürlich zur gemeinsam (!) gewählten Technologie passen.

Um das ultimative Ziel einer jeder Architekturdefinition nicht zu gefährden, nämlich die langlebige Wartbarkeit des Systems, sollte es dabei so gut es eben möglich ist immer gewährleistet sein, einzelne Technologien später auszutauschen. Und zwar einfach, indem man die Komponenten, die diese Technologie verwenden, auswechselt. Dies ist allerdings nur gewährleistet, wenn die Schnittstellen auch agnostisch sind, was die Technologie der verwendeten Komponente angeht. Dazu später noch mehr.

Einen Tipp zum Thema Technologie möchte ich noch loswerden: Setzen Sie tendenziell immer auf die langweiligste und am besten etablierte Technologie, die zur Umsetzung der jeweiligen Anforderungen ausreichend ist. Etablierte Technologien haben diverse Vorteile, weil man beispielsweise schon die diversen Vor- und Nachteile gut einschätzen kann. Es gibt meist recht viel Personal am Arbeitsmarkt, das damit umgehen kann. Und wenn es schon länger existiert, stehen die Chancen gut, dass es auch weiterhin Support dafür geben wird. Viele „Shiny New Objects" aus dem Internet, wie neue Frameworks zur Entwicklung von Web-GUIs, haben teilweise eine kürzere Haltbarkeitsdauer als die meisten Dinge aus dem nächstbesten Supermarkt. Im Idealfall setzt man überhaupt auf Implementierungen offener Standards, wie denen des W3C-Konsortiums. Denn wenn man das tut, kann die konkrete technologische Umsetzung teilweise jederzeit ausgewechselt werden

1.1.5 Operative Systeme

Die Abbildung auf operative Laufzeitsysteme wird auch gern in dem Kreis der erweiterten Aufgaben der Architekten gesehen. Vereinfacht gesagt geht es dabei um die Frage, auf welcher Hardware die Software im Endeffekt laufen wird. Dies kann natürlich nur in Abstimmung mit dem Betrieb passieren.

Verstehen Sie mich bitte aber auch nicht falsch. Dass es im Umfeld der Architektur soviele Aufgaben gibt, bedeutet natürlich nicht, dass es auch eine 1:1-Zuteilung jeder Aufgabe zu einem verantwortlichen Mitarbeiter geben muss. Natürlich ist es denkbar, dass sich ein Makro-Architekt auch um das Requirements Engineering kümmert, oder der Designer auch die Lead-Developer-Rolle einnimmt. Untersuchen Sie einfach das von Ihnen geplante Unterfangen und stellen Sie sich die Frage, welche Fähigkeiten zur Umsetzung tatsächlich nötig sind. Stellen Sie danach ein Team zusammen, in dem diese Skills auch alle vorhanden sind. Helfen Sie sich zur Not dabei durch die Konsultierung externer Mitarbeiter. Und vergessen

Sie dabei bitte keine der Aufgaben. Ich habe nämlich schon oft erlebt, dass durch den erweiterten Architekturbegriff (wo dann auch Kommunikation, Technologie und Lead Development dabei sind) die eigentliche Kernaufgabe der Architektur, eben die Modularisierung, vergessen wurde.

■ 1.2 Was Architektur definitiv NICHT ist

Über die folgenden Irrtümer in Bezug auf die Softwarearchitektur bin ich in meiner beruflichen Laufbahn immer wieder gestolpert. Zur besseren Abgrenzung des Themas möchte ich auch definieren, was Architektur demnach NICHT ist:

Selbstzweck

In meiner Karriere sind mir überraschend viele Personen begegnet, welche nicht begründen konnten, wozu die jeweilige Architekturdefinition eigentlich gut sein soll. Oder besser gesagt, worin denn nun der Mehrwert für das Unternehmen besteht. Nicht selten waren die Konzepte dabei aber sehr gut gelungen. Die Architekten handelten aus einem Bauchgefühl und aus ihrer Erfahrung heraus recht gut. Die Gefahr bei einem solch rein intuitiven Handeln ist allerdings, dass man das eigentliche Ziel aus den Augen verliert und die Architektur somit zu einem Ziel mit Selbstzweck wird, was sie definitiv nicht ist. Hauptsächlich geht es nämlich bei Softwarearchitektur darum, mit gezielt gebauten Strukturen die Gesamtkomplexität in geordnete und dauerhaft handhabbare Bahnen zu lenken.

Pflege des Legacy-Systems

Oft habe ich erlebt, dass einfach die Person als Architekt bezeichnet wurde, welche als einzige Know-how in Bezug auf das Legacy-System anzubieten hatte. Solche Mitarbeiter sind enorm wichtig für jedes Unternehmen. Trotzdem ist ihr Wissen aus der Historie begründet und hat nicht zwingend etwas mit Architektur zu tun. Nicht selten kommt es hier sogar zu einer gewissen Betriebsblindheit, welche den Beginn eines Verbesserungsprozesses manchmal erschwert.

Projektleitung

Damit ein Architekt seinen Job machen kann, ist es oft notwendig, mit vielen Stakeholdern zu sprechen und sich mit Mitarbeitern abzustimmen, welche detailliertes Know-how zu den einzelnen Systemen besitzen, die im Zuge eines Projekts geändert werden. Das sollte allerdings nicht als Vorwand dienen, dem Architekten einfach die gesamten Tätigkeiten zu übertragen, die üblicherweise ein Projektleiter übernehmen würde.

Allgemeine Wichtigtuerei

Es ist keinesfalls der Job des Architekten, alles besonders gut zu wissen. In manchen Organisationen erwartet man sich von dieser Rolle, sowohl das Development als auch den Betrieb inhaltlich anzuführen, jede Technologie bestens zu verstehen und außerdem jeden Developer persönlich zu betreuen, weil die ja sonst angeblich nicht wüssten, was sie zu tun haben. Die eigentliche Modularisierungsarbeit wird dabei dann nicht selten vergessen.

Development

Zugegeben, ich habe noch keinen guten Architekten kennengelernt, welcher nicht auch exzellente Entwicklerskills hatte. Trotzdem gibt es einen Unterschied zwischen einem Senior-Developer und einem Architekten. Ein guter Programmierer ist nicht automatisch auch ein guter Architekt. Ich empfehle dabei immer, die guten Entwickler zu motivieren, sich um die Mikro-Architektur (bzw. das Design) ihrer Komponenten zu kümmern, und wenn sie sich dabei bewähren, sie bei entsprechendem Interesse zum Makro-Architekten weiter auszubilden.

Außerdem braucht ein Developer eher detailliertes Know-how, was die einzelnen Technologien betrifft, die er auch einsetzt. Ein Architekt sollte dagegen wiederum eher über einen breiten Überblick verfügen. Heutzutage ändern sich Technologien so schnell, dass es eigentlich unmöglich ist, tiefes und zugleich aktuelles Know-how in vielen Technologien zu besitzen. Rich Hickey hat es einmal ganz gut auf den Punkt gebracht, was den Entwickler vom Architekten unterscheidet [Hic12]:

> *Programmers know the benefits of everything and the tradeoffs of nothing.*
> *Architects have to understand both!*

Wobei es absolut Sinn macht, wenn Architekten sich auch alle paar Jahre mal die Hände schmutzig machen und sich bei der Programmierung beteiligen. So erfahren sie nämlich aus erster Hand, was sie mit ihren Architekturkonzepten verursachen, und es wird auch der allseits gefürchtete „Elfenbeinturm-Effekt" dadurch verringert. Man könnte sogar darauf bestehen, dass die Architekten eines Systems bei dessen Entwicklung zumindest anfangs auch immer teilnehmen. Die beste Art und Weise sicherzustellen, dass die ausgearbeiteten Konzepte sich auch im Code wiederfinden, ist es nämlich, selber an dessen Erstellung mitzuwirken. Außerdem erhält man direktes und ehrliches Feedback dazu.

■ 1.3 Organisation

Es war Melvin E. Conway [Con68], von dem das folgende berühmte Zitat stammt:

> *Organizations which design systems [...] are constrained to produce designs which are copies of the communication structures of these organizations.*

Man kann dieses sogenannte Gesetz von Conway oder Conway's Law, auf zwei Arten interpretieren: Einerseits wird eine Organisationsform sich automatisch in der Struktur des von ihr gebauten Systems widerspiegeln. Wenn Sie also in Ihrem Unternehmen eine Gruppe haben, deren Aufgabe es ist, Datenzugriffe zu programmieren, eine weitere für Businesslogik zuständig ist und die dritte das User-Interface entwickelt, so wird sich ihr System vermutlich in genau diese Schichten zerlegen. Andererseits ist man gut damit beraten, die Systeme auch entsprechend der Organisationsformen zu bauen. Oder noch besser: Die Teamstruktur wird passend zur Softwarearchitektur gewählt, weil man damit die Effizienz bei der Implementierung enorm steigern kann. Es werden dadurch kurze Kommunikations-wege gefördert und die Notwendigkeit von Abstimmungsmeetings zwischen den Teams reduziert. Es sollte also auf keinen Fall so etwas geben, wie in Bild 1.4 dargestellt. Stellen Sie sich bitte den Abstimmungsaufwand zwischen den Teams vor, um eine Änderung an einem der Systeme durchzuführen, wenn die Organisationsform so überhaupt nicht den Strukturen im Code entspricht.

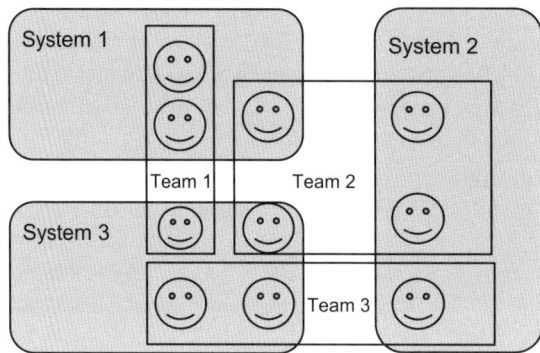

Bild 1.4 Eine unnötig komplizierte Organisation

Wenn die Organisationsform 1:1 der Systemstruktur entspricht, so ergeben sich daraus die folgenden Vorteile:

- Es werden auf geschickte Art und Weise die teaminternen informellen Kommunikations-wege genutzt. Damit reduziert sich auch der Bedarf an extra einberufenen Abstimmungs-meetings zur Weiterentwicklung der Systemlandschaft, welche kaum einem Developer Freude machen.

- Es erhöht fast schon automatisch das Verantwortungsgefühl einer Gruppe und deren Füh-rungskraft für „ihr" System, wenn eine genaue Zuordnung Mitarbeiter zu System möglich ist.

- Die einzelnen Mitarbeiter wissen, was sie tun, da sie nicht laufend an irgendwelchen ihnen fremden Produkten tätig sind, sondern nur an ihrem eigenen.

- Es besteht dabei viel weniger Bedarf an Multitasking. Ständige Kontextwechsel im Den-ken kosten Zeit und Energie, außerdem bedeuten sie eine nicht unerhebliche Menge Stress für jeden Mitarbeiter.

- Es ist klar, wem Erfolge oder Misserfolge zuzuschreiben sind, und es wird transparent, wo es im Unternehmen evtl. Probleme geben könnte. Dadurch kann es auch nicht mehr dazu kommen, dass eine Abteilung mit dem Finger auf eine andere zeigt, um die Schuld von sich abzuwenden, mit dem Ziel, die eigenen Probleme zu verschleiern.

- Unter Umständen kommt es zu einem gesunden Wettbewerb unter den einzelnen Teams, welche versuchen, ihr System oder Service so stabil wie möglich zu machen und dabei besser zu sein als die anderen. Auch bei der Entwicklung gewisser Kennzahlen kann deren einfache regelmäßige Auswertung, aufgebrochen auf die einzelnen Teams, Wunder wirken. In Kapitel 9 werde ich noch darstellen, warum es keine gute Idee ist, die Einhal-tung von Grenzwerten für Kennzahlen einfach durch Festlegung von strikten Limits for-cieren zu wollen.

Man sollte also die positiven Aspekte einer solchen Organisation nicht unterschätzen. Eine Teilung der Teams nach Aufgaben (wie Development, Analyse, Test) ist demnach eher nicht empfehlenswert.

Später werden wir noch sehen, wie ein hoher Grad an Kopplung zwischen Komponenten und Services die Wartbarkeit von Systemen erschwert. Umgelegt auf Conway's Law bedeutet eine hohe Kopplung, dass auch viel Kommunikation und Abstimmungsaufwand zwischen den Teams, die diese Komponenten wiederum bauen, nötig ist. Ihre Kosten werden demnach ebenso steigen, wie Ihre Time-To-Market darunter leidet.

Was bedeutet das also nun für Ihre Organisationsform? In diesem Buch werden wir jede Menge über Pattern und Antipattern der Architektur lernen. Ein schlechtes Muster wie Layering gilt einfach deswegen als suboptimal, weil es zu einer zu hohen Kopplung zwischen den einzelnen Strukturschnitten, wie in dem Fall eben den Schichten, kommt. Demnach sollten sich moderne und effiziente Pattern nicht nur im Code, sondern ebenso in der Organisationsform wiederfinden. Oder anders gesagt: Wenn sich die Antipattern bereits in der Teamstruktur befinden, führt meistens kein Weg um eine Reorganisation herum. Solche Reorganisationen sind laut dem Gesetz von Conway nur in den folgenden Fällen sinnvoll:

- Die Teamstruktur entspricht nicht der Systemstruktur.
- Es gibt ein Refactoring der Strukturen. Im Zuge dieser laufenden Verbesserung wird auch Schritt für Schritt die Organisationsform angepasst.

Blind durchgeführte und zu schnelle Umstellungen der Organisationsform bringen nämlich Softwareentwicklungs-Teams nicht selten in Schwierigkeiten. Und zwar dann, wenn es vorher eine klare Zuordnung Team zu System bzw. Komponente gab und diese nachher fehlt.

Dezentralisierung der Architektur

Wo genau wird nun aber der (Makro-)Architekturaspekt behandelt? Sie haben nun die Teams 1:1 den einzelnen Systembausteinen zugeteilt und jeder ist hoch motiviert, „sein" System so gut wie möglich zu bauen. Aber wer definiert, dass es eben genau diese Systeme gibt, welche Schnittstellen dazwischen nötig sind und welches Feature überhaupt in welchem System umgesetzt wird? Im Sinne von Agilität und Time-To-Market ist es immer gut, so viele Aufgaben wie möglich zu dezentralisieren. Ein zentrales Team von Architekten bringt nämlich folgende Probleme mit sich:

- Die Mitarbeiter laufen Gefahr, auf ihrer hohen Abstraktionsebene den Konnex zur Realität zu verlieren und von da an im „Elfenbeinturm" zu leben.
- Das Team der Architekten muss bei jeder neuen Anforderung eingebunden werden, wird so zum organisatorischen Flaschenhals und behindert die Agilität des Unternehmens.
- Ein zentrales Team neigt nach Conway's Law [Con68] zum Bau von zentralen Strukturen, wie einem systemübergreifenden Prozess/ESB-Layer, um für sich selbst eine Daseinsberechtigung zu schaffen. Dieser hat aber keinerlei Mehrwert, entwickelt nicht selten ein Eigenleben und würde ebenfalls Ihre Time-To-Market bremsen.
- Ein zentrales Team wird versuchen, möglichst viel Macht an sich zu reißen und aus Existenzangst heraus kaum Dezentralisierung zulassen. Auch dann nicht, wenn diese sinnvoll wäre.

- Niemand lässt sich gerne bevormunden. Wenn Designer von Architekten genaue Vorschriften bekommen, so führt das nicht selten zum sogenannten Not-Invented-Here-Effekt und somit unter Umständen automatisch zu einer Ablehnung aufgrund der menschlichen Psyche.

 Versuchen Sie so viel Architekturverantwortung wie möglich an die Designer zu delegieren und das Thema somit zu dezentralisieren. Je besser und ausgewogener Sie das hinbekommen, desto schneller und flexibler werden Sie mit Ihrer Systemlandschaft auf Dauer sein!

Architektur und Agilität

Agile Entwicklung erfolgt üblicherweise iterativ. Die agilen Teams sind dabei cross-funktional aufgestellt, was bedeutet, dass sie in der Lage sein sollten, die an sie in den einzelnen Iterationen gestellten Herausforderungen möglichst eigenständig zu lösen. Unterm Strich bedeutet das also, dass die Architektur in jedem einzelnen dieser kurzen Entwicklungszyklen, für das, was dabei jeweils implementiert wird, gemacht werden muss. Nicht mehr und nicht weniger. Der entsprechende Skill muss dafür im Team vorhanden sein.

Diese iterative und agile Entwicklung wird übrigens nicht selten durch fehlende Architektur unmöglich. In einer entsprechend großen Systemlandschaft, wo nicht auf angemessene Strukturen geachtet wurde, ist es nämlich oft gar nicht möglich, an einer Stelle an Änderungen zu basteln, ohne dass der Rest der Systemlandschaft und somit auch die anderen Mitarbeiter des Unternehmens davon betroffen wäre. Anstatt einzelner unabhängig arbeitender agiler Teams wird Ihnen dann nichts anderes übrigbleiben, als eine entsprechend große Bürokratie aufzubauen, die es in komplizierten Abläufen vielleicht noch auf ein gemeinsames Release des gesamten Systems pro Jahr bringt. Die notwendigen Abstimmungsmeetings und somit die Zeit, die in Besprechungen „verloren" geht, sind somit umgekehrt proportional zur Qualität der Architektur. Agile Pilotprojekte scheitern also manchmal an der mangelhaften Makro-Architektur, was dann allerdings selten als die tatsächliche Ursache erkannt wird.

Die Wechselwirkung zwischen iterativer Entwicklung und Architektur geht übrigens auch in die andere Richtung. So wie gute Architektur ein solchermaßen isoliertes Arbeiten überhaupt erst möglich macht, fördert iterative Entwicklung auch gute Architektur. Einerseits, weil ein solches Vorgehen die Teams fast automatisch dazu bringt, möglichst wenige Abhängigkeiten im Code zu anderen Teams und Bausteinen haben zu wollen. Die Planung in einzelnen kleinen Iterationsschritten, in denen ein Feature nach dem anderen entwickelt wird, ergibt also schon fast automatisch eine Komponente je Feature im Code, was durchaus im Sinne moderner Architektur ist. Andererseits bekommt man als Architekt zu den jeweils getroffenen Entscheidungen sehr bald Feedback und nicht erst am Ende des Projekts. Man kann also evtl. getroffene Fehlentscheidungen verhältnismäßig früh korrigieren.

Projekte

Ein klassisches Problem, welches man vielen Systemlandschaften ansieht, ist die Auswirkung, die die jeweils eingeschränkte Sicht der einzelnen Projekte nach Conway's Law auf die Architektur hat. Nicht selten wird einfach je Projekt ein neuer Baustein entwickelt, welcher die im Zuge dieses Projekts gestellten Anforderungen umsetzt. Der Aufbau der Systemlandschaft ergibt sich dann daraus und erodiert somit in den meisten Fällen, da die einzelnen Projekte dabei keine Rücksicht auf die Architektur nehmen. Im Gegenteil, der Projektleiter hat üblicherweise gegensätzliche Ziele zu denen des Architekten, da er in erster Linie an der Einhaltung von Termin und Budget gemessen wird und eine Erosion der Architektur durch das Projekt kaum gut in Zahlen abgebildet werden kann. Daher taugt sie auch nicht als smartes, also messbares, Ziel zur Messung des Projekterfolgs. In Kapitel 9 liefere ich aber dennoch einige Kennzahlen, die man in manchen Fällen dazu verwenden kann.

◼ 1.4 Über Enterprise-Architektur (EA)

Ein Begriff, welcher wie viele andere in unserer Branche nicht genau definiert ist, ist der der Unternehmensarchitektur bzw. Enterprise Architecture (oder kurz: EA). Diese ist nicht so ganz einfach von der Softwarearchitektur abzugrenzen, trotzdem ist es wichtig zu verstehen, dass es sich hier um etwas anderes handelt. In der Disziplin EA wird das Unternehmen, was Business und IT betrifft, ganzheitlich betrachtet. Wir begeben uns dabei also auf eine noch höhere Abstraktionsebene. Diese in der Regel zentralen Architektur-Teams sind mit Aufgaben wie den folgenden betraut:

Einfluss auf das Business/Business IT Alignment

Als Enterprise-Architekt einer Inhouse-IT-Abteilung kann man auch Einfluss auf das Business nehmen und z. B. bei der Organisationsform des Kunden mitarbeiten. Dies kann, wenn es gelingt und politisch auch akzeptiert wird, wegen Conway's Law auch absolut Sinn machen.

Einheitliche Sprache

Zur besseren Kommunikation mit dem Kunden einigt man sich auf ein gemeinsames Vokabular. Im Gegensatz zum Konzept der Ubiquitous Language des Domain Driven Designs (Kapitel 4) ist diese nicht auf einzelne Teilbereiche beschränkt, sondern deckt möglichst die gesamte Problemdomäne ab.

Definition von Richtlinien

Ein zentrales EA-Team erstellt oft auch Richtlinien für die restlichen Architekten eines Unternehmens. Dies macht für manche Aspekte durchaus Sinn, treibt aber leider nicht selten unsinnige Blüten. Es geht dabei nämlich nicht darum, den anderen Architekten vorzuschreiben, wie genau sie ihre Arbeit zu machen haben. Dies ist schlichtweg nicht möglich, da unterschiedliche Subdomänen oft sehr spezifische Herausforderungen mit sich bringen, welche sich nicht von einer zentralen Stelle aus überblicken lassen. Durch die Erstellung von Richtlinien sollten die Architekten vielmehr dabei unterstützt werden, keinen überflüssigen Wildwuchs entstehen zu lassen. Ein Beispiel dafür ist das Management des Technologie-Portfolios einer Unternehmensarchitektur. Keineswegs kann, darf und soll es das Ziel sein, alle Anforderungen mit nur einer Technologie zu erschlagen. Nicht selten wird aber genau das von einem übereifrigen EA-Team versucht, was dann in weiterer Folge naturgemäß zu Konflikten führt. Andererseits sollte es auch zu keinem x-beliebigen Wildwuchs an Technologievielfalt kommen, einfach weil die Lösungen auch irgendwie betrieben und von den Developern gewartet werden müssen. Eine regelmäßig stattfindende Abstimmung für den groben Rahmen, in dem sich die Architekturarbeit eines Unternehmens bewegt, und die Festhaltung in einem wenige Seiten starken Dokument machen also absolut Sinn. Dies ist aber keine Ausrede für eine totale Vereinheitlichung, welche wiederum mehr Probleme verursachen als Nutzen bringen würde.

Referenzarchitekturen

Es entsteht kein Mehrwert für ein Unternehmen, wenn ähnliche Anforderungen in einer großen IT-Landschaft jeweils unterschiedlich umgesetzt werden. Andererseits würde es einen immensen Abstimmungsaufwand bedeuten, alle Anforderungen zwangsweise unter einen Hut zu bringen. Üblicherweise genügt es, wenn man Referenzimplementierungen für solch wiederkehrenden Problemstellungen als Empfehlung und zur Unterstützung anbietet. Aufgabe einer Enterprise-Architektur kann es sein, diese zu identifizieren und zu verwalten, aber dabei nicht unbedingt diese auch selbst zu erstellen.

Managing der IST-Architektur bzw. der Legacy-Systemlandschaft

Alle Elemente, deren Merkmale und Eigenschaften der IT-Landschaft, werden genau dokumentiert und verwaltet. Dazu leisten EAM-Tools wie das frei verfügbare *Iteraplan* gute Dienste.

Übergang von der IST- zur SOLL-Architektur

Die Projekte, welche dazu geeignet sind, die Systemlandschaft weiterzuentwickeln, werden identifiziert und danach während ihrer Durchführung begleitet. Verschiedene Möglichkeiten für eine solche laufende Migration stelle ich im folgenden Abschnitt 1.5 noch vor.

Enterprise-Architektur erfüllt also in Summe einen wichtigen Zweck in einem Unternehmen mit einer komplexen IT-Landschaft. Sie arbeitet dabei Hand in Hand mit der Softwarearchitektur zusammen und stellt durch die Einflussnahme auf das Business die Rahmenbedingungen sicher, welche für die Softwarearchitekten nötig sind, um ihre Arbeit zu verrichten. Dabei ist es aber keineswegs so, dass eine EA die Softwarearchitektur ersetzt. Die klassische Falle, in die viele große Unternehmen nämlich nach wie vor tappen, ist aber die, Enterprise-Architektur quasi als Synonym für Makro-Architektur zu verwenden. Diese ist und bleibt nämlich Metier der Softwarearchitekten. Auch wenn die Enterprise-Architektur zu diesem Thema ebenfalls eine Meinung hat, so entspricht diese Mustern der Softwarearchitektur, welche gegen Ende des vorigen Jahrtausends entwickelt wurden und seither unter Softwarearchitekten einhellig als Antipattern gelten. Als Beweis dafür sei an dieser Stelle der populärste Standard zum Vorgehen für Enterprise-Architekten genannt, nämlich TOGAF. Abgesehen von der Architecture Development Method (ADM) bringt nämlich dieser auch eine Referenzarchitektur für Verteilte Systeme mit, welche ich später in Kapitel 8 noch als ein Sammelsurium an Antipattern entlarven werde.

Die Theorie zur Enterprise-Architektur und die diversen Vorgehensmodelle dazu haben klassische Architekturmuster anfangs des Jahrtausends übernommen. Während Softwarearchitekten laufend ihre Muster hinterfragen und nicht selten ein Muster von heute schon morgen als Antipattern gilt, gibt es diese Form der Objektivität in der Welt der EA nicht. Es wurde einfach der aktuelle Status quo der Softwarearchitektur „konserviert" und überdauert dort bis heute. Und das obwohl sie unter Softwarearchitekten schon lange als überholt gelten.

1.5 Evolution

Wenn Sie sich nun also entschlossen haben, mit der Strukturierung Ihrer Systemlandschaft zu beginnen, stellt sich automatisch die Frage, wie man so etwas organisatorisch begleiten kann. Bitte nehmen Sie ab einer gewissen Systemgröße eher Abstand von der Idee, alles in einem großen Big-Bang umstellen zu wollen. Zunächst einmal möchte ich Indizien aufzählen, die als Indikatoren dienen können, ob eine Migration bei Ihnen auch wirklich nötig ist:

Inflexibilität bei Releases

Neue Features kommen nur noch an wenigen Terminen im Jahr heraus, dafür aber immer die gesamte Systemlandschaft gleichzeitig.

Tests sind schwierig

Das Testen einzelner Systembausteine ist wegen der Abhängigkeiten zu anderen Systemteilen kaum oder gar nicht möglich. Es muss immer das gesamte System miteinander getestet werden.

Seiteneffekte

Im Zuge des Einsatzes neuer Versionen kommt es immer wieder zu Fehlern, manchmal dabei in Teilen der Software, welche im Zuge des Updates nicht einmal geändert wurden.

Teure Weiterentwicklung

Die Schnittstellen der Systeme sind wahrscheinlich nicht darauf ausgelegt, auch mit anderen Komponenten zu interagieren, oder auf andere Art und Weise unflexibel.

Einzelne Änderungen betreffen oft mehrere Systemteile

Für einzelne Anforderungen sind Änderungen an einem großen Teil der IT-Landschaft nötig, anstatt dass diese nur von einem Team erledigt werden können.

Wenn Sie eines dieser Probleme haben, dann leidet Ihr Unternehmen mit ziemlicher Sicherheit an schlechten, die Architektur betreffenden Entscheidungen in der Vergangenheit. Was können Sie nun also tun? Verbesserungen in der Mikro-Architektur-Ebene sind schon schwierig genug durchzuführen, wie verbessert man dann die Makro-Architektur ganzer Systemlandschaften? Eine Big-Bang-Migration ist in den wenigsten Fällen eine Option. Sie können sich für eines der folgenden Maßnahmenpakete entscheiden.

1.5.1 Managed Evolution (Credit Suisse)

Bei Managed Evolution geht es, um den Inhalt des Buchs von Stephan Murer und Bruno Bonati [Mur10] auf den Punkt zu bringen, um Folgendes: Die Qualität der Systemlandschaft wird mittels Kennzahlen gemessen. Vor und nach jedem Projekt werden diese erhoben, wobei von jedem Projekt verlangt wird, die so gemessene Qualität zumindest nicht zu verschlechtern. Das bedeutet unter dem Strich, dass es durch jedes Projekt zu einer schrittweisen Verbesserung kommen sollte, so wie in Bild 1.5 dargestellt.

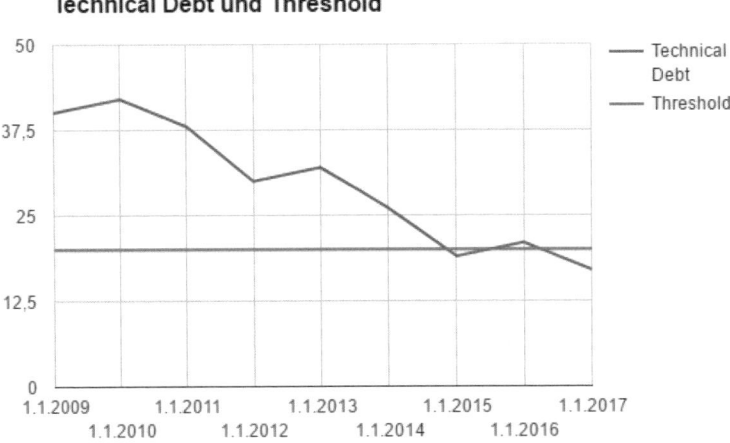

Bild 1.5 Die gewünschte Entwicklung der technischen Schuld über die Zeit

Das macht dabei natürlich nur so lange Sinn, bis der gewünschte Grenzwert für diese Kennzahl erreicht ist. Zur Messung der strukturellen Qualität bieten sich einige der Kennzahlen an, welche in Kapitel 9 noch vorgestellt werden.

1.5.2 Aim42

Noch vielversprechender scheint der Aim42-Ansatz von Gernot Starke und Stefan Tilkov [Sta17]. Bild 1.6 gibt Ihnen dazu einen Überblick:

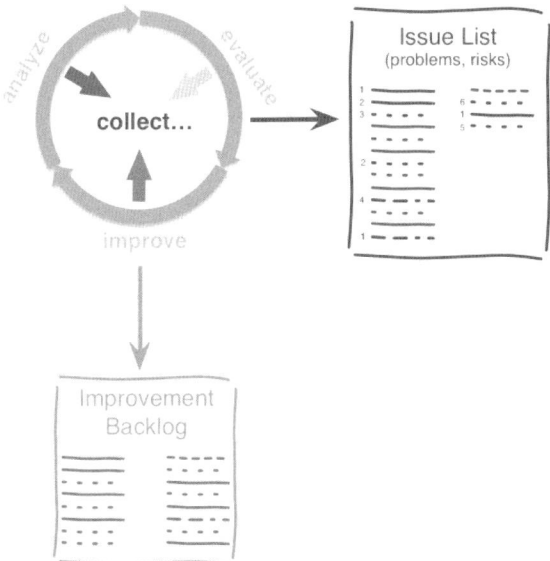

Bild 1.6 Aim42 von Gernot Starke und Stefan Tilkov

1. Analysieren Sie das System (analyze) und sammeln Sie die Probleme (collect), die sich im und um das System und dessen Organisation finden. Daraus ergibt sich eine „Issue List".

2. Jedes Problem wird hinsichtlich seiner einmaligen und/oder wiederholten Kosten bewertet. Das ist die wesentliche Aufgabe der Evaluate-Phase.

3. Noch beim Sammeln der Probleme suchen Sie nach Maßnahmen und Ansätzen, welche die Probleme oder deren Ursachen lösen könnten (improve). Diese Sammlung bildet dann das „Improvement Backlog".

4. Auch Maßnahmen verursachen Kosten. Diese sind ebenfalls systematisch zu ermitteln oder zu schätzen.

5. Das Gegenüberstellen der Kosten von Maßnahmen sowie der Kosten des Problems ist eine wertvolle Hilfe, um beim Priorisieren und Planen der Verbesserungen die richtigen Entscheidungen zu treffen.

Aim42 ist dabei im Grunde nichts anderes als eine Methode zum Management der technischen Schuld (MTS). Man kann dabei übrigens technische Schulden zunächst einmal bewusst in Kauf nehmen, um beispielsweise einem Konkurrenten mit einem neuen Feature zuvorzukommen. Eine MTS-Methodik stellt dann Folgendes sicher:

▪ Es macht die Thematik der technischen Schulden für jeden, und somit auch für das Management, transparent.

- Es bringt Objektivität in die Thematik der Unsauberkeiten einer Software. Es wird definiert, welche Folgen die einzelnen Probleme haben und was ihre Behebung kosten würde.
- Die diversen identifizierten Probleme der Lösung werden nicht vergessen oder unter den Teppich gekehrt.

1.5.3 Purer Pragmatismus

Mich hat die Erfahrung gelehrt, dass die Anwendung einer solchen MTS-Methode im Falle der völligen Abwesenheit von Architekturkonzepten schwierig ist. Es ist nämlich bei so einem System, auch bekannt als Big Ball of Mud, schwierig, einzelne Issues zu identifizieren. In solchen oder anderen passenden Anwendungsfällen können Sie auch zur folgenden simplen Methode greifen:

- Gönnen Sie Ihren Designern und Architekten mal etwas Freiraum und lassen Sie sie ein Architekturmanifest ausarbeiten.
- Danach wird eine grobe Vision erstellt, wie die Landschaft konkret strukturiert sein könnte.
- Bei jedem Projekt wird entschieden, ob im Zuge der Umsetzung eine einfache Lösung in der Legacy-IT gesucht wird oder ob dabei die Architektur in Richtung Zielvision umgebaut wird. Das Budget für Umbauarbeiten sollte dabei aus einem eigenen „Topf" kommen.
- Mit den Lessons Learned aus den Projekten wird die Zielvision laufend adaptiert.
- Irgendwann in der Zukunft treffen dann IST-Situation und Zielvision aufeinander.

■ 1.6 Dokumentation

1.6.1 Mikro-Architektur – Softwaredesign

Während es durchaus möglich ist, selbsterklärenden Code zu schreiben, ist es umso schwieriger, dasselbe für die Architektur ohne eine explizite Dokumentation hinzubekommen. Aus den einzelnen Teilen des Codes wird nun einmal nicht so ohne Weiteres klar, welche Strukturen gezielt gebaut wurden und warum. Interessant ist bei Architekturfragen auch immer, welche Varianten bewusst verworfen wurden im Zuge des Designprozesses, um später auch noch nachvollziehen zu können, warum gewisse Entscheidungen NICHT getroffen wurden [Zör15].

Zur Dokumentation des Designs möchte ich an dieser Stelle einerseits arc42 [Sta16] empfehlen, weil es nicht umsonst weit verbreitet und allgemein anerkannt ist. Bei der Dokumentation der Bausteinsicht selbst empfehle ich aber eine eher operativ einsetzbare Dokumentation mit einem Tool wie Sonargraph (Abschnitt 11.5.3). Wenn Sie nämlich die innere Struktur der Softwarelösung mit einem solchen Tool festlegen, so kann dieses auch jederzeit benutzt werden, um auch die Einhaltung der Strukturregeln im Code laufend zu überprüfen. Außerdem ist so die Chance größer, dass die Dokumentation bei Änderungen auch nachgezogen wird. Da ein solches Tool neue Zugriffswege oder Strukturen im Code bemängeln würde, welche damit noch nicht festgelegt wurden, wäre es im Eigeninteresse des Teams, diese auch zu aktualisieren, um weiterarbeiten zu können.

1.6.2 Makro-Architektur

Sobald die Systemlandschaft eine gewisse Größe überschreitet, kommen Sie um eine Tool-Unterstützung zum Management der Architektur nicht mehr herum. Es wäre einfach viel zu mühsam, bei jeder die Makro-Architektur betreffenden Entscheidung sämtliche der jeweils vorhandenen, die einzelnen Architekturen beschreibenden Dokumente zu durchsuchen. Um das zu vermeiden, bietet es sich an, ein Tool wie das frei verfügbare Iteraplan oder als kommerzielle Alternative den Sparx Enterprise Architect einzusetzen.

◼ 1.7 Digitale Transformation – Digitalisierung

Unsere Gesellschaft befindet sich aktuell im Wandel. IT dringt inzwischen in Bereiche vor, wo sie bis dahin noch keine Rolle gespielt hat. Heutzutage trägt fast jeder ein Smartphone mit sich herum, welches nicht nur über einen Internetzugang verfügt, sondern auch in Rechenkapazität den meisten Heimcomputern der 90er-Jahre überlegen ist. Das Internet Of Things bringt dabei sogar noch mehr Geräte des Alltags in die vernetzte Welt. All das geht auch an den großen Konzernen nicht spurlos vorbei. Dort, wo IT bis jetzt nur ein Anhängsel und lästige Kostenstelle war, beginnt inzwischen ein Umdenken. Schwerfällige, über die Jahre gewachsene Systemlandschaften müssen plötzlich ihre Schnittstellen betreffend offener und flexibler werden, sodass Daten und Funktionalität leichter zugänglich sind. Dadurch werden die Dienste, welche diese Konzerne anbieten, auch vergleichbarer für den Endkunden, und somit kommt es automatisch zu mehr Wettbewerb.

Die immer schneller voranschreitende Entwicklung der künstlichen Intelligenz wiederum bietet sich an, in manchen Komponenten dieser Konzern-ITs eingesetzt zu werden, um dort gewisse Aufgaben zu erledigen, welche vor einigen Jahren noch kaum durch Software-Komponenten auszuführen waren. Dadurch werden neuartige Anforderungen implementierbar, welche Mehrwert für das Unternehmen und den Kunden bieten. Unter dem Strich kann man aber heute nicht absehen, was im Laufe des 21. Jahrhunderts noch alles möglich sein wird. Ein gezielter Aufbau gewisser IT-Systeme, um für die Zukunft fit zu sein, ist also demnach nicht möglich, da wir einfach heute nicht wissen können, was morgen aufgebaut sein sollte. Das Ziel muss also sein, mit der eigenen Systemlandschaft möglichst flexibel zu sein, um für diesen unter dem Schlagwort „Digitale Transformation" zusammengefassten Wandel bereit zu sein. Dieses Buch soll Ihnen bei genau der Erreichung dieses Ziels helfen.

Neu ist dies übrigens keineswegs. Begonnen hat dieser Trend in den 70er- und 80er-Jahren. Davor gab es noch wenig bis keine IT-Unterstützung und Sachbearbeiter mussten das meiste händisch oder mit einer Schreibmaschine erledigen. Etwas später konnte es sich dann bereits kein Unternehmen mehr leisten, ihren Kunden kein Webportal anzubieten. Das was jetzt passiert, ist also nur das weitere Voranschreiten eines seit langem anhaltenden Trends. Digitalisierung ist also im Grunde ein alter Hut. Ob die Unternehmen, welche diese Entwicklung erst jetzt als solche erkennen, es beim zweiten Versuch wirklich besser machen, wird sich erst noch zeigen.

Die Gefahr, die sich dabei für viele Unternehmen auftut, darf man nicht unterschätzen. Viele IT-Landschaften sind nun seit Jahrzehnten gewachsen. Ohne nennenswerte Modularisierung mag dies eine Zeit lang gut gehen, aber auf keinen Fall ewig. Und gerade durch die fortschreitende Digitalisierung der Gesellschaft müssen diese nun weiterwachsen, um wettbewerbsfähig zu bleiben. Ich wage hiermit die Prognose, dass einige Unternehmen, vor allem große Konzerne, im Laufe des 21. Jahrhunderts in nicht mehr bewältigbare Problemsituationen durch die zunehmende Unwartbarkeit ihrer IT kommen werden. Vielen wird die eigene IT entweder über den Kopf wachsen und sie lähmen, während sie anderen wiederum unter dem Allerwertesten zusammenbrechen wird.

2 Prinzipien des Software-Entwurfs

„Perfektion ist nicht dann erreicht, wenn es nichts mehr hinzuzufügen gibt,
sondern wenn man nichts mehr weglassen kann."
Antoine de Saint-Exupéry

Die in diesem Kapitel vorgestellten Prinzipien empfehle ich als Handlungsmaximen bei der Zerlegung von Software in ihre einzelnen Module. Es sollten dabei immer die Prinzipien im Vordergrund stehen und immer Vorzug vor dem Einsatz konkreter Pattern, Frameworks oder Technologien haben. Die in diesem Kapitel vorgestellten Prinzipien gelten dabei sowohl im Mikro- als auch im Makro-Architekturbereich.

2.1 Keep it Simple and Stupid (KISS)

Viel zu oft habe ich erlebt, dass in guter Absicht überflüssige Komplexität gebaut wurde. Pattern werden eingesetzt, ohne dass sie notwendig gewesen wären, einfach weil jemand meinte, zeigen zu müssen, was er alles kann. Beim Erstellen einer Architektur sollten Sie immer darauf achten, gerade so viel Komplexität wie nötig zu bauen, um die Anforderungen zu erfüllen. Allerdings bedeutet das nicht, auf eine angemessene Modularisierung zu verzichten. Bauen Sie also eine Architektur, passend zu den aktuell bereits feststehenden Anforderungen und das immer flexibel genug für künftige Änderungen. Nehmen Sie dabei aber keine Anforderungen vorweg, was mich zum nächsten Punkt bringt.

You Ain't Gonna Need It (YAGNI)

Die Verlockung ist groß, Anforderungen, mit denen man als Architekt bereits rechnet, welche aber noch nicht klar auf dem Tisch liegen, in der Architekturdefinition vorwegzunehmen. In der Praxis hat sich aber gezeigt, dass die tatsächlichen Anforderungen später dann selten den ursprünglichen Erwartungen entsprachen. Wenn Sie nun eine dafür unpassende Architektur gebaut haben, so sind Sie unter Umständen danach weniger flexibel in der Umsetzung der tatsächlichen Anforderungen, als wenn Sie auf diese Vorwegnahme verzichtet hätten. Dieses Prinzip ist in seinen Ursprüngen übrigens auf das Extreme Programming (XP) von Kent Beck zurückzuführen [Hen00].

Unnötige Abstraktionen

Eine häufig anzutreffende Verletzung des YAGNI-Prinzips stellen überflüssige Abstraktionen dar. Listing 2.1 ist ein Beispiel für eine strings.xml-Ressource-Datei einer Android-App. Die Idee hinter einer solchen Abstraktion ist die folgende: Durch den zusätzlichen Aufwand während der Entwicklung der App aufgrund der Auslagerung der Texte in diese Datei sparen wir uns später Aufwände beim Lokalisierender App in eine andere Sprache. Wenn dem so ist, so ist dieser Abstraktion natürlich nichts entgegenzusetzen. Wie groß ist dabei aber die Wahrscheinlichkeit, dass dies tatsächlich passieren wird? Man muss bei so etwas die folgende Formel immer beachten:

Nutzen_der_Abstraktion =

(Aufwand_zur_späteren_Erstellung_der_Abstraktion * Wahrscheinlichkeit,_dass_man_ diese_später_auch_benötigt) – Aufwände,_diese_Abstraktion_gleich_von_Anfang_an_ zu_bauen

Listing 2.1 strings.xml-Ressource-Datei einer Android-App

```
<resources>
    <string name="welcome">Welcome to our App!</string>
    <string name="register">Register new account</string>
</resources>
```

Im konkreten Fall könnte man den Aufwand für die spätere Auslagerung der Strings aus dem Code in die Ressource-Datei mit 100 Stunden berechnen. Die Wahrscheinlichkeit, dass man später die App in eine andere Sprache übersetzen möchte, nehmen wir mit 25 % an. Wenn nun der zusätzliche Aufwand bei der Entwicklung für die Pflege der strings.xml 30 Stunden beträgt, so ist von dieser Abstraktion eher abzuraten, weil der errechnete Nutzen dadurch <0 ist. Von einem gewissen (aber nicht DEM) Michael Jackson stammen die folgenden beiden Regeln der Optimierung [Jac75], deren Einhaltung ich Ihnen von ganzem Herzen empfehlen möchte:

1. Don't

2. (For experts only): Don't do it yet

Das Prinzip des letzten noch vernünftigen Moments für Entscheidungen

Dieses Spiel können Sie sogar noch weitertreiben. Stellen Sie sich bitte folgende Situation vor: Die Anforderungen sind klar genug, um mit der Umsetzung zu starten, und die Developer warten auf das Architekturkonzept, um zu beginnen. Als Architekt treffen Sie die Entscheidung aber NOCH NICHT! Wenn Sie iterativ und agil vorgehen dürfen, so ist es durchaus empfehlenswert, mit der Entscheidung so lange zu warten, bis die Anforderungen klarer sind oder Sie die verschiedenen Entscheidungsvarianten besser verstehen. So könnte zunächst das User-Interface entwickelt werden, während für die Persistenz erst einmal mehrere Varianten parallel entstehen. Für das UI muss das keinen großen Unterschied bedeuten. Wenn der Kunde die ersten Prototypen sieht und Sie die verschiedenen Datenbanken, welche Sie dabei ausprobiert haben, besser verstehen, können Sie sich später immer noch für eine der Varianten entscheiden [Tot15].

Je einfacher Ihr System gebaut ist, desto flexibler werden Sie in Zukunft sein. Suchen Sie immer nach der angemessenen Komplexität für die Anforderungen. Vorweggenommene Lösungen bringen selber eine gewisse Komplexität mit sich, die später Ihre Möglichkeit, die tatsächlichen Anforderungen umzusetzen, vielleicht sogar einschränken wird!

2.2 Don't Repeat Yourself (DRY)

Natürlich möchte jeder seinen Code so frei wie möglich von Redundanzen haben. Es klingt zunächst einmal so, als müsste es das oberste Ziel jeder Architektur sein, Funktionalität möglichst gut zu kapseln, um sie später, wenn möglich gut wiederverwenden zu können. Tatsache ist aber, dass man es damit auch übertreiben kann. Ich würde sagen, dass es unter den folgenden Umständen durchaus Sinn machen kann, das DRY-Prinzip zu verletzen:

Verfügbarkeit

Um zu gewährleisten, dass ein System möglichst ohne Ausfälle läuft, kann es sinnvoll sein, Code oder Daten eines anderen Systems zu duplizieren.

Wartbarkeit

Schnittstellen, welche für eine Wiederverwendung zwangsläufig notwendig sind, bringen laufende Abstimmungsaufwände mit sich. Wenn die zusätzliche Wartung des duplizierten Codes weniger Aufwand darstellt als die Herstellung und Wartung der Schnittstelle, so kann unter Umständen davon abgesehen werden. Allerdings darf dabei nicht übersehen werden, dass bei Änderungen am Code Mehraufwände entstehen, wenn diese mehr als einmal durchgeführt werden müssen.

Wiederverwendung schafft Abhängigkeiten und Abhängigkeiten schaffen Kopplungen (siehe Abschnitt 2.5), die unter Umständen Probleme mit sich bringen. Wiederverwendung ist also keineswegs ein ultimatives Ziel, welches man um jeden Preis erringen sollte. Es ist wie so oft einfach eine Frage der Vor- und Nachteile, welche sie mit sich bringt.

2.3 Information Hiding Principle

Auch bekannt als:

   Prinzip der Kapselung bzw. Encapsulation

Das Prinzip des Information Hidings wurde erstmals formuliert von einem gewissen David Parnas [Par01]. Es besagt, dass ein Benutzer einer Komponente möglichst wenig über diese wissen sollte. Merkmale, welche zur Verwendung einer Komponente nicht nötig sind, sollten vor den Benutzern verborgen bleiben. Der Grund dafür ist einfach: Alle Eigenschaften einer Komponente, welche nicht öffentlich zugänglich sind, sind auch in Zukunft einfach änderbar, weil Sie dann die Garantie haben, keine Abstimmungsaufwände betreiben zu müssen, und es keinerlei Folgeaufwände in benutzenden Komponenten nach sich ziehen wird. Wenn ein Aspekt für die Außenwelt unsichtbar bleibt, dann haben Sie die Garantie, dass sich keinerlei Abhängigkeiten zu diesem unbekannten Aspekt entwickeln. Das darf wirklich niemals unterschätzt werden! Nehmen wir einmal an, Sie schreiben Code, welcher zu einem x-beliebigen Zeitpunkt über die Position eines Planeten Auskunft geben kann, und das zurzeit von Sir Isaac Newton. Sie entwickeln einige Java-Klassen und geben diese in ein und dasselbe Package (Bild 2.1).

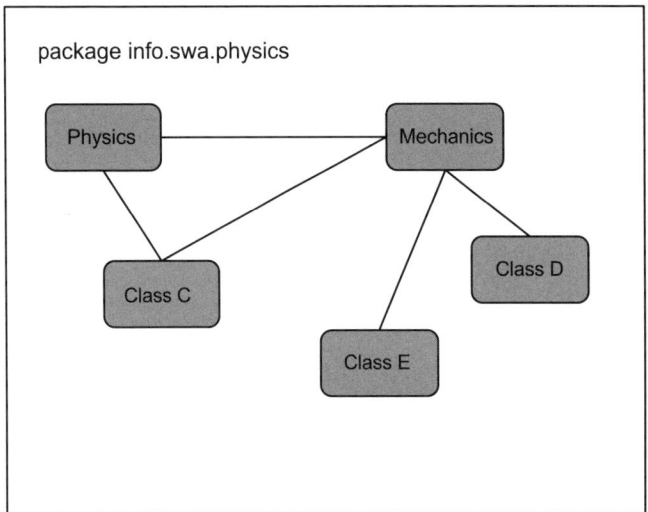

Bild 2.1 Physik-Package, alle Klassen öffentlich

Der umfangreiche Code wurde zwecks Wartbarkeit und den sehr empfehlenswerten Clean-Code-Regeln von Robert C. Martin [Mar13] auf mehrere Klassen aufgeteilt. Was Sie dabei in Listing 2.2 sehen, ist sicher der am meisten verbreitete Design-Fehler in Java: Alle Klassen werden schon aus Prinzip als public definiert, auch wenn dies gar nicht nötig ist. Nehmen wir jetzt an, ein gewisser Albert Einstein behauptet plötzlich, dass die gesamte klassische Mechanik falsch ist, und ersetzt diese durch seine Relativitätstheorie. Wenn Sie nun alle Ihre Klassen bis auf die „Hauptklasse" Physics wegschmeißen müssen, wird das potenziell problematisch. Da die anderen Klassen außerhalb des Packages sichtbar sind, könnte es sein, dass es unzählige externe Abhängigkeiten außerhalb des Packages zu diesen Klassen gibt. Mit anderen Worten: Es wird mühsam werden, die klassische Mechanik loszuwerden, um sie auf die neuesten Erkenntnisse umzuschreiben.

Listing 2.2 Code des Physik-Package, alle Klassen öffentlich

```
package info.swa.physics;

public class Physics {
```

```
    public Position calculatePositionOfPlanet(Planet input) {

        Mechanics nm = new Mechanics();
        // ...
    }
    // further Methods...
}

package info.swa.physics;

public class Mechanics () {

    // Classical Newtonian Mechanics Code...
}

// further Classes...
```

Die Lösung ist einfach: Im Falle von Java gibt es die Möglichkeit, einzelne Klassen als package protected zu definieren, so wie in Listing 2.3 dargestellt. Physics kann dann immer noch auf Mechanics zugreifen, Klassen außerhalb des Package können dies aber nicht mehr. Ihr Package sollte also so aussehen wie in Abb. 2.2, wobei die in gelber Farbe dargestellten Klassen jetzt package protected sind:

Listing 2.3 Neuer Code der Mechanics-Klasse, jetzt außerhalb des Package nicht mehr sichtbar

```
package info.swa.physics;

class Mechanics () {

    // Fancy Relativistic Mechanic Code...
}
```

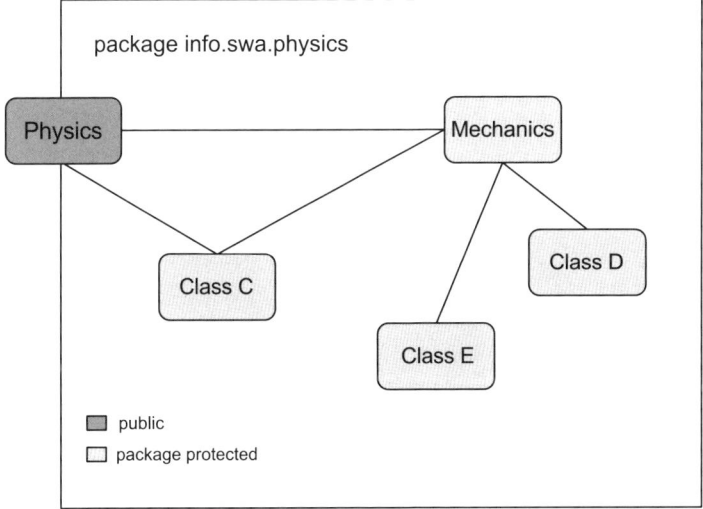

Bild 2.2 Physics-Package, nur das außerhalb sichtbar, was auch nötig ist

Java hat bis zur Version 8 die Einschränkung, dass man Sichtbarkeit nicht über ein Package hinaus einschränken kann. Was also, wenn man größere Strukturen bauen möchte? Also gesetzt den Fall, Sie bauen eine Komponente, welche aus mehreren Packages besteht. Andere Komponenten sollen dabei nur ein gezielt als öffentlich definiertes Package benutzen können, während natürlich dieses selbst sehr wohl Zugriff auf seine internen Packages hat. Sie können dann auf ein Tool wie das sehr empfehlenswerte Sonargraph von hello2morrow zurückgreifen (Abschnitt 11.5.3) oder ab Java Version 9 auf die rudimentäre Moduldefinition des Project Jigsaw setzen (siehe Listing 2.4).

Listing 2.4 Moduldefinition nach JSR 376, Project Jigsaw

```
module com.foo.bar {
    requires com.foo.baz;
    exports com.foo.bar.api;
}
```

■ 2.4 Open Closed Principle

Das Open-Closed-Prinzip besagt, dass ein System immer offen für Erweiterungen sein soll, aber für Änderungen geschlossen [Mey94]. Vereinfacht gesagt bedeutet dies, dass es möglichst einfach sein soll, einem System neue Funktionalität hinzuzufügen. Und das möglichst ohne große Änderungen in der bestehenden Lösung. Dass Sie für ein neues Feature z. B. eine neue Java-Klasse schreiben, ist dabei natürlich nichts Ungewöhnliches, wenn Sie aber viele bestehende Java-Klassen dafür ändern müssen, dann wäre das ein Beispiel für ein System, welches dieses Prinzip klar verletzt.

In der Welt der Mikro-Architekturen sind Designpattern wie Factory Method nützlich für eine erfolgreiche Umsetzung des Open-Closed-Prinzips, dazu später mehr ab Kapitel 3. Aber auch in der Makro-Architektur macht es einen großen Unterschied für die Time-To-Market, wenn bestehende Schnittstellen ohne Anfassen von neuen Komponenten verwendet werden können. Wenn Sie beispielsweise zur Integration auf eine Choreografie als Muster setzen, so wird Ihnen das wesentlich leichter fallen, als wenn Sie zur Orchestrierung einen zentralen ESB-Layer verwenden. Mehr dazu ab Kapitel 6.

Wie wichtig die Anwendung dieses Prinzips vor allem im Umfeld der Makro-Architektur ist, darf dabei nicht unterschätzt werden. Es geht dabei schließlich nicht nur um die Aufwände, die in den einzelnen Systemen dadurch anfallen, sondern auch um einen anderen Effekt, der sich dann recht gravierend auswirkt. Wenn nämlich Änderungen an vielen Systemen für eine Erweiterung notwendig sind, müssen nicht selten mehrere Teams miteinander abgestimmt und für die Umsetzung geplant werden. Wie schnell die neue Funktionalität verfügbar ist, hängt letztlich davon ab, wie schnell es den einzelnen Teams möglich ist, die Mitarbeiter für die notwendigen Adaptierungen einzuplanen. In manchen Unternehmen kann es sich dabei auch mal um ein Jahr oder sogar einen noch längeren Zeitraum handeln.

Falls Sie übrigens meinen, dieses Prinzip wäre ein Widerspruch in sich, dann haben Sie damit durchaus Recht. Es ist naturgemäß so, dass sich die Begriffe „Open" und „Closed" widersprechen. Das „Closed" dieses Prinzips entspricht nämlich weitgehend dem Information Hiding Principle. Wie soll es also möglich sein, gezielt so viel wie möglich zu verbergen und gleichzeitig erweiterbar zu sein? In den folgenden Kapiteln werden wir dafür einige Möglichkeiten kennenlernen.

■ 2.5 Lose Kopplung

Keine Frage, egal wie gut man einen Architekturplan hinbekommt, es wird zwangsläufig zu Abhängigkeiten zwischen den einzelnen Bausteinen kommen. Einfach weil die einzelnen Features und Bausteine eines gesamten Systems nicht völlig isoliert voneinander existieren können. Bei der Festlegung einer solchen Verbindung zweier Bausteine, Kopplung genannt, ist es immer empfehlenswert, dies auf möglichst leichtgewichtige Art und Weise zu tun. Dabei kann dies einerseits bedeuten, tendenziell eine eher geringe Anzahl solcher Verbindungen zu haben, andererseits aber auch, dass im Zuge dieser Abhängigkeiten eine Komponente möglichst wenige Annahmen von der anderen Komponente treffen sollte. Üblicherweise geht es bei diesen Annahmen um folgende Punkte:

Laufzeitumgebung, Ausführungsort

Die andere Komponente muss auf derselben Maschine laufen, damit die Integration möglich ist. In so einem Fall wäre es schwierig, Fehler, welche sich auf den stabilen Betrieb der Laufzeitumgebung auswirken (Verbrauch von zu viel Speicher oder CPU), von den anderen Komponenten zu isolieren. Es bestünde dann die Gefahr, dass das gesamte System in Mitleidenschaft gezogen wird. Im nicht so extremen Fall gibt es gewisse andere Formen der Einschränkung des operativen Systems, die im Falle einer Wiederverwendung für die andere Komponente gelten würden.

Technologie

Einschränkungen bei der Technologiewahl der angebundenen Komponente. Dabei kann es sich um Einschränkungen handeln, die noch einen gewissen Spielraum zulassen (wie alle Systeme, welche eine REST API konsumieren können). Im Extremfall würde die andere Komponente genau dieselbe Technologie verwenden müssen.

Zeit

Die andere Komponente kann beispielsweise zu gewissen Zeitpunkten nicht angesprochen werden, bietet aber keine asynchrone Variante ihrer Schnittstelle an. Wenn die aufrufende Komponente die fremde Schnittstelle benötigt, um mit einer Verarbeitung fortfahren zu können, wäre sie somit für diese Zeit blockiert.

Daten und Formate

Dabei kann es bei der Kommunikation gewisse allgemeine Einschränkungen geben in Bezug auf die möglichen Datenformate, die geparst und verstanden werden, beispielsweise Datumsformate oder Header, die gesetzt werden müssen. Hauptsächlich bestehen diese Kopplungen aber einfach aufgrund des konkreten Datenformats der Schnittstelle, welche verwendet wird. Wenn das fremde Schnittstellenformat überall in der eigenen Komponente verwendet wird, wird so eine Kopplung sogar noch stärker. Durch Integration mit dem Composite-UI-Pattern oder Verwendung des Tolerant-Reader-Musters kann man diese Form der Kopplung teilweise abschwächen.

Wenn nun ein Service einen anderen über eine SOAP-Schnittstelle aufruft, so ist dies eine losere Kopplung, als es ein lokaler Aufruf mit den üblichen Mitteln der jeweiligen Programmiersprache wäre. Der direkte Aufruf würde nämlich eine Kopplung bedeuten, was den Ausführungsort der anderen Komponente angeht, als auch was die Technologie betrifft. Wohingegen die Kommunikation über das Netzwerk, wie beim Aufruf des Webservices, keinerlei Annahmen in Bezug auf den Ausführungsort trifft und technologisch nur insoweit einschränkend ist, als die Zieltechnologie in der Lage sein muss, Webservices als Schnittstelle konsumieren zu können. Trotzdem ist es nicht wahr, was diesbezüglich nach wie vor oft behauptet wird: Dass man damit prinzipiell bereits eine lose Kopplung erreicht hätte. Nach wie vor gibt es dabei die Einschränkung in Bezug auf die zeitliche Komponente, weil diese Form der Integration eine synchrone ist. Außerdem gibt es Abhängigkeiten bezüglich des Schnittstellenformats. Am besten werfen wir gleich mal einen Blick auf unterschiedliche Formen der Integration, und zwar absteigend, was die Intensität der Kopplung angeht.

2.5.1 Code Reuse

Grad der Kopplung: sehr groß (Laufzeitumgebung, Technologie, Zeit, Datenformate)

Davon sprechen wir, wenn z. B. in Java direkt eine Methode einer anderen Klasse aufgerufen und die andere Komponente als .jar-File wiederverwendet wird. Das ist die stärkste Form der Kopplung und sollte nur in der Mikro-Architekturebene Anwendung finden bzw. beim Bau von Monolithen.

2.5.2 Datenbankintegration – gemeinsames Datenmodell

Grad der Kopplung: groß (Technologie, Datenformate)

Dabei greifen verschiedene Systeme direkt auf dieselben Tabellen einer Datenbank zu (Bild 2.3). Wir sind dabei zwar zeitlich voneinander entkoppelt, treffen aber sonst alle möglichen Annahmen. So müssen alle beteiligten Systeme mit dieser Datenbanktechnologie kommunizieren können und haben auch Abhängigkeiten zum konkreten Datenmodell.

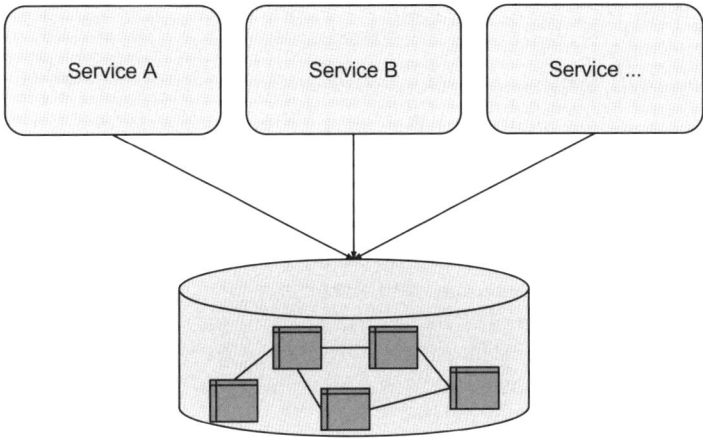

Bild 2.3 Unterschiedliche Services teilen sich dasselbe Datenmodell in derselben Datenbank

2.5.3 Datenbankintegration – selbe Datenbank, unterschiedliche Datenmodelle

Grad der Kopplung: mittel (Technologie)

Eine alternative Form der Datenbankintegration, bei der sich die einzelnen Services nicht mehr dasselbe Datenmodell teilen, liegt darin, wenn zwar noch dieselbe Datenbank genützt wird, aber jeder dort sein eigenes Datenmodell besitzt (Bild 2.4). Dadurch ist es dann einfach, Konsistenz zwischen den Services durch atomare Transaktionen zu gewährleisten. Allerdings wird man mit dieser Form der Integration kaum auskommen, weil auf diese Art und Weise alleine ein Service keine Aktionen in einem anderen Service auslösen kann, wodurch es bei der Datenbankintegration meist noch zu anderen Formen der Interaktion kommt (wie RPC).

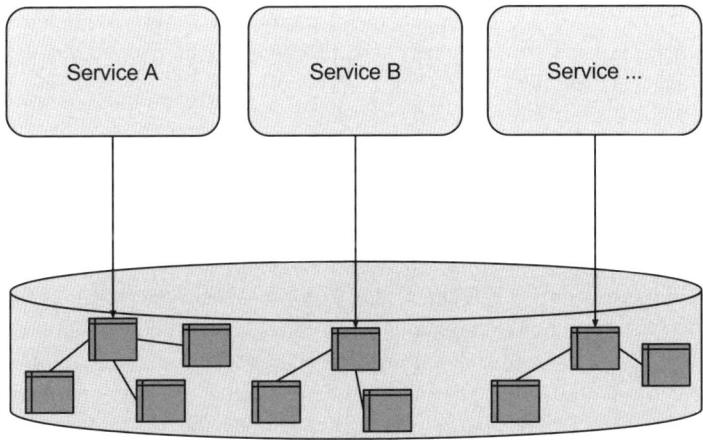

Bild 2.4 Unterschiedliche Services benutzen verschiedene Datenmodelle in derselben Datenbank

2.5.4 Synchroner Remote Procedure Call

Grad der Kopplung: mittel (Zeit, Datenformate)

Bei Remote Procedure Calls (RPC) kommuniziert eine Komponente mit einer anderen durch eine mehr (SOAP) oder weniger (REST) standardisierte Schnittstelle über das Netzwerk. Hier muss die andere Komponente nach wie vor zur selben Zeit verfügbar sein (Annahme: Zeit), dafür ist es uns egal, mit welcher Technologie die Gegenstelle gebaut wurde.

Völlig los werden Sie übrigens die technologische Kopplung mit einem synchronen RPC aber ebenfalls nicht. So gibt es in Java die sogenannte Remote Method Invocation, kurz RMI, welche zwar einen synchronen Call über das Netzwerk ermöglicht, aber immer noch sehr einschränkend auf die Gegenstelle wirkt. Sie können sich dabei zwar weitestgehend die Hardwareplattform des Services aussuchen, sind aber eingeschränkt auf die Java-Technologie, welche darauf lauffähig sein muss. Bei anderen Formen des synchronen RPC ist diese Einschränkung in irgendeiner Form eigentlich fast immer ebenfalls vorhanden, aber nicht gleich so offensichtlich. Wenn Sie eine SOAP oder REST API zur Verfügung stellen, unterliegen die potenziellen Consumer nach wie vor der technologischen Einschränkung, dass sie diese Art von Kommunikation beherrschen müssen. Bei einem Cobol-Entwickler, welcher Code für einen Mainframe schreibt, wird man mit einer WSDL wenig Euphorie auslösen. Üblicherweise behilft man sich dann mit einem Message-Bus, welcher auch die zeitliche Kopplung entfernen kann.

2.5.5 Datenreplikation

Grad der Kopplung: gering bis mittel (Datenformate)

Daten werden nicht wie beim RPC per Remote-Schnittstelle geholt, sondern asynchron repliziert. Damit wäre die zeitliche Kopplung entfernt. Der Aufwand lohnt sich aber meiner Meinung nach nur, wenn es einen triftigen Grund für die Aufgabe der zeitlichen Kopplung gibt. So kann z. B. der Anspruch an ein System, was die Verfügbarkeit angeht, so hoch sein, dass man sich entschließt, die Daten redundant zu halten. Außerdem kann man damit nur Daten einer anderen Komponente wiederverwenden, aber keinerlei Logik, wie eine Berechnung von was auch immer. Zur Umsetzung gibt es verschiedene Möglichkeiten, welche im Abschnitt 11.1 kurz beschrieben werden.

2.5.6 Messaging

Grad der Kopplung: gering (Datenformate)

Während Remote Procedure Calls darüber definiert sind, dass sie synchron erfolgen, geht es beim Messaging um asynchrone Kommunikation. Man reduziert die Abhängigkeit zwischen Sender und Empfänger um die zeitliche Komponente. Das bedeutet, dass Sender und Empfänger nicht gleichzeitig online sein müssen, es wird also keine zeitliche Annahme getroffen. Prinzipiell unterscheidet man dabei zwischen Message-Bus und Message-Broker. Während ein Bus agnostisch darüber ist, wer Nachrichten publiziert und wer welche konsumiert, ist ein Broker darüber hinaus für das Routing der Nachrichten zu den konkreten Empfängern zuständig. Ein Broker implementiert dabei wenigstens die folgenden beiden Routing-Muster:

Command

Hinter Commands steht der Wunsch des Absenders, eine bestimmte Aktion auszuführen. Ein Message-Broker ist dabei als dezidierte Indirektion dafür zuständig, einen solchen Command an den dafür zuständigen Empfänger weiterzuleiten. Dabei gibt es üblicherweise genau einen Empfänger der Nachricht, aber durchaus verschiedene Endpoints, die einen solchen Command erstellen dürfen. In manchen Fällen kann der konkrete Empfänger auch mittels eines gewissen Regelwerks von der Infrastruktur ermittelt werden. So gibt es in RabbitMQ die Möglichkeit, den Empfänger abhängig von einem sogenannten Topic der Nachricht auszuwählen (Topic Based Routing).

Events

Bei Events informiert ein Absender darüber, dass ein bestimmtes Ereignis stattgefunden hat. Interessierte Empfänger können solche Nachrichten abonnieren und werden dann bei Auftreten eines der abonnierten Ereignisse informiert. Der Absender ist dabei agnostisch darüber, wer und wie viele Empfänger seine Nachrichten abonniert haben. Es gibt dabei üblicherweise immer genau einen Absender einer solchen Nachricht, während sie von mehreren Endpoints empfangen werden kann.

2.5.7 Composite-UI

Grad der Kopplung: Sehr gering (Zeit)

Die einfachste Art und Weise, um Systeme zu integrieren, bietet Ihnen das User-Interface selbst. Wenn es für den jeweiligen Anwendungsfall sinnvoll ist, sollten Sie immer bestrebt sein, die Kopplung in der UI-Ebene herzustellen. Wobei das prinzipiell auf dem Server oder am Client und somit meist im Browser erfolgen kann.

Natürlich kann man es aber mit dieser Form der Optimierung auch übertreiben. Es kann sein, dass eine UI-Integration komplizierter ist als ein synchroner RPC, einfach weil beispielsweise die Aufwände zur Angleichung der User-Interfaces (wie der DOM-Struktur und der CSS-Klassen bei einer Webapplikation) größer sind, als sie es für einen synchronen RPC wären. Wie so vieles ist also auch das nur eine Abwägung des Pros gegen das Contra. Nähere Informationen und Beispiele zur Umsetzung einer solchen UI-Integration gibt es in Abschnitt 11.2.

 Wenn Sie zwei Komponenten integrieren, so tun Sie das immer auf die Art und Weise, welche die geringstmögliche Kopplung bedeutet! Bei hohem Abstraktionsgrad wie der Makro-Architektur ist dies besonders wichtig! In der Mikro-Architektur oder Designebene kann dagegen auch ein hoher Grad an Kopplung (wie durch Code Reuse) noch akzeptabel sein!

◼ 2.6 Hohe Kohäsion

Innerhalb einer Komponente ist es natürlich nichts Schlechtes, wenn es zu Dependencies der einzelnen Subbausteine kommt. Im Gegenteil, dies ist ein Indiz dafür, dass die Abgrenzung einer Komponente gegen den Rest des Systems an den richtigen Stellen gemacht wurde. Wenn Sie dies gut und ausgewogen hinbekommen, so spricht man von einer hohen Kohäsion oder Zusammengehörigkeit der Subbestandteile eines Bausteins. Bei Kohäsion geht es also um Abhängigkeiten bzw. Kopplung innerhalb gewisser Bausteingrenzen. Hier ist es dann natürlich auch nicht unüblich, wenn es zu enger Kopplung kommt.

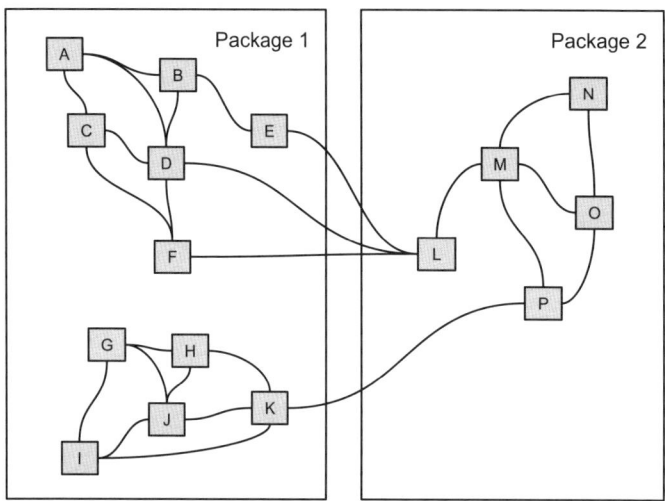

Bild 2.5 Schlechte Kohäsion

Wenn Sie einen Blick auf Bild 2.5 werfen, dann sehen Sie vermutlich auf den ersten Blick, dass diese Struktur wenig Sinn ergibt. Es existieren drei Abhängigkeiten zu Klasse L in Package 2 von Package 1 aus, während es nur eine Abhängigkeit zu L innerhalb des Package 2 gibt. Dann scheint es in Package 1 zwei Teilbereiche zu geben, die dort wiederum nichts miteinander zu tun haben. Hier empfiehlt sich dann ein Refactoring, hin zu einer Struktur, wie sie in Bild 2.6 Gute Kohäsion dargestellt ist, wo es dann drei Packages gibt, welche jeweils eine hohe innere Kohäsion aufweisen und nur an wenigen Stellen Abhängigkeiten zu den anderen Packages haben. Zunächst verschieben wir dafür die Klasse L in das Package 1. Danach trennen wir noch den in der Luft hängenden Teil von Package 1 als neues Package 3 ab.

Wir sehen also, dass eine Erhöhung der Kohäsion innerhalb der einzelnen Packages automatisch zu einer Verringerung der Kopplung zwischen diesen führt. Es gibt also eine Wechselwirkung zwischen den beiden Prinzipien der losen Kopplung und der hohen Kohäsion, wodurch diese manchmal auch als ein Prinzip zusammengefasst werden, welches dann als „High Cohesion And Low Coupling" bezeichnet wird.

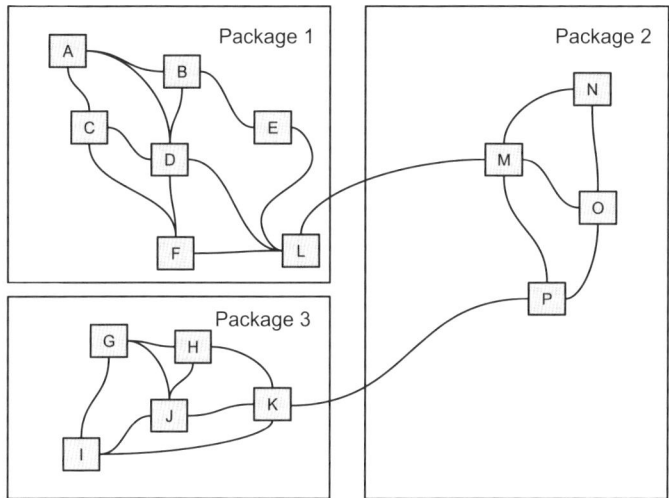

Bild 2.6 Gute Kohäsion

■ 2.7 Separation Of Concerns

Auch bekannt als bzw. eng verwandt mit:

- Single Responsibility Principle: Jeder Komponente wird nur genau eine Aufgabe zu Teil, womit es für jede Komponente nur genau einen Grund geben sollte, diese zu ändern [Mar02].
- Prinzip der Modularität

Separation of Concerns, zu Deutsch etwa Trennung der Angelegenheiten, ist ein Prinzip, welches versucht, eine Vorgabe für jede Art der Modularisierung zu definieren. Es besagt, dass jede Angelegenheit von einem eigenen, dafür zuständigen Baustein abgebildet werden soll. Die einzelnen Aufgaben sollten also nicht x-beliebig auf die Systemstruktur verteilt sein. Verwirrend mag sein, dass diese Definition dabei die folgenden beiden Interpretationsmöglichkeiten zulässt:

- Ein Concern entspricht einem Teilbereich der fachlichen Anforderungen. Die Anforderungen werden runtergebrochen, zerlegt und schlussendlich jeweils in einer eigenen Komponente abgebildet.
- Ein Concern entspricht einer der Aufgaben, welche eine Software zu erledigen hat, um die gewünschten Anforderungen zu erfüllen. Es gäbe demnach beispielsweise eine Komponente für das User-Interface, eine für den Datenbankzugriff und so weiter.

Am besten gehen wir dem auf den Grund, indem wir einen Blick auf die mit Abstand häufigste Form der technischen Strukturierung werfen, nämlich auf einen Monolithen mit Schichtenarchitektur (Bild 2.7). Nehmen wir jetzt an, Sie fügen bei einer der Entitäten von Feature A ein Feld hinzu. Ich bin mir sicher, dass Sie in der Datenbank beginnen werden

und diese Änderung eine Kaskade an Änderungen in den Schichten darüber nach sich ziehen wird, während die anderen vertikalen Schnitte (Feature B, C etc.) davon unberührt
bleiben. Es besteht also eine enge Kopplung über die gesamten Datenformate hinweg. Daran
kann man erkennen, dass es zwischen den Schichten eine hohe Kopplung (oder eben Kohäsion) gibt, während diese zwischen den fachlichen Schnitten eher gering ist. Daraus schließe
ich, dass man zuerst nach fachlichen Kriterien strukturieren sollte, um erst innerhalb
dieser Fachlichkeit die technischen Strukturen zu bilden. Ein Concern im Sinne von Separation Of Concerns sollte demnach, so wie in Bild 2.8 dargestellt, in erster Linie fachlicher
und nicht technischer Natur sein.

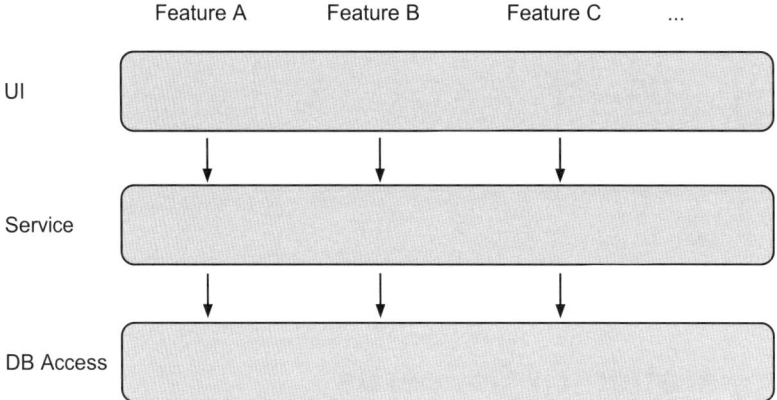

Bild 2.7 Ein System, nach technischen Kriterien in Schichten strukturiert

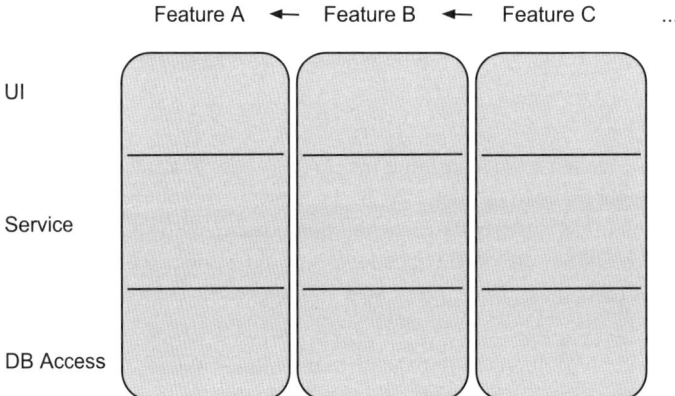

Bild 2.8 Dasselbe System, diesmal in fachlichen Schnitten strukturiert

 Wenn Sie ein System in seine Einzelteile zerlegen, tun Sie dies in den oberen
Hierarchieebenen am besten nach fachlichen Kriterien. Technische Aspekte
sollten dann eher erst in den unteren Ebenen benützt werden, um Strukturen
zu bilden.

Eines ist jedenfalls einfach: zu erkennen, ob dieses Prinzip verletzt wurde. Nämlich immer dann, wenn der Auftraggeber nach einer eindeutig fachlich gut abgrenzbaren Änderung der Software verlangt und für diese in Folge mehr als ein Baustein geändert werden muss. Eine solche Änderung könnte z.B. sein, dass keine Lieferkosten mehr ab einem Bestellwert von 100 Euro berechnet werden.

Einen Blick möchte ich noch auf das fast schon klassische Antipattern werfen, mit dem dieses Prinzip immer wieder verletzt wird. Es handelt sich dabei um eine sogenannte „Gottklasse", wie beispielsweise der Controller, welcher in Bild 2.9 dargestellt ist. Das Problem bei dieser Umsetzung des Controllerablaufs ist, dass Kompetenzen der einzelnen Bausteine in eine zentrale Klasse verschoben werden, wo sie nichts verloren haben. Diesem Antipattern werden wir übrigens später noch einmal im Bereich der Makro-Architektur begegnen, wo ein zentraler Enterprise Service Bus als allumfassender Mediator fungiert.

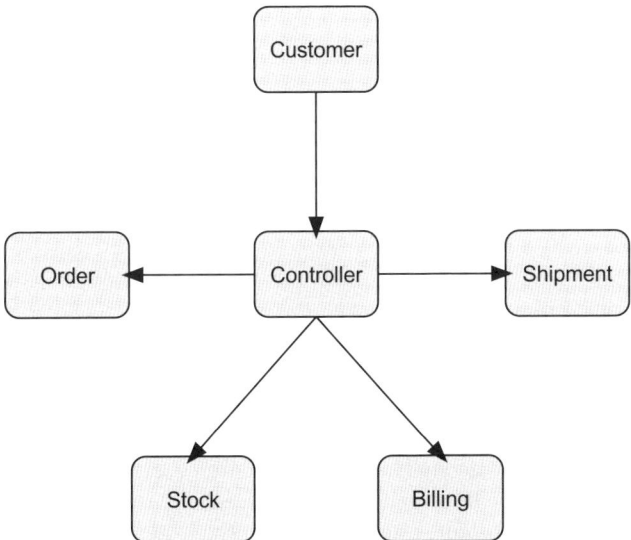

Bild 2.9 Verletzung des Separation-of-Concerns-Prinzips durch eine Gott-Klasse

Die Lösung für dieses Problem ist ebenso einfach wie offensichtlich. Genauso wie beim Prinzip Dumb Pipes and Smart Endpoints, welches wir später noch kennenlernen werden, gehört auch hier die Logik in die jeweils zuständigen Klassen verschoben. Die Umsetzung sollte also vielmehr so aussehen wie in Bild 2.10. Hierbei spricht der Kunde nur mit der Order-Klasse, um eine Bestellung abzugeben, welche gegenüber der Stock-Klasse den Lagerstand prüft. Wenn die Bestellung möglich ist, so wird die weitere Abarbeitung an die Shipment-Klasse delegiert, welche mithilfe der Billing-Klasse eine Rechnung erzeugt und im Endeffekt alles an den Kunden zustellt.

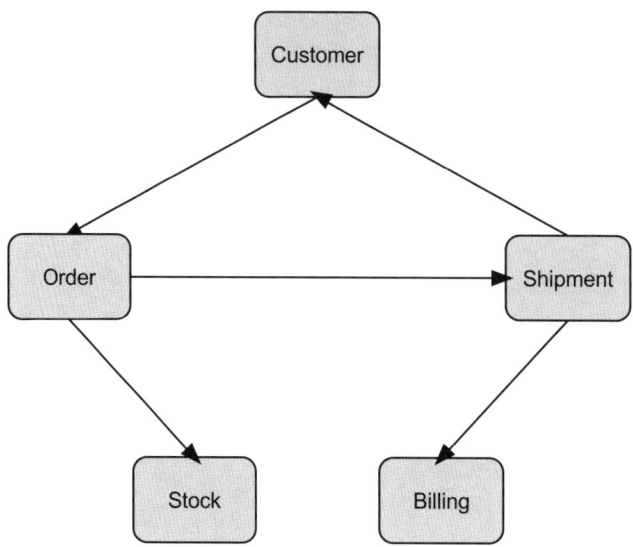

Bild 2.10 Sauber strukturiert und modular

◼ 2.8 Hierarchischer Aufbau

Das Prinzip des hierarchischen Aufbaus von Komponenten haben wir bereits in Abschnitt 1.1.1 kennengelernt. Dabei bilden Komponenten in ihrem Zusammenspiel wiederum Komponenten, die ihrerseits wiederum mit anderen Bausteinen auf ihrer Ebene zusammen Komponenten bilden, und so weiter [Sta14]. Im Grunde hat also eine Softwarearchitektur ab einer gewissen Größe, wenn man so möchte, eine fraktale Natur. Beispielhaft ist das in Bild 2.11 dargestellt. Falls Ihnen das noch nicht komplex genug sein sollte, so kann ich Ihnen noch empfehlen, einen Blick auf Bild 2.12 zu werfen. Diese Abbildung stimmt übrigens weitgehend mit der beispielhaften Zerlegung der Versicherungsdomäne in Abschnitt 4.7 überein. Die Aufteilung dort ist natürlich noch nicht vollständig. Komponenten wie CRM stellen Services oder Systeme dar, die sich jeweils noch weiter in einzelne Module zerlegen werden, um selbst ebenfalls den Rahmenbedingungen der Modularität zu folgen.

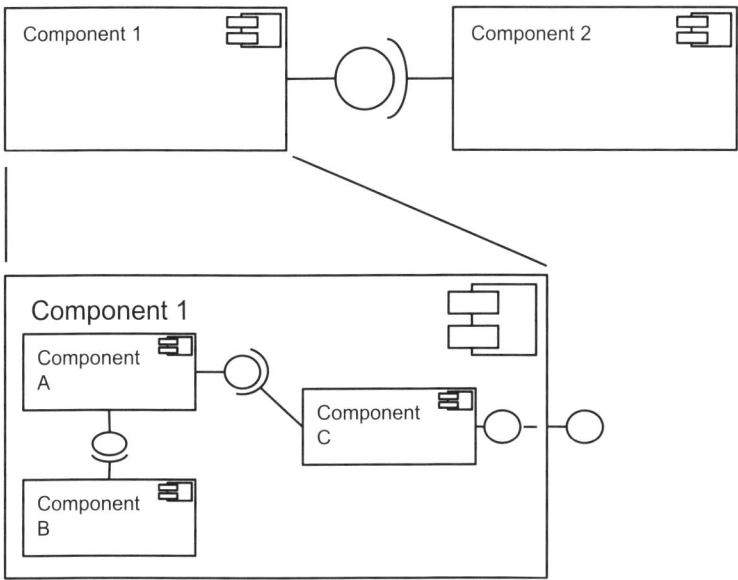

Bild 2.11 Eine Komponente kann selbst wiederum aus anderen Komponenten aufgebaut sein

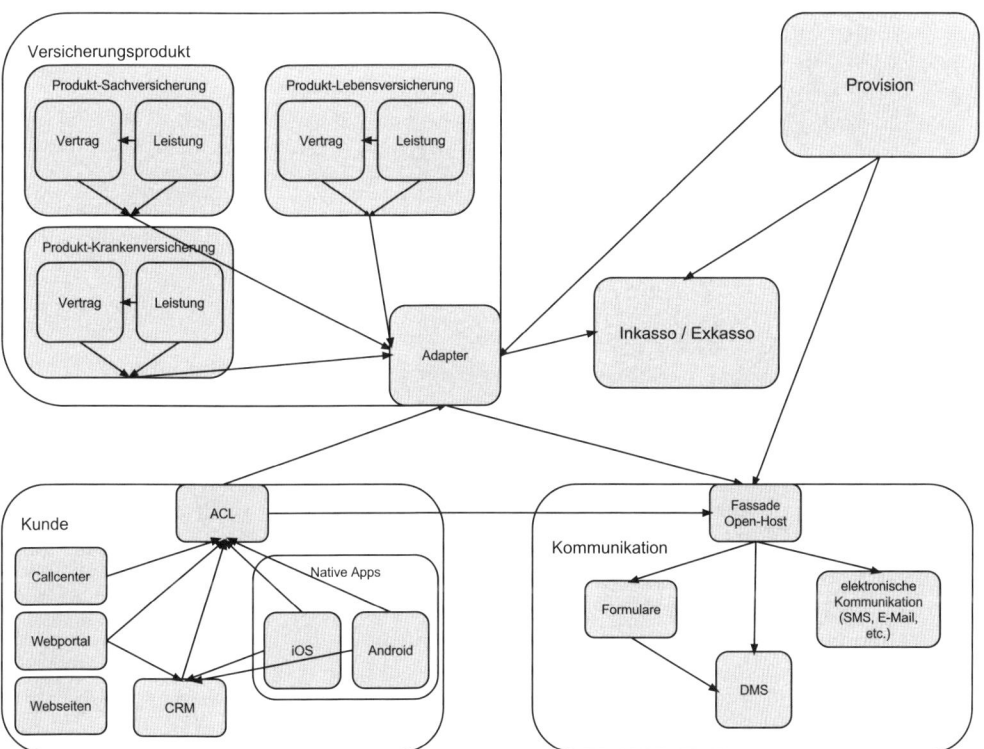

Bild 2.12 Beispielhafte teilweise Aufteilung der Versicherungsdomäne in den oberen drei Abstraktionsebenen

Durch die Anwendung dieses Prinzips werden Architekturen großer Systemlandschaften sehr gut beherrschbar, da unser menschliches Gehirn auf genau diese Art und Weise einen komplexen Sachverhalt begreift. Es zerlegt diesen nämlich einfach immer weiter in seine Teilbereiche [Lil17]. Bedenken Sie nur mal, wie ein Computer Zeit erfasst. Oft wird dafür die Unixzeit verwendet, welche die Millisekunden misst, welche seit dem 1.1.1970 vergangen sind. Wir Menschen könnten mit einer solchen Abstraktionsebene nichts anfangen. Stellen Sie sich vor, Sie würden jemanden nach seinem Geburtstag fragen und er würde diesen in Millisekunden vor bzw. nach einem allgemein anerkannten Referenzzeitpunkt angeben. Man könnte mit so einer Angabe recht wenig anfangen. Daher wechseln wir, wenn es um Zeitabläufe geht, gerne zwischen Größenordnungen hin und her. Wenn Sie den Kellner fragen, wie lange es denn noch dauern wird, bis das Essen serviert wird, dann wird er hoffentlich für seine Antwort eine eher kleine Zeitskala wie Minuten wählen. Wenn Sie sich fragen, wie lange es her ist, dass die Dinosaurier ausstarben, dann sind Sie wiederum gut damit beraten, auf die Abstraktionsebene der Erdzeitalter zu wechseln.

Bild 2.13 Wenn man näher rangeht, offenbart die Natur ihre fraktalen Eigenschaften. Sie wird dabei nicht weniger komplex, sondern zeigt immer mehr Strukturen und Details, aus denen sie aufgebaut ist. (Quelle: *http://panoramas.pictures*)

■ 2.9 Zusammenfassung

Für mich ist es immer wieder erstaunlich, wie gut sich die in diesem Kapitel vorgestellten Prinzipien modularer Architekturen zusammenfassen und auf den Punkt bringen lassen. Falls Sie irgendwann jemandem eine Management Summary zum Thema Softwarearchitektur geben wollen, so möchte ich Ihnen den folgenden Abschnitt empfehlen:

Vereinfacht gesagt geht es bei modularer Softwarearchitektur darum, möglichst die einzelnen fachlichen Themen in eigenen Komponenten zu kapseln, mit klar definierten ein- und ausgehenden Schnittstellen, welche ihre jeweiligen inneren Details der Umsetzung vor der Außenwelt so gut es geht verbergen. Durch diese fachliche Aufteilung kommt es automatisch zu hoher innerer Kohäsion, wodurch die Kopplung dazwischen möglichst lose werden kann. Ab einer gewissen Größe macht es Sinn, diese Strukturen auf mehreren ineinander verschachtelten Hierarchieebenen aufzubauen. Dadurch ist das System auch jederzeit erweiterbar und somit ist es auch gar nicht erst notwendig oder sinnvoll, kommende Anforderungen vorwegzunehmen.

3 Mikro-Architektur – Softwaredesign

„Es ist ein Jammer, daß die Dummköpfe so selbstsicher sind und die Klugen so voller Zweifel."
Bertrand Russell

Bevor wir uns dem komplexeren Thema der Makro-Architektur widmen, möchte ich mir noch gemeinsam mit Ihnen die Frage stellen, welche Konzepte sich speziell im Bereich des Softwaredesigns bzw. der Mikro-Architektur bewährt haben. Während Kapitel 2 zum Thema Prinzipien als ein allgemeingültiges zu verstehen ist und somit sowohl in der Welt der Mikro- als auch der Makro-Architektur Anwendung finden sollte, so geht dieses Kapitel speziell auf das Thema Mikro-Architektur ein. Dabei möchte ich den Begriff noch etwas näher definieren und zur Makro-Architektur hin auch abgrenzen. Die Größe und Komplexität dabei nur von den Codezeilen (Lines of Code oder kurz LOC) abhängig zu machen, ist natürlich sehr vereinfachend und ungenau. Es handelt sich aber hierbei sowieso nur um vage Angaben:

- Bis ca. 10 000 LOC Java ist die Wartung noch einfach und auch in relativ unstrukturiertem Code findet man sich bis zu dieser Größenordnung noch schnell zurecht. Es ist meist noch ausreichend, einfache Programmstrukturen wie Klassen oder Funktionen zu verwenden, um dem Code Struktur zu verleihen. Hier sind explizite Aufwände zur Modularisierung darüber hinaus oft noch übertrieben, vor allem, wenn es nicht den Anschein hat, als ob die Software weiterwachsen würde.

- Darüber bis ca. 1 000 000 LOC Java ist es meist noch möglich, die Wartung des Systems einem einzigen Team zu überlassen. Wir sprechen in so einem Fall von Design oder Mikro-Architektur. Trotzdem ist es bereits wichtig, gewisse Strukturen herzustellen, um Dinge wie Testbarkeit und Wartbarkeit sicherzustellen. Außerdem ist man nicht schlecht damit beraten, ein mögliches weiteres Wachstum zu antizipieren, wofür effizient gebaute Strukturen essenziell sein würden.

- Bei noch größeren Systemen und Systemlandschaften begeben wir uns in den Bereich der Makro-Architektur. Größere Codebasen erfordern schlichtweg mehr Developer zur Weiterentwicklung. Ab einer bestimmten Anzahl werden die informellen Wege einer Gruppe dafür nicht mehr ausreichen. Die Arbeit wird dann üblicherweise auf mehrere Teams aufgeteilt. Gute strukturelle Abgrenzung ist dann für das effiziente Arbeiten sogar noch wichtiger. Außerdem besteht die Notwendigkeit gewisser Abstimmungen zwischen den einzelnen Teams, um unnötige Abweichungen zu vermeiden.

Es sollte niemals unterschätzt werden, wie wichtig Erfahrung in der Erstellung von Mikro-Architekturen ist, um später in der Welt der Makro-Architekturen erfolgreich zu sein. Es ist nämlich nur in der Welt des Softwaredesigns möglich, auf einfache Art und Weise zu experimentieren. Mit ein paar Mausklicks in der IDE kann man Funktionalität von einer Komponente in eine andere verschieben und man erhält relativ bald Feedback, ob die gewählten Strukturen der Software auch angemessen waren. Ich warne an dieser Stelle explizit vor dem Versuch, die eigene Karriere in der Welt der Makro-Architekturen zu starten.

■ 3.1 SOLID

Bei den sogenannten SOLID-Prinzipien, welche von Robert C. Martin [Mar13] definiert wurden, handelt es sich um die aus seiner Sicht obersten Handlungsprinzipien, nach denen objektorientierte Software gebaut werden sollte. Jeder Buchstabe steht dabei für eines dieser fünf Prinzipien. Wobei wir das S, welches für das Single Responsibility Principle steht, schon in ähnlicher Form als Separation of Concerns in Abschnitt 2.7 kennengelernt haben. Ebenso das O als Kürzel für Open Closed. Der Rest steht jeweils für:

3.1.1 Liskovsches Substitutionsprinzip

Auch bekannt als:

Ersetzbarkeitsprinzip

Eines der grundlegenden Prinzipien der objektorientierten Programmierung ist das der Vererbung. Eine sogenannte Unterklasse erbt dabei von einer Oberklasse sämtliche Methoden und Eigenschaften. Es können dabei sowohl neue Methoden und Eigenschaften hinzugefügt als auch geerbte Methoden abgeändert werden. Das Liskovsche Substitutionsprinzip besagt nun, dass eine andere Klasse, welche eine dieser Oberklassen benützt, ebenso korrekt mit einer der von ihr abgeleiteten Unterklassen funktionieren muss [Lis87]. Ist dies für eine abgeleitete Unterklasse nicht der Fall, so würde durch selbige dieses Prinzip verletzt sein. Würde also eine solche Unterklasse eine Methode überschreiben, sodass diese etwas fundamental anderes macht als die Oberklasse, wäre das nicht im Sinne des Konzepts der Vererbung. Auf die Welt der Makro-Architektur ist dieses Prinzip so gut wie gar nicht zu übertragen.

Um das Thema näher zu verdeutlichen, werfen wir bitte einen Blick auf ein Beispiel, wo dieses Prinzip explizit verletzt wird. In Listing 3.1 sehen wir eine Superklasse Rechteck, welche als Eigenschaften Breite und Höhe definiert, welche sich bei einem Rechteck ja unterscheiden können. In Listing 3.2 wiederum wurde ein Quadrat als ein Sonderfall von Rechteck definiert. Damit es sich auch ganz bestimmt immer um ein Quadrat handelt, wird durch Überschreiben der beiden Setter-Methoden erreicht, dass Breite und Höhe auch immer denselben Wert innehaben. Damit allerdings würde man wiederum mögliche Erwartungen einer Klasse nicht erfüllen, der ein Rechteck/Rectangle erwartend ein Quadrat/

Square untergejubelt wird. Die verwendende Klasse könnte so beispielsweise Breite und Höhe setzen und dann natürlich erwarten, dass diese beiden potenziell unterschiedlichen Werte auch genauso übernommen wurden. Bei einem Aufruf eines der Getter würde aber unter Umständen der jeweils andere Wert geliefert werden. Dadurch wäre dann das Liskovsche Substitutionsprinzip verletzt.

Listing 3.1 Rechteck als Superklasse

```java
public abstract class Rectangle {

    private int width;
    private int height;

    public abstract void draw();

    public int calculateArea() {
        return width*height;
    }

    public int getWidth() {
        return width;
    }

    public void setWidth(int width) {
        this.width = width;
    }

    public int getHeight() {
        return height;
    }

    public void setHeight(int height) {
        this.height = height;
    }
}
```

Listing 3.2 Ein Quadrat, welches von Rechteck erbt, dabei aber das Liskovsche Substitutionsprinzip verletzt

```java
public class Square extends Rectangle {

    public void draw(); {
        // ...
    }

    @Override
    public void setWidth(int width) {
        super.setWidth(width);
        super.setHeight(width);
    }

    @Override
    public void setHeight(int height) {
        super.setWidth(height);
        super.setHeight(height);
    }
}
```

3.1.2 Interface Segregation Principle

Auch bekannt als:

Schnittstellenaufteilungsprinzip

Dieses Prinzip besagt, dass eine Komponente, welche Funktionalitäten als Schnittstelle für andere Komponenten zur Verfügung stellt, dies nicht in einer generellen Schnittstelle tun sollte, sondern diese in ihre einzelnen Zuständigkeiten aufzuteilen hat [Mar02]. Nehmen wir als Beispiel eine Digitalkamera, mit der man sowohl fotografieren als auch filmen kann (Bild 3.1), wo es eine gemeinsame Schnittstelle für beide Funktionalitäten gibt. Diesem Prinzip nach sollte es aber nicht eine allgemeine Schnittstelle „benütze Kamera" geben, sondern besser zwei explizitere, nämlich „fotografiere" und „filme" (Bild 3.2).

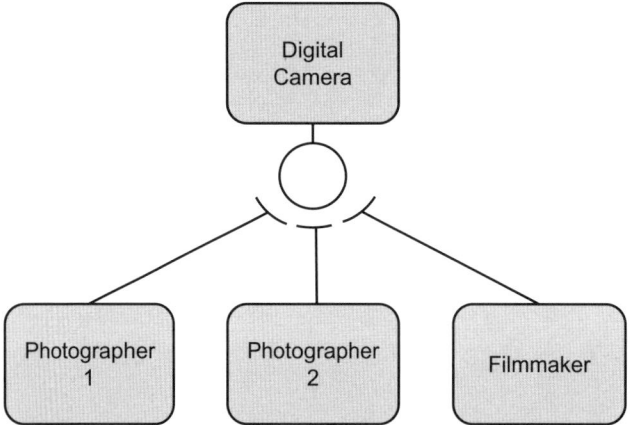

Bild 3.1 Verletzung des Interface Segregation Principle, da es nur eine allgemeine Schnittstelle zur Benützung der Kamera gibt

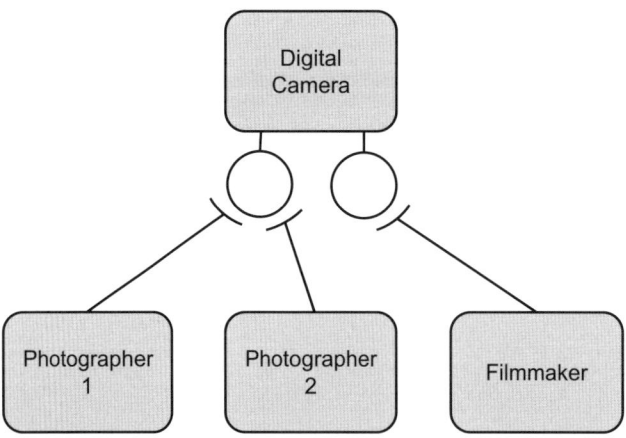

Bild 3.2 Aufteilung der Schnittstelle

Durch die Anwendung dieses Prinzips ergeben sich folgende Vorteile:

- Der Provider der Schnittstelle ist einfacher auszuwechseln bzw. aufzuteilen. Wenn man bemerken sollte, dass die verwendete Digitalkamera zwar hervorragende Fotos macht, aber zum Filmen nur bedingt geeignet ist, so kann man den Benutzern der Film-Schnittstelle wesentlich einfacher einen Camcorder stattdessen unterjubeln, ohne dass die Fotografen davon betroffen wären.
- Die Art der Beziehung zwischen Anbieter und Benutzer einer Schnittstelle wird transparenter.
- Die Schnittstelle ist dadurch selbsterklärender und benötigt weniger zusätzliche Dokumentation.

Es geht wohlgemerkt also dabei nicht darum, für jeden Consumer eine eigene API zur Verfügung zu stellen, sondern vielmehr die API ganz ähnlich dem Separation-of-Concerns-Prinzips aufzuteilen. Dieser Maxime der Aufteilung der Schnittstellen werden wir übrigens in ganz ähnlicher Form später in der Welt der Verteilten Systeme (Kapitel 7) noch einmal begegnen und zwar bei der Aufteilung von REST APIs in einzelne Ressourcen.

3.1.3 Dependency Inversion Principle

Beim Dependency Inversion Principle geht es um die Abhängigkeit zwischen Klassen, aber auch Komponenten höherer Hierarchieebenen. Es besagt, dass es unter gewissen Umständen Sinn machen kann, wenn die Beziehung eines Consumers einer Schnittstelle zum Provider (Bild 3.3) über ein abstraktes Interface hergestellt wird [Mar02]. Es gibt dann keine direkte Abhängigkeit mehr vom Consumer zum Provider. Stattdessen gibt es eine Abhängigkeit beider zum explizit eigens definierten Vertrag, welcher sie miteinander verbindet. Der Pfeil, welcher die Richtung der Abhängigkeiten angibt, verläuft dann in die andere Richtung (Bild 3.4).

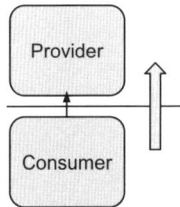

Bild 3.3 Gewöhnliche Provider/Consumer-Beziehung

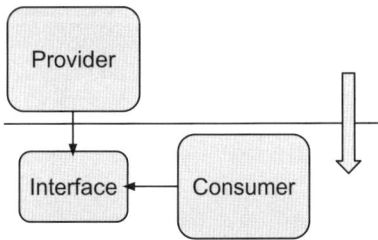

Bild 3.4 Abhängigkeit wurde durch Einsatz einer abstrakten Schnittstelle in ihrer Richtung umgekehrt

Dies darf keineswegs so verstanden werden, dass es prinzipiell für jede Beziehung zwischen zwei Komponenten eine solche Abstraktion geben soll. Vielmehr ist dieser Ansatz dazu gedacht, Abhängigkeiten zwischen Modulen, also Strukturen höherer Hierarchieebenen, zu steuern. So kann man durch Anwendung dieses Prinzips zyklische Abhängigkeiten vermeiden. Ein zweiter Effekt einer solchen Abstraktion ist, dass es dadurch möglich wird, alternative Implementierungen des Providers zur Verfügung zu stellen.

■ 3.2 Dependency Injection

Der Begriff Dependency Injection wurde von Martin Fowler 2004 geprägt [Fow04]. Zu dieser Zeit waren gerade jede Menge Tools wie das Spring-Framework in der Entstehung, deren Paradigma damals noch als „Inversion of Control" bezeichnet wurde. Dies war Fowler zu generisch und er wollte für das Pattern, welches von diesen Werkzeugen implementiert wurde, einen passenderen und spezifischeren Terminus einführen. Eine Inversion of Control findet schließlich bei jeder Art von Framework statt, wo eine wiederverwendbare Komponente die Steuerung des Programmflusses übernimmt. Man liefert selbst die Implementierung dieser einzelnen Schritte an, den Ablauf aber gibt das Framework vor. Dependency Injection dagegen tut weniger als das bzw. etwas anderes. Es geht dabei darum, einem Consumer die konkrete Implementierung des Providers zur Verfügung zu stellen (Bild 3.5). Der jeweilige Consumer muss dann nicht mehr wissen, wie er zu einer solchen Provider-Implementierung kommt und wie diese erzeugt wird. Es führt also zu einer loseren Kopplung beim Zusammenspiel zweier Komponenten und kann daher ein wichtiges Werkzeug bei der Erreichung eines modularen Designs sein.

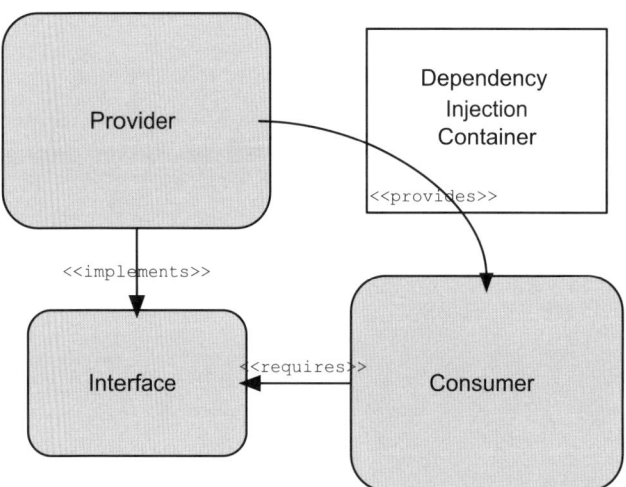

Bild 3.5 Ein DI-Container liefert die Implementierungen der benötigten Schnittstellen

3.3 Law of Demeter

Das Law of Demeter ist auch bekannt als:

Principle of Least Knowledge

Beim Gesetz von Demeter handelt es sich um einen Spezialfall des Information Hiding Prinzips bzw. der losen Kopplung. Dabei geht es darum, dass für den Consumer einer Schnittstelle das Zusammenspiel des Providers mit anderen Komponenten so gut es geht verborgen sein sollte [Hol87]. Der Consumer sollte dadurch möglichst keine Abhängigkeiten zu den vom Provider verwendeten weiteren Komponenten haben. Einen Beispielcode, welcher das Gesetz von Demeter verletzt, sehen Sie in Listing 3.3. Dadurch hat die verwendende Komponente nicht nur eine Abhängigkeit zu „Car", sondern auch zu „Engine". Im Idealfall weiß aber ein Benutzer eines Autos gar nichts darüber, dass da ein Motor eingebaut ist. Alles, was man eigentlich möchte, ist, das Auto in einen fahrbaren Zustand zu versetzen. In Listing 3.4 wird dieser Sachverhalt komplett vom Auto erledigt, der Fahrer drückt dabei einfach nur mehr auf den Knopf, ohne dabei wissen zu müssen, ob der fahrbare Untersatz von einem Verbrennungsmotor oder einer Batterie angetrieben wird.

Listing 3.3 Verletzung des Laws of Demeter

```
Car vehicle = new Car();
vehicle.getEngine().start();
```

Listing 3.4 Kapselung der Abhängigkeit zur Engine

```
class Car {
    Seatbelt seatbelt = new Seatbelt();
    Engine engine = new Engine();
    public void activate() {
        if (!seatbelt.isFastened()) {
            throw new FastenSeatbeltException();
        }
        engine.start();
    }
}
```

Wie Sie sehen, haben wir durch die Kapselung des Zusammenspiels der einzelnen Komponenten, welche in unserem Auto verbaut sind, außerdem die Möglichkeit gewonnen, den Start des Motors zu verweigern, wenn die Sitzgurte nicht verwendet werden!

■ 3.4 Composition over Inheritance

Vererbung stellt zwar ein zentrales Konzept der Objektorientierten Programmierung dar, bringt aber auch eine ganze Reihe von Nachteilen mit sich. Sobald eine Unterklasse von einer Oberklasse erbt, bekommt sie durch diese Ableitung sämtliche Methoden und Eigenschaften der Oberklasse, ohne dass diese in der Unterklasse für den Developer noch sichtbar wären. Änderungen an einer Oberklasse wirken sich direkt auf die Unterklasse aus, ohne dass es überhaupt zu einer Adaptierung einer Schnittstelle gekommen wäre. Eine Vererbung ist also keine besonders transparente Form der Interaktion bzw. Wiederverwendung und ist darüber hinaus bedenklich, was die Umsetzung des Information-Hiding-Prinzips angeht.

Außerdem ist es in den meisten Programmiersprachen aus gutem Grund nur möglich, von einer einzigen Oberklasse zu erben. Programmiersprachen, welche dieser Einschränkung nicht unterliegen und eine Mehrfachvererbung anbieten, leiden nämlich unter dem sogenannten Diamantenproblem, auch bekannt als der „Deadly Diamond of Death".

Aus diesen Gründen sollte man immer versuchen, auf einfache Muster der Wiederverwendung zu setzen und nur in Anwendungsfällen, welche klar für Vererbung sprechen, diese auch einzusetzen. In Java plädiere ich dafür, eine Klasse entweder gezielt als abstrakte Oberklasse zur Vererbung zur Verfügung zu stellen oder dies mit dem Schlüsselwort final gezielt zu unterbinden. Das Pattern, welches die allermeisten Vererbungen überflüssig macht, ist übrigens der Decorator (3.7.1).

■ 3.5 Selbst-Dokumentation

Während es so gut wie unmöglich ist, selbsterklärende Makro-Architekturen zu entwickeln, ist es zumindest recht einfach, Code zu schreiben, welcher sich selbst dokumentiert. Dass das wichtig ist, muss ich vermutlich nicht explizit erläutern, schließlich wird Code meist öfter gelesen als geschrieben und sollte daher eher für den Leser als für den Autor optimiert sein. Ich möchte Sie deshalb bitten, zunächst einen Blick auf Listing 3.5. Ein völlig unverständliches Stück Code zu werfen. Sie werden mir sicher beipflichten, dass dieses Stück Code, obwohl eigentlich recht kurz, ausgesprochen schwierig zu verstehen ist. Es wird einfach nicht klar, was der Sinn und Zweck dieser Bedingung sein soll. Durch Hinzufügen eines Kommentars (Listing 3.6) kann man zwar etwas Licht ins Dunkel bringen, es dauert aber immer noch unnötig lange, bis man die Intention des Autors versteht. Am besten ist es aber, wenn der Code für sich selbst spricht, was man am einfachsten durch die Vergabe sprechender Namen erreicht, so wie in Listing 3.7. Tatsächlich hat ein Kommentar, im Gegensatz zu Code, der sich selbst dokumentiert, nämlich auch einen gravierenden Nachteil: Bei jeder Änderung des Codes ist es möglich, dass der Entwickler den Kommentar dazu nicht anpasst. In dem Fall würden sich dann Kommentar und Code widersprechen und man weiß dann später nicht mehr, wo der Fehler liegt.

Dokumentieren Sie nur, wenn es wirklich notwendig ist. Falls möglich, sollte der Code für sich selbst sprechen. Nur die Dinge, die nicht aus dem Code selbst hervorgehen, sollten Sie dokumentieren.

Listing 3.5 Ein völlig unverständliches Stück Code

```
if ((a > 50 && b >=2 && c==false) || d==true) {
    e = e *2;
}
```

Listing 3.6 Etwas besser wird es mit einem Kommentar

```
// Employee will get double the salary if has good Pattern knowledge,
// more than 2 years experience and is not an external employee
// Ah, and also will get this bonus if he is a close relative of the boss
if ((a > 50 && b >= 2 && c == false) || d == true) {
    e = e *2;
}
```

Listing 3.7 Noch besser ist es, wenn wir gar keinen Kommentar brauchen

```
if (
        (patternKnowHow > 10 &&
         yearsExperience >= 2 &&
         externalEmployee == false)
      || relativeOfBoss == true) {
    salary = salary *2;
}
```

Tatsache ist auch, dass man das Spiel noch etwas weitertreiben kann. Zur zusätzlichen Erläuterung haben wir in Listing 3.8 beschlossen, Teile des Codes in eigene Methoden zu verpacken. Das gibt der Lösung noch etwas mehr Struktur, wir erhalten dadurch aber außerdem die Möglichkeit, einzelnen Teilen des Codes noch zusätzlich dokumentierende Bezeichnungen zu verpassen, nämlich in diesem Fall die Methodennamen.

Listing 3.8 Weitere Verbesserung der Lesbarkeit

```
public boolean isSeniorDeveloper(int patternKnowHow, int yearsExperience) {
    return (patternKnowHow > 10 && yearsExperience >= 2);
}

public boolean shouldBecomeBonus(boolean seniorDeveloper, boolean externalEmployee,
                                 boolean relativeOfBoss) {
    return ((seniorDeveloper && !externalEmployee) || relativeOfBoss);
}

if (shouldeBecomeBonus(isSeniorDeveloper(patternKnowHow, yearsExperience),
                       externalEmployee, relativeOfBoss)) {
    salary = salary * 2;
}
```

Etwas schwieriger ist es, die Strukturen der Mikro-Architektur zu dokumentieren, Möglichkeiten dazu gibt es aber. So kann man in Java in jedem Package eine package-info.java anlegen, deren einzige Daseinsberechtigung darin besteht, Kommentare für das jeweilige Package aufzunehmen. Noch besser ist es natürlich, wenn für die Dokumentation der Struktur ein operativ einsetzbares Tool wie Sonargraph verwendet wird. Wenn Sie das tun, dann sind neue Strukturen nicht so ohne Weiteres zu bauen, ohne dass dafür die jeweils erlaubten Regeln definiert werden.

Einsatz eines Pattern

Wenn Sie potenziellen Lesern Ihres Codes die Möglichkeit geben möchten, zweifelsfrei festzustellen, welches Pattern denn nun durch eine bestimmte Stelle im Code repräsentiert wird, so hat sich dafür im Open-Source-Umfeld ein gewisser Standard etabliert, dessen Anwendung ich an dieser Stelle noch empfehlen möchte. Das Muster wird anhand des Buchs und der Seitenzahl identifiziert, wo es zuerst vorgestellt wurde. Um die Verwendung des Factory-Method-Pattern zu dokumentieren, tut es eine Angabe wie GOF:107. Das Pendant für die sehr ähnliche Abstract Factory wäre wiederum: GOF: 87. Dabei bezieht man sich auf das berühmte Buch der Gang of Four [Gam94] oder genauer gesagt auf die englische Originalausgabe dessen.

■ 3.6 Design by Contract

Auch bekannt als:

Programming by Contract

Design by Contract ist ein Konzept zur näheren Spezifikation der Schnittstellen einzelner Komponenten [Mey86], wobei das Ziel darin besteht, deren fehlerfreies Zusammenspiel zu fördern. Dabei werden die folgenden Dinge näher spezifiziert, welche an der rein statischen Definition der Schnittstelle nicht ersichtlich sind:

Vor- und Nachbedingungen (preconditions und postconditions)

Jede Schnittstelle definiert die Rahmenbedingungen, welche die ihr bei der Verwendung übergebenen Parameter einzuhalten haben. Dafür gibt jede Schnittstelle auch eine gewisse Garantie ab, was die Ergebnisse ihres Aufrufs betrifft. In Listing 3.9 sehen Sie ein Beispiel für eine Methode, welche sowohl festlegt, was für einen korrekten Aufruf ihrer selbst gegeben sein muss, als auch, welche Bedingungen am Ende des Methodenaufrufs gelten. Eine Datei, mit der diese Methode korrekt aufgerufen werden kann, muss existieren, muss gelesen und gelöscht werden können. Am Ende ist die Datei entfernt und es wird außerdem noch garantiert, dass niemals null als Ergebnis returniert wird.

Listing 3.9 Vor- und Nachbedingungen explizit prüfen

```
public String readAndRemove (File input) {

    if (!input.exists() || !input.canRead() || !input.canWrite()) {
        throw new IllegalArgumentException("Must have full access to File");
    }
```

```
    String result = "";
    // ...

    assert !input.exists() && result != null;
    return result;
}
```

Invarianten (invariants)

Invarianten sind Bedingungen, welche über den gesamten Lebenszyklus der Komponente hinweg Gültigkeit haben. Sollte eine Invariante verletzt werden, so würde dies auf einen Bug in der Komponente selbst oder in einem der Consumer einer der Schnittstellen hindeuten. Listing 3.10 ist ein Beispiel, wo eine Methode definiert wurde, mit der man jederzeit prüfen kann, ob sich auch noch alles korrekt in den Rahmenbedingungen verhält, die von Einsteins Relativitätstheorie festgelegt wurden.

Listing 3.10 Kein massebehaftetes Teilchen im Universum kann laut Einsteins Relativitäts-theorie genauso schnell oder schneller sein als das Licht

```java
public class Particle {

    private double speed = 0.0;
    private double mass = 0.0;

    public Particle(double mass) {
        super();
        assert mass > 0.0;
        this.mass = mass;
    }

    // Invariant
    public boolean relativistic() {
        // speed is relative to light, so cannot be 1.0 as mass would be infinite
        return speed >= 0.0 && speed < 1.0;
    }
}

Particle p = new Particle(17.8);
assert p.relativistic();
```

Während es für Java einige hilfreiche Libraries zur Umsetzung des Design by Contract gibt, wird von Oracle selbst [ORA17] empfohlen, für diese Zwecke simple if-Statements und das Schlüsselwort assert zu verwenden. Wie Sie in den beiden Listings dazu sicherlich erkennen können, ist dieses Prinzip, wenn es auf diese oder eine ähnliche Art und Weise angewendet wird, auch eine Form der Selbst-Dokumentation.

 Die konkrete Definition des Schnittstellenvertrags, wie dies beispielsweise durch Design by Contract gemacht wird, vermindert die Gefahr unerwünschter Seiteneffekte, die durch Änderungen an einer Komponente an ihren Konsumenten ausgelöst werden könnten, erheblich.

■ 3.7 Design Pattern

Design Pattern sind aus dem Vokabular unserer Community kaum noch wegzudenken. Gemeint sind damit empfehlenswerte Muster aus der Welt der Mikro-Architektur. Definiert sind sie als bewährte Lösungsschablonen für häufig auftretende Entwurfsprobleme [Gam94]. Durch den Einsatz solcher Muster verspricht man sich üblicherweise die folgenden positiven Effekte:

Design Pattern als bewährte Lösungsstrategien

Design Pattern bieten Lösungsmuster für häufig wiederkehrende Herausforderungen bei der Erstellung von Software. Dabei darf man allerdings niemals das KISS-Prinzip aus den Augen verlieren. Das Kapitel 2 über Design-Prinzipien kommt in diesem Buch übrigens nicht zufällig noch bevor die ersten konkreten Muster hier in diesem Kapitel vorgestellt werden. Beim Einsatz eines Pattern sollte man sich nämlich immer vorher fragen, was man damit eigentlich erreichen möchte.

 Der Einsatz eines Design Pattern führt meist zu einer höheren Form der Abstraktion, wodurch üblicherweise zusätzliche Komplexität entsteht, für welche es wiederum einen Mehrwert geben muss. Ist dieser nicht gegeben, so ist vom Einsatz des jeweiligen Design Pattern abzuraten.

Verbesserung der Wartbarkeit

Da die gängigen Design Pattern den meisten Developern geläufig sind, erkennen sie sofort die Intention des ursprünglichen Autors und können sich dadurch einfacher und schneller in fremden Source Code einarbeiten. Dabei kommt es auf Grund unterschiedlicher Ansichten nicht selten zu Meinungsverschiedenheiten zwischen den einzelnen Mitarbeitern. So gibt es mehr als eine Variante des Builder Pattern und unterschiedliche Ausprägungen des Factory-Musters. Um solche Missverständnisse zu vermeiden, ist die Erstellung eines expliziten Pattern-Katalogs hilfreich. Im Zuge der Erstellung einigt sich das Team auf die Muster, deren Einsatz danach Priorität haben wird, und definiert für jedes auch eine Referenzimplementierung und übliche Einsatzszenarien. Dabei wird das Thema Design Pattern auch gleich auf praktische Art und Weise etabliert.

Förderung der Modularität

Gerne übersehen wird der dritte positive Effekt, den der Einsatz eines Design Pattern ebenfalls noch haben kann. Man kann nämlich Entwurfsmuster auch dazu einsetzen, um die Umsetzung eines Designprinzips im Code zu forcieren, bzw. um eine gewisse Form der Modularität bei der Implementierung zu fördern. Aus diesem Grunde möchte ich mich in der folgenden Anführung einiger gängiger Pattern auf jene beschränken, deren Hauptaufgabe genau darin besteht. Dabei möchte ich die Frage aufwerfen, was man diesbezüglich damit bezwecken könnte.

3.7.1 Decorator und Delegate (Structural)

Durch das Decorator-Pattern umgesetztes Prinzip: Composition over Inheritance

Stellen Sie sich bitte vor, dass Sie gleichartige Java-Klassen haben, die Sie um Funktionalität erweitern möchten. In unserem Beispiel haben wir verschiedene sprechende Puppen (Listing 3.11), welche wir nun um ein Feature erweitern möchten, welches es ihnen ermöglicht, ihre Besitzer mit ihren Namen anzusprechen. Vererbung wäre hier kaum eine Option, einfach weil man dann jede einzelne Klasse beerben müsste. In Java kann man nämlich aus gutem Grund nur von einer Parent-Klasse erben.

Listing 3.11 Sprechende Puppen

```java
public interface SpeakingDoll {

    public String speak();
}

public class Barbie implements SpeakingDoll {

    @Override
    public String speak() {
        return "I am Barbie!";
    }
}

public class Ken implements SpeakingDoll {

    @Override
    public String speak() {
        return "I am Ken!";
    }
}
```

Die Lösung bringt das Decorator-Pattern (Listing 3.12) [Gam94]. Dadurch können wir ein Interface um Funktionalität erweitern und somit die konkrete Implementierung erst zur Laufzeit auswählen. Wir wrappen einfach eine Instanz, welche das jeweilige Interface implementiert, und delegieren bei Bedarf die ursprüngliche Tätigkeit wieder an diese. Die Delegation an die konkrete Instanz ist übrigens ebenfalls als Design-Pattern bekannt und nichts anderes als die Anwendung des Delegate-Musters.

Listing 3.12 Die sprechenden Puppen grüßen nun ihren Besitzer persönlich

```java
public class PersonalDollDecorator implements SpeakingDoll {

    String ownersName;
    SpeakingDoll delegate;

    public PersonalDollDecorator(String ownersName, SpeakingDoll delegate) {
        super();
        this.ownersName = ownersName;
        this.delegate = delegate;
    }

    @Override
```

```
    public String speak() {
        return "Hello " + ownersName + ", " + delegate.speak();
    }
}
```

Jeder Java-Developer kennt das Decorator-Pattern übrigens, aus dem java.io-Package. Dort wurde das Decorator-Pattern bei den Reader- und Writer-Klassen verwendet. Ein BufferedReader ist nichts anderes als ein Decorator, den man mit allen beliebigen Readern verwenden kann (Listing 3.13).

Listing 3.13 Ein wohl bekanntes Beispiel für die Anwendung des Decorator-Pattern

```
BufferedReader bsr = new BufferedReader(new StringReader("Hello World!"));

BufferedReader bfr = new BufferedReader(new FileReader("autoexec.bat"));
```

3.7.2 Adapter (Structural)

Durch das Adapter-Pattern umgesetztes Prinzip: Lose Kopplung

Nehmen wir mal an, Sie haben irgendeine Komponente, die eine bestimmte Funktionalität benötigt (Listing 3.14). Tatsächlich haben wir aber auch eine andere Komponente gefunden, welche die gewünschte Funktionalität anbietet (Listing 3.15). Nur erwartet diese leider eine etwas andere Struktur als Input: Man könnte nun den Consumer ändern, somit würden wir aber eine Abhängigkeit zum konkreten Provider in den Consumer einbauen. Eleganter ist es, einen Vermittler dazwischenzustellen, der sich um die Übersetzung kümmert (Listing 3.16). Diesen nennt man dann Adapter [Gam94].

Listing 3.14 Service Consumer und die von ihm benötigte Schnittstelle

```
public interface ExpectedServiceInterface {

    public Integer doSomeCalculationWithJsonInput(String jsonString);
}

public class ServiceConsumer {

    // inject somehow
    ExpectedServiceInterface calculator;

    public void doStuff() {

        String jsonInput = ""; // create json input
        Integer result = calculator.doSomeCalculationWithJsonInput(jsonInput);
        // now we have our result, continue...
    }
}
```

Listing 3.15 Ein leider nicht ganz passender Provider dazu

```java
public class ServiceProvider {

    public int calculateSomething (String xmlInput) {

        // parse xml and make some fancy calculation...

        return 42;
    }
}
```

Listing 3.16 Ein Adapter sorgt für Kompatibilität

```java
public class ServiceAdapter implements ExpectedServiceInterface {

    // inject somehow
    ServiceProvider service;

    @Override
    public Integer doSomeCalculationWithJsonInput(String jsonString) {

        StringBuffer xmlString = new StringBuffer();

        // convert json to xml somehow

        int result = service.calculateSomething(xmlString.toString());

        return Integer.valueOf(result);
    }
}
```

Lose Kopplung wird durch einen Adapter übrigens erreicht, weil es dadurch zu keiner Annahme des gegenseitigen Schnittstellenformats zwischen Consumer und Provider kommt. Diese Annahme und Kopplung bleibt ausschließlich auf den Adapter beschränkt. Man darf nämlich Folgendes nicht vergessen: Je umfangreicher ein Consumer eine Schnittstelle eines Providers in seinem eigenen Code verwendet, desto breiter verteilt ist diese Art der Kopplung zum Provider. Wenn das noch dazu in mehreren Consumern passiert, kann es dazu kommen, dass eine notwendige Schnittstellenänderung am Provider nur mehr sehr schwierig durchzuführen ist.

3.7.3 Facade (Structural)

Durch das Facade-Pattern umgesetztes Prinzip: Information Hiding

Einen dezidierten Zugang zu einem Package oder Modul kann man auch Fassade oder Facade nennen [Gam94]. In unserem Beispiel (Listing 3.17) haben wir eine recht komplexe TV- und Unterhaltungsanlage, deren Benutzung wir mit einer Universalfernbedienung vereinfachen möchten. Die einzelnen Komponenten können dann gezielt vor der Außenwelt verborgen werden.

Listing 3.17 Eine Universalfernbedienung vereinfacht die Bedienung der TV-Anlage

```java
package info.moderneit.tv;

public class UniversalRemoteFacade {

   public static void watchTV() {

       SatelliteReceiver.power(true);
       AVReceiver.power(true);
       AVReceiver.volume(14);
       AVReceiver.switchTo(Mode.SATELLITE);
       Television.power(true);
   }
}

// package protected, thus invisible from outside
class AVReceiver {

   enum Mode { SATELLITE, BLURAY };

   static void power (boolean input) {
      // ...
   }

   // ...
}

// ...
```

3.7.4 Observer (Behavioral)

Durch das Observer-Pattern umgesetzte Prinzipien: Open Closed , Dependency Inversion

Stellen Sie sich vor, Sie haben eine Komponente, wo etwas passiert, das theoretisch auch für andere Komponenten interessant ist. Sie möchten aber nicht , dass die ursprüngliche Komponente deswegen Dependencies zu all diesen anderen Komponenten hat. Sie wollen auch in weiteren Komponenten auf diese Ereignisse reagieren können, ohne die ursprüngliche Komponente jeweils erweitern zu müssen. Angenommen wir besitzen ein Bankkonto (Listing 3.18) und neigen dazu, es ab und an auch mal zu überziehen. Um das in Zukunft zu vermeiden, möchten Sie beim Unterschreiten eines gewissen Kontostands dafür sorgen, dass wieder Geld reinkommt. Kein Problem, wenn Ihr Bankkonto „observable", also beobachtbar, ist (Listing 3.19). Später, wenn der neue Job lukrativ ist, möchten Sie vielleicht einen weiteren Observer definieren, der automatisch einen Flug nach Tahiti bucht, sobald der Kontostand einen gewissen Betrag übersteigt [Gam94].

Listing 3.18 Ein beobachtbares Bankkonto

```java
public interface BankAccountObserver {

   public void availableAmountUpdated (long newAvailableAmount);
}
```

```
public class BankAccount {

    private long availableAmount;

    private List<BankAccountObserver> observers = new ArrayList<BankAccountObserv
er>();

    public void registerObserver(BankAccountObserver newObserver) {
        observers.add(newObserver);
    }

    public void removeObserver(BankAccountObserver observer2Remove) {
        observers.remove(observer2Remove);
    }

    private void notifyObservers() {
        for (BankAccountObserver concreteObserver : observers) {
            concreteObserver.availableAmountUpdated(availableAmount);
        }
    }

    public void receiveMoney (long amount) {
        availableAmount += amount;
        notifyObservers();
    }

    public void spendMoney(long amount) {
        availableAmount -= amount;
        notifyObservers();
    }
}
```

Listing 3.19 Arbeiten, aber nur wenn das Geld ausgeht

```
public class BankAccountObserverWarning implements BankAccountObserver {

    @Override
    public void availableAmountUpdated(long newAvailableAmount) {
        if (newAvailableAmount < 100) {
            // oops, we are below 100 bucks, go find a job ;-)
        }
    }
}
```

Korrekterweise ist es übrigens nur dann wirklich das Observer-Pattern, wenn die emittierten Events immer die Änderung eines Werts (Zustands bzw. States) anzeigen. Callbacks, wo das nicht der Fall ist, wie Maus-Klicks, sind nichts weiter als gewöhnliche Event-Listener. In Java gibt es zur Kennzeichnung dieser übrigens das Marker-Interface *java.util.EventListener*. Ein Observer ist demnach nichts anderes als ein Spezialfall eines Eventlisteners.

Über etwas ganz Ähnliches werden wir später auch in der Welt der Makro-Architektur noch stolpern. Bei einer emittierten Nachricht auf einem Message-Bus oder Broker, welche dort von 0 bis n weiteren Services konsumiert werden kann, handelt es sich nämlich um einen ganz ähnlichen Anwendungsfall.

3.7.5 Simple Factory (Creational)

Durch die Simple Factory umgesetztes Prinzip: Separation of Concerns

Nehmen wir mal an, dass an vielen Stellen in Ihrem Code eine bestimmte Klasseninstanz benötigt wird und das abhängig von einem gewissen Kriterium. Wenn Sie dafür ein If programmieren, so möchten Sie das doch sicher nicht überall im Code dupliziert und verteilt haben, korrekt? Eine Simple Factory bietet Ihnen dafür eine einfache Lösung (Listing 3.20). Wenn man hier später bemerkt, dass Yorkshire Terrier ihre Herrchen beißen, so könnte man diese an einer zentralen Stelle durch eine andere knuffige Hunderasse ersetzen. Da wir das Information Hiding Principle konsequent umsetzen, machen wir noch die Konstruktoren der einzelnen Hunderassen package protected. Da sich die Factory im selben Package befindet und nur sie und die Criteria-Enum public sind, haben Sie die Garantie, dass nur Sie selbst über die konkret erzeugten Hunderassen je Anwendungsfall entscheiden.

Listing 3.20 Eine Simple Factory, welche entscheidet, welche Hunderasse für welchen Zweck am besten geeignet ist

```
package info.moderneit.dogs;

public class DogSimpleFactory {

    public static Dog getDog(Criteria criteria) {

        switch (criteria) {
            case CUTE:
                return new YorkshireTerrier();
            case SMART:
                return new BorderCollie();
            case FAMILY:
                return new Boxer();
            default:
                return null;
        }
    }
}

public class Boxer implements Dog {

    // package protected Constructor, only invoked by Simple Factory
    Boxer() {
        super();
    }
}

// ...
```

3.7.6 Factory Method (Creational)

Durch das Method-Factory-Pattern umgesetztes Prinzip: Open Closed Principle

Manchmal ist es sinnvoll, Logik von der Erzeugung der dafür nötigen Objektinstanzen zu trennen [Gam94]. Durch eine solche Trennung ist es dann möglich, dieselbe Logik mit anderen Instanzen auszuführen, ohne in diese Logik überhaupt eingreifen zu müssen. Im hier angeführten Beispiel (Listing 3.21), welches sich um den Standardfall der Herstellung einer Mahlzeit kümmert, wäre gewünscht, dieselben Gerichte den Kunden ab sofort auch etwas anders aufbereitet zu verkaufen. In diesem Fall können Sie die Factory-Methoden überschreiben (Listing 3.22). Dadurch erreichen wir unser Ziel, ohne die Logik der Rezepte neu implementieren zu müssen.

Listing 3.21 Zur Erzeugung einfacher Gerichte

```
public class MealFactory {

    protected Spice provideSpice() {
        return new Pepper();
    }

    protected Utensil provideUtensil() {
        return new FryingPan();
    }

    public Meal prepare() {
        Utensil utensil = provideUtensil();
        Spice spice = provideSpice();
        // now do whatever steps are needed to prepare the meal...
    }
}
```

Listing 3.22 Dieselben Rezepte, auf asiatisch präsentiert

```
public class MealFactoryAsianStyle extends MealFactory {

    @Override
    protected Spice provideSpice() {
        return new Curry();
    }

    @Override
    protected Utensil provideUtensil() {
        return new Wok();
    }
}
```

3.7.7 Abstract Factory (Creational)

Durch das Abstract-Factory-Pattern umgesetztes Prinzip: Open Closed Principle

Die Abstract Factory (Listing 3.23) erledigt im Grunde denselben Job wie die Factory Method (19). Für welche dieser beiden Spielarten Sie sich entscheiden, ist im Grunde Geschmackssache. Wichtig ist mir noch anzumerken, dass es sich bei der Simple Factory (18) um etwas grundlegend anderes handelt, während die Factory Method und die Abstract Factory eng miteinander verwandt sind. Das auch, um noch einmal zu verdeutlichen, wie wichtig die bereits empfohlene Erstellung eines Pattern-Katalogs ist, um Missverständnisse zu vermeiden.

Listing 3.23 Dasselbe Beispiel, diesmal als Abstract Factory

```java
public interface CookingFactory {

    public Spice provideSpice();
    public Utensil provideUtensil();
}

public class CookingFactoryDefault implements CookingFactory {

    @Override
    public Spice provideSpice() { return new Pepper(); };
    @Override
    public Utensil provideUtensil() { return new FryingPan(); };
}

public class CookingFactoryAsianStyle implements CookingFactory {

    @Override
    public Spice provideSpice() { return new Curry(); };

    @Override
    public Utensil provideUtensil() { return new Wok(); };
}

public class Cook {

    private CookingFactory factory = null;

    public Cook(CookingFactory factory) {
        super();
        this.factory = factory;
    }

    public Meal prepare() {

        Utensil utensil = factory.provideUtensil();
        Spice spice = factory.provideSpice();

        // now do whatever steps are needed to prepare the meal...
    }
}
```

3.7.8 Builder (Creational)

Durch das Builder-Pattern umgesetztes Prinzip: Selbst-Dokumentation

Das Builder-Pattern wird zwar oft mit dem Factory-Pattern verwechselt, verfolgt aber ein anderes Ziel. Um zu erklären, worum es dabei geht, möchte ich etwas ausholen und den Sinn und Zweck eines immutable Objects erklären. Falls Sie Java-Developer sind, so ist Ihnen bestimmt bekannt, dass Werte von Klassen wie Integer oder String nicht veränderbar sind. Wenn Sie den Wert ändern möchten, so bleibt Ihnen nichts anderes übrig, als eine neue Instanz zu erzeugen. Einer der Gründe dafür ist der Folgende: Stellen Sie sich vor, Sie übergeben einen String an eine Methode, von der Sie nicht erwarten, dass diese den Wert dieses Strings ändern würde (Listing 3.24). Auch wenn eine erste Version der Methode someMethodBeingCalled den Wert des Strings nicht ändert, so tut es eventuell eine spätere, und sei es durch einen Bug. Der auf den Aufruf folgende Code, der davon ausgeht, dass der String immer noch denselben Wert hat, produziert dann potenziell Fehler. Daher ist es in Java gar nicht erst möglich, die Werte von Klassen wie String oder Integer zu verändern.

Listing 3.24 Basisklassen sind in Java alle immutable

```
String someString = "Hello World!";
someMethodBeingCalled(someString);
// here you would expect someString Variable to still have the same value, right?
// -> In JAVA you can be sure it does!
```

Dieses Prinzip der Unveränderbarkeit oder Immutability können Sie sich in Ihrem Design natürlich genauso zunutze machen. Nehmen wir an, Sie wollen eine Instanz einer Pizza-Klasse erzeugen. Dann möchten Sie bestimmt nicht, dass der Lieferjunge auf dem Weg zum Kunden die Pizza verändern kann. Er sollte gar nicht erst in der Lage sein, den Mais von der Pizza zu naschen. Sie könnten nun alle Setter entfernen und die Werte nur im Konstruktor empfangen, was aber zu unschönem Code führen würde (Listing 3.25). Jemand der diesen Code sieht, würde sich beispielsweise fragen, was die beiden booleschen Parameter bedeuten!?

Listing 3.25 Die gesamte Pizza wird im Konstruktor definiert

```
Pizza pizza = new Pizza (10,true,false,'Cheese',"Tomatoes","Ham","Corn");
```

Abhilfe schafft hier das Builder-Pattern. Hierbei definieren Sie den Konstruktor kurzerhand als private und stellen eine innere Klasse zur Verfügung, die keinen anderen Job hat, als eine solche Pizza-Instanz zu erzeugen (Listing 3.26). Das sieht gleich viel eleganter aus (Listing 3.27) und spricht für sich selbst. Dem gefräßigen Lieferjungen wurde dabei außerdem auch das Handwerk gelegt.

Listing 3.26 Statt den Konstruktor bieten wir einen expliziten Builder mit einer Fluent-API an

```
public final class Pizza {

    private Set<String> ingredients;
    private int size;
    private boolean cheesyCrust = false;
    private boolean folded = false;
```

```java
    private Pizza(int size, boolean cheesyCrust, boolean folded,
                  Set<String> ingredients) {
        super();
        this.ingredients = ingredients;
        this.size = size;
        this.cheesyCrust = cheesyCrust;
        this.folded = folded;
    }

    static class Builder {

        private Set<String> ingredients = new HashSet<String>();
        private int size = -1;
        private boolean folded = false;
        private boolean cheesyCrust = false;

        public Builder addIngredient(String newIngredient) {
            ingredients.add(newIngredient);
            return this;
        }

        public Builder diameterInInches(int size) {
            this.size = size;
            return this;
        }

        public Builder cheesyCrust() {
            this.cheesyCrust = true;
            return this;
        }

        public Builder fold() {
            this.folded = true;
            return this;
        }

        public Builder cardinale() {
            ingredients.clear();
            addIngredient("Tomatoes").addIngredient("Cheese").addIngredient("Ham");
            return this;
        }

        public Pizza build() {
            return new Pizza(this.size,this.cheesyCrust,this.folded,this.ingredients);
        }

    }

    public void eat() {
        // ...
    }

}
```

Listing 3.27 Die Erzeugung einer Pizza wird dadurch selbsterklärend

```
// big cardinale cheesy crust with extra corn
Pizza myPizza = (new Pizza.Builder()).cardinale().addIngredient("Corn").
    diameterInInches(12).cheesyCrust().build();
```

Dies ist übrigens NICHT das Builder-Pattern, wie es die berühmte Gang of Four definiert hat [Gam94]. In deren Buch werden Sie eine andere Definition unter demselben Namen finden. Diese Information noch als abschließender Beweis dafür, dass es tatsächlich oft eine gute Idee ist, wenn sich das Team auf einen gemeinsamen Pattern-Katalog einigt.

4 Domänengetriebener Entwurf – Domain Driven Design (DDD)

„Ein Missverständnis ist die häufigste Form menschlicher Kommunikation."
Peter Benary

Bei Domain Driven Design (oder kurz: DDD) handelt es sich um ein Set von Mustern und Best Practices für die Erstellung von Architekturdefinitionen [Eva03]. Die Grundidee bei einem solchen domänengetriebenen Entwurf ist es, die Problemdomäne immer weiter in ihre Teilbereiche, die sogenannten Subdomänen zu zerlegen. Dabei wird nicht, so wie ich das unter anderem in diesem Buch gerne mache, zwischen Mikro- und Makro-Architektur unterschieden, sondern zwischen Strategic und Tactical Design. Diese Konzepte entsprechen nur im weiteren Sinne der Makro- (Strategic Design) bzw. Mikro-Architektur (Tactical Design). In diesem Kapitel werde ich ausschließlich auf die Möglichkeiten des Strategic Designs eingehen und beschreiben, wie es beim Bau modularer Strukturen in Software unterstützen kann.

■ 4.1 Ubiquitous Language

Zur besseren Zusammenarbeit zwischen Business und IT wird empfohlen, immer eine gemeinsame Sprache zu entwickeln, welche im DDD Ubiquitous Language genannt wird. Dabei gilt diese immer nur innerhalb der Grenzen eines Bounded Context, dazu gleich mehr (Abschnitt 4.3). DDD geht dabei ganz bewusst einen anderen Weg als die klassische Enterprise-Architektur. Während EA davon ausgeht, dass es praktikabel ist, eine allgemeingültige Sprache zwischen IT und Fachbereich über die gesamte Problemdomäne hinweg zu definieren, so ist das DDD hier anderer Ansicht. Meiner Meinung nach übrigens völlig zu Recht, außerdem fördert eine solche Trennung eine gewisse Modularität in der Systemlandschaft.

Falls Sie nach einer praktikablen Alternative zu EA-Frameworks wie TOGAF oder Zachman suchen, so bietet sich übrigens genau dieses Domain Driven Design stattdessen an. Fügen Sie dem DDD nur die Elemente klassischer EA hinzu, welche noch fehlen und auch tatsächlich einen Mehrwert für das Unternehmen generieren, wie EAM oder das Management der Technologievielfalt.

■ 4.2 Aufteilung in Subdomänen

Schon die alten Römer, welche ein sehr großes Vielvölkerreich zu regieren hatten, wussten, wie man ein solchermaßen komplexes Unterfangen am besten angeht: „Divide et impera", also „Teile und herrsche", lautete die Devise. Das wichtigste Werkzeug des DDD ist ein Pendant dazu, nämlich die Aufteilung der Problemdomäne in die einzelnen Subdomänen (oder Englisch Subdomains). Mit anderen Worten gesagt, wird das Problem in seine Teilbereiche zerlegt. Die Gesamtkomplexität wird also durch Aufteilung in beherrschbarere Bahnen gelenkt. Dabei unterscheidet man üblicherweise die folgenden Kategorien:

- **Core Domains**
  Diese sind der eigentliche Kern des Systems, welche den meisten Anwendernutzen generieren oder auch die höchsten Einnahmen bringen werden. Es darf davon übrigens mehr als nur eine geben, auch wenn es dazu in der Literatur teilweise andere Meinungen gibt [Ver17]. Keineswegs stehen die Core-Domains übrigens irgendwie strukturell „in der Mitte", sondern sie sind in erster Linie einfach „wichtiger" als der Rest.

- **Supporting Domains**
  Supporting Domains wiederum unterstützen die Core Domain(s). Hier wird üblicherweise nicht so viel in Qualität investiert wie in den Core Domains. Normalerweise handelt es sich dabei aber immer noch um Eigenentwicklungen.

- **Generic Domains**
  Sind allgemeine Dinge, die in den meisten Fällen durch vorhandene oder kommerzielle Lösungen abgedeckt werden können. Ein typisches Beispiel wäre Buchhaltung oder elektronische Kommunikation wie das Versenden von SMS oder E-Mails.

Eine Subdomäne entspricht dabei übrigens weitestgehend dem Begriff der „Business Capability" aus der Welt der EA bzw. klassischer service-orientierter Architekturen. In Kapitel 2 über Entwurfsprinzipien haben wir diese Idee auch schon kennengelernt, und zwar als fachlich orientierte Separation of Concerns, welche zu einer hohen Kohäsion bei einer geringen Kopplung führen sollte.

 Die Einteilung der Problemdomäne in ihre Teilbereiche ist, wenn sich diese auch entsprechend in der obersten Abstraktionsebene der Makro-Architektur wiederfindet, der Komplexitätskiller schlechthin.

■ 4.3 Bounded Context

Sehr wichtig ist es auch, das Konzept des Bounded Context aus dem DDD zu verstehen. Ein solchermaßen abgegrenzter Kontext definiert die Grenze, bis zu der ein Modell, und somit auch die jeweilige Ubiquitous Language, Gültigkeit besitzen. Dies ist vor allem aus den folgenden beiden Gründen wichtig:

- In Abschnitt 2.5 haben wir ja bereits festgehalten, dass es über die Kenntnis fremder Modelle, wie beispielsweise über eine benutzte Schnittstelle, ebenfalls zu Kopplungen kommt, die nur allzu gerne übersehen werden.

- Unterschiedliche Subdomänen haben teils unterschiedliche Sichtweisen auf Teilmodelle und Begriffe der gesamten Problemdomäne. Es kann einen Mehrwert für das Unternehmen bedeuten, diese unterschiedlichen Sichtweisen auch explizit in der Implementierung zu berücksichtigen und hervorzuheben. Außerdem minimiert man dadurch die Aufwände für Abstimmungen und das Risiko von Missverständnissen.

Dabei ist es keineswegs so, dass es automatisch zu einer 1:1-Beziehung zwischen Subdomäne und Bounded Context kommen muss. Auch wenn manche Autoren empfehlen, eine solche anzustreben [Ver17], so bin ich eigentlich nicht dieser Meinung. Es können mehrere Subdomänen innerhalb einer Kontextgrenze abgebildet werden, wobei man in diesem Fall beschließt, dass für diese Subdomänen dieselben „Wahrheiten" gelten, was ihre Modellierung und ihre Schnittstellen betrifft. Man kann aus unterschiedlichen Gründen aber auch eine Subdomäne in mehrere Kontexte aufteilen, weil beispielsweise ein Teil der Funktionalität der Subdomäne von einem gekauften System (Commercial Off The Shelf oder kurz: COTS) erledigt wird, während man für die fehlenden Features derselben Subdomäne auf eine Eigenentwicklung setzt, welche man nicht direkt aneinander koppeln möchte.

■ 4.4 Integration

Egal wie gut Sie die Trennung der einzelnen Kontexte und Subdomänen dabei hinbekommen, um eine Integration derselben werden Sie in den meisten Fällen nicht umhinkommen. DDD definiert auch, auf welche Art und Weise diese Integration funktionieren kann, und geht dabei in erster Linie auf die Bedeutung des Schnittstellenmodells für die Kontexte ein. Hier eine Auflistung, absteigend sortiert nach den dafür nötigen Integrations- und Abstimmungsaufwänden.

Shared Kernel
Integrationsaufwand: sehr groß

Unterschiedliche Kontexte wiederverwenden jeweils einen Teil des Modells. Dies kann implizit passieren oder explizit durch Code Reuse oder durch Zugriff auf dieselben Tabellen einer Datenbank.

Published Language
Integrationsaufwand: groß

Es werden, ganz ähnlich wie bei einem kanonischen Schnittstellenmodell, Teile des Modells global festgelegt und alle haben sich an diese Definition zu halten.

Conformist

Integrationsaufwand: mittel

Der konsumierende Kontext akzeptiert die vorgegebene Schnittstelle und benutzt das Modell wie vom Provider vorgegeben.

Customer/Supplier

Integrationsaufwand: mittel

Der Anbieter einer Schnittstelle geht beim Design selbiger auf die Wünsche eines oder mehrerer Consumer ein. Zumindest wird diesen ein Vetorecht gewährt.

Partnership

Integrationsaufwand: mittel

Im Zuge der nötigen Integration arbeiten die Teams gemeinsam an demselben Ziel. Schnittstellen werden gleichberechtigt gemeinsam festgelegt.

Open/Host Service

Integrationsaufwand: gering bis mittel

Der Anbieter einer Schnittstelle bietet ein dezidiertes Modell für einen oder mehrere konsumierende Kontexte an.

Anticorruption Layer

Integrationsaufwand: gering

Das Modell des Providers, dessen Schnittstelle man konsumiert, wird gezielt konvertiert und in eine für den Consumer angenehme Form gebracht. Dies ist u. a. der gängige Weg für die Anbindung von in die Jahre gekommenen Legacy-Systemen.

Separate Ways

Integrationsaufwand: sehr gering

Hierbei gibt es einfach keinerlei Beziehung zwischen den Systemen und somit geht jeder ungestört seiner eigenen Wege. Dies kann natürlich nur gewählt werden, wenn eine solche strikte Abgrenzung auch möglich ist. Erreicht werden kann dies beispielsweise durch Verwendung des Composite-UI-Pattern, dazu mehr in den folgenden Kapiteln.

4.4.1 Das Problem mit dem Konformismus

Der Liste können Sie sicherlich entnehmen, dass es sich dabei um keine Empfehlung zu Shared Kernels und Published Languages handelt. Nicht so ganz offensichtlich sind die potenziellen Probleme des Konformismus, bei dem es sich bestimmt um einen der gängigsten Integrationsstile handelt. Wird nämlich das Modell wie vom Provider vorgegeben auch vom Consumer selbst weiterverwendet, besteht die Möglichkeit, dass Teile davon wiederum in dessen Schnittstelle landen (Bild 4.1). Nehmen wir an, jeder Service hat im Schnitt zwölf Consumer, von denen im Schnitt die Hälfte konformistisch ist, und von denen wiederum die Hälfte Teile der Schnittstelle in ihrer eigenen API verwenden. Dann haben Sie ruckzuck Teile der ursprünglichen API in 4*6=24 Services verteilt. Eine Änderung der Schnittstelle kann dann wegen dieser Abhängigkeiten durchaus ein komplexes Projekt nach sich ziehen.

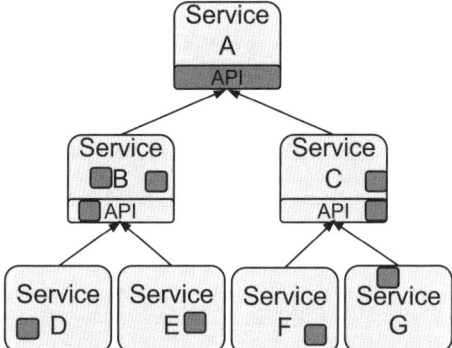

Bild 4.1 Wenn Sie generell auf Konformismus zwischen Ihren Services setzen, so besteht die Gefahr, dass sich gewisse Abhängigkeiten in Bezug auf die Datenformate sehr weit fortpflanzen

■ 4.5 Upstream/Downstream-Beziehungen

Interessant ist auch, dass DDD bei den Beziehungen zwischen Kontexten eine Richtung definiert, welche den Einfluss eines Kontexts auf einen anderen festlegt. Der, der bei einer ungleichen Partnerschaft in der Upstream-Position ist, hat dabei mehr Einfluss auf den anderen, welcher sich demnach Downstream befindet. So kann es sein, dass eines der Development-Teams politisch besser aufgestellt ist und aus diesem Grund generell einflussreicher. Oder es wurde ein Systembestandteil in seiner Entwicklung einem Outsourcing-Partner übergeben, welcher in der Zusammenarbeit eine Herausforderung darstellt, weshalb man beschließt, diesen nur mehr mit Samthandschuhen anzufassen. Dieser wäre dann ebenfalls Upstream.

Daran erkennt man übrigens auch, wie sehr das DDD von einer 1:1-Zuordnung der Teams bzw. der Organisationseinheiten bei der Umsetzung in den einzelnen Komponenten ausgeht, so wie ich es in Abschnitt 1.3 empfohlen habe. Bei einer Aufteilung der Organisation in Analyse, Projektleitung und Development würde die Definition einer Upstream/Downstream-Beziehung zwischen den Kontexten und Subdomänen schlichtweg keinen Sinn ergeben.

Tatsächlich ist man gut damit beraten, bei der Auswahl der konkreten Integrationsform zu berücksichtigen, ob es sich um gleichberechtigte Partner handelt oder ob sich einer dabei Downstream zum anderen wiederfindet. So könnte man als Consumer gezielt einen Anticorruption Layer als Integrationsform wählen, einfach, weil man sich Downstream zum Provider befindet.

■ 4.6 Context Map

Um ein nach diesen Handlungsmaximen erstelltes Systemdesign darzustellen, bieten sich die sogenannten Context Maps an. Ein Blick auf das folgende völlig abstrakte Beispiel dafür bietet eine gute Zusammenfassung des Themas (Bild 4.2).

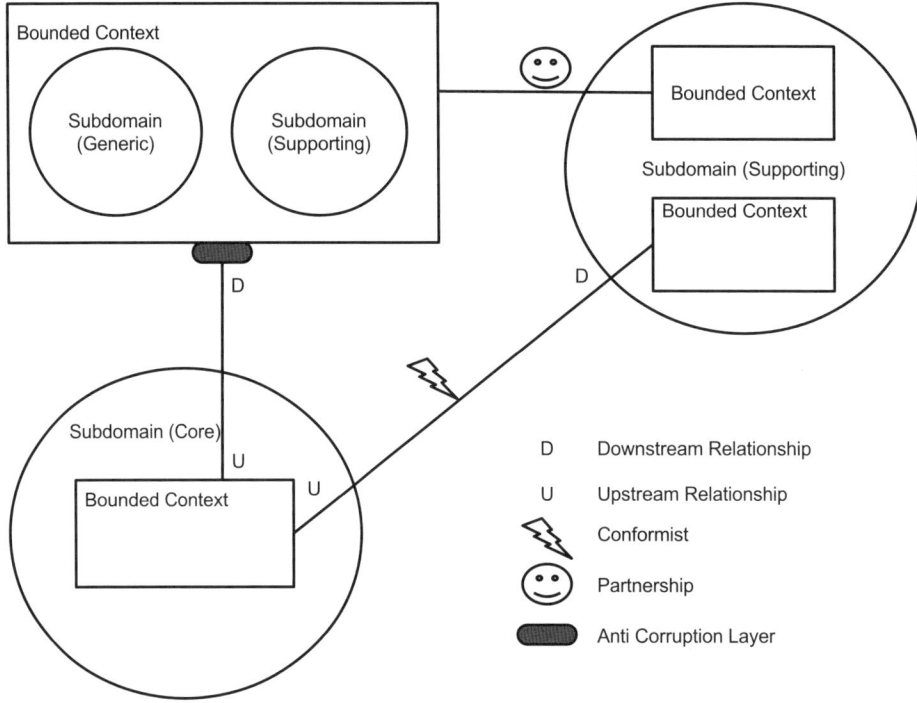

Bild 4.2 DDD Context Map

■ 4.7 Beispiel

Schauen wir uns als Beispiel die Versicherungsdomäne an und zerlegen diese in ihre Teilbereiche. Ich fasse Subdomänen dabei gerne zu Kontexten zusammen, da es nicht selten der Fall ist, dass für miteinander verwandte Themen im Endeffekt dann doch eine gemeinsame Sprache gesprochen wird. Der Kontext fungiert dann außerdem auch als eine Art Struktur einer höheren Hierarchieebene im Sinne des hierarchischen Aufbaus. Natürlich ist dies wesentlich wahrscheinlicher als der gegenteilige Fall: Es ist eher selten so, dass es bei der Umsetzung einer Teilaufgabe, wie eben einer Subdomain, zur Identifikation unterschiedlicher Begrifflichkeiten kommt, was eine Aufteilung der jeweiligen Subdomäne in mehrere Kontexte rechtfertigen würde.

Kontext: Versicherungsprodukt (enthält Core Domains)

Enthält Subdomänen wie Sach-, Kranken- und Lebensversicherung. Diese sind jeweils unterteilt in Vertrag und Leistungsfall (Schaden). Die einzelnen Subdomänen bieten für die anderen Kontexte eine gemeinsame Schnittstelle an, dem Open-Host-Integrationsmuster entsprechend. Darüber erhalten die anderen Kontexte Zugriff auf die Eckdaten der einzelnen Versicherungsverträge und Leistungsfälle. Aus Erfahrung weiß ich, dass das Interesse anderer Subdomänen vor allem an Daten der Core-Domänen meistens sehr groß ist. Die vielen Details aber, die jede Subdomäne für sich benötigt, um Dinge wie das Berechnen der Versicherungsprämie zu erledigen, werden dabei bewusst von der Außenwelt verborgen.

Wenn Sie etwas Erfahrung in der Versicherungsbranche haben, dann wird Ihnen evtl. die Tatsache sauer aufstoßen, dass hier alleine fast soviel Komplexität steckt wie im Rest der Systemlandschaft zusammen. Wir definieren aufgrund der gemeinsamen Sprache der Fachabteilungen dies trotzdem korrekterweise als einen Bounded Context und wenden dann in weiterer Folge das Prinzip der hierarchischen Zerlegung an, um die Komplexität hier auch in den Griff zu bekommen.

Kontext: Kunde (enthält Supporting Domains)

Dabei geht es wohlgemerkt um die Interaktion des Unternehmens mit dem Kunden und nicht um sämtliche Kundendaten (wie Name, Geburtsdatum, Adresse) selbst. Typische Subdomänen, die man hier abbilden würde, wären Features für das Callcenter, Webseiten wie das Kundenportal, native Smartphone-Apps usw. Anzeichen dafür, dass es sich gerade dabei um einen eigenen Kontext handelt, kann es viele geben. So könnte man bemerken, dass die einzelnen Ereignisse, die im Rahmen dieser Anwendungsfälle auftreten, eine hohe Kohäsion aufweisen oder dass die jeweiligen Domänenexperten dieselben oder ähnliche Begriffe verwenden und sich seltener widersprechen als mit Domänenexperten anderer Bereiche. Da man dem Kunden immer konsistente Auskünfte geben möchte, und zwar durch das Callcenter genauso wie im Webportal und in den Apps, könnte es außerdem sinnvoll sein, für alle diese Anwendungen ein gemeinsames Datenreplikat zu verwenden, durch dessen Format es fast schon automatisch zu einem gemeinsamen Kontext kommen wird. Darüber hinaus wäre die Kopplung, was Daten und Formate angeht, zu den restlichen Subdomänen eher gering, da man im Kundenportal wohl kaum alle Details eines Versicherungsvertrags oder Schadenfalls darstellen wird. Stattdessen wird man dem Kunden eher nur einen Überblick über seine Daten und ein paar Möglichkeiten zur selbstständigen Verwaltung dieser bieten wollen.

Kontext: Daten (enthält Supporting Domains)

Es gibt einige Gründe, warum man an wenigen zentralen Stellen mehr oder weniger sämtliche Daten des Unternehmens halten möchte. Eine einfache Suche nach Schlüsselwörtern in allen Geschäftsfällen wäre ansonsten nur schwer zu implementieren. Ein Datawarehouse aufbauend auf einer Big-Data-Technologie wäre ein anderer Anwendungsfall. Die Herausforderungen bestehen dabei darin, diese Datenmengen aus den anderen Systemen laufend abzuziehen und eine gemeinsame konsolidierte Sicht auf alle Daten des Unternehmens zu gewinnen. Ein Glücksfall ist es, wenn sie alle diese Datentöpfe dann von ihrem Datenformat unter einen Hut bringen können. Wenn das aber gelingt, so bietet es sich an, dies in einem gemeinsamen Kontext dafür zu tun.

Kontext: Vergütung/Provision (enthält eine Supporting Domain)

Von überraschend hoher Komplexität stellt sich in jeder Versicherung die Thematik der Berechnung der Vergütungen für Verkauf und Kundenbetreuung dar. Die Abbildung in einem eigenen Kontext ist daher mehr als gerechtfertigt.

Kontext: In- und Exkasso (enthält eine Generic Domain)

Bereitstellung von Schnittstellen zur Aus- und Einzahlung von Geldern. Hier geht es also um das Kassieren von Prämien, die Auszahlung von Provisionen und Leistungsfällen. Die Schnittstelle zu beispielsweise einem Payment-Service-Provider wird hier gekapselt und den anderen Kontexten und Subdomänen zur Verfügung gestellt.

Kontext: Identifikation und Autorisation (enthält Generic Domains)

Das Identity Management und die Abbildung sämtlicher Sicherheitsaspekte lassen sich gut in einem gemeinsamen Kontext abbilden. Hierfür bieten sich kommerzielle Lösungen an.

Kontext: Kommunikation (enthält Generic Domains)

Kommunikation kann vieles bedeuten. Üblicherweise wird man hier, größtenteils durch Erwerb kommerzieller Systeme, die Möglichkeit schaffen, Dokumente zu erzeugen (wie PDFs) und diese dauerhaft wiederauffindbar abzuspeichern (in einem Dokumentenmanagement-System, DMS). Alternativ lassen sich E-Mails erzeugen, um diese an den Kunden zu schicken. So könnte ein Open-Host-Service als Eigenentwicklung die Kaufsysteme in diesem Kontext prima ergänzen und diese Funktionalitäten in einer konsolidierten API anbieten. Man könnte mit einem einzigen asynchronen API-Call beispielsweise ein Policendokument erzeugen, es im DMS ablegen und als E-Mail an den Kunden senden.

Kontext: Buchhaltung (enthält eine Generic Domain)

Dies wird meist mit ein und demselben kommerziellen System, abgekürzt mit den bekannten drei Buchstaben, erledigt.

■ 4.8 Fazit

Beim Domain Driven Design geht es darum, komplexe Anforderungen durch fachliche Dekomposition in ihre Teilbereiche aufzuteilen (Zerlegung der Domäne in Subdomänen). Dabei wird vor allem viel Wert auf die Vermeidung von Kopplung durch die Formate gelegt, was bis dahin gerne übersehen oder unterschätzt wurde (Bounded Context). Entwickelt wurde diese Disziplin von Eric Evans, der 2003 sein berühmtes (blaues) Buch zum Thema veröffentlichte [Eva03]. 2003 war auch das Jahr, in dem Gregor Hohpe und Bobby Woolf ihr Werk mit dem Titel „Enterprise Integration Patterns" [Hoh03] veröffentlichten. Vielleicht werden diese beiden Werke auch aufgrund des gemeinsamen Erscheinungsjahrs gerne miteinander verglichen. Eine Pro-und-Contra-Diskussion, welche versucht, hier den besseren Ansatz objektiv auszuwählen, ist aber zum Scheitern verurteilt, weil es sich dabei um einen klassischen Vergleich von Äpfeln mit Birnen handelt. Bei den Enterprise-Application-Integration-Pattern, kurz: EAIP, von denen sogleich das folgende Kapitel 5 handeln wird, ging es vielmehr darum, Alternativen für die bis dahin gängige Praxis der Datenbankintegration (ein klassischer Shared Kernel) aufzuzeigen. Während das DDD also sein Hautaugenmerk auf die Vermeidung von Kopplung über Daten und Formate legt, so zielen die EAIP eher auf technologische Entkopplung ab. Etwa zur selben Zeit entwickelte sich der SOA-1.0-Hype, welcher unter anderem dasselbe Ziel hatte. Auch wenn ich persönlich kein großer Fan der Muster der SOA 1.0 bin (dazu mehr in Kapitel 8), so sind deshalb die EAIP keineswegs als ungültig zu betrachten. Vielmehr ist es sogar so, dass viele in der Microservices-Community gängige Integrationsmuster ebenfalls bereits in den EAIP definiert wurden. Ein Grund mehr also, darauf einen näheren Blick zu werfen.

5 Enterprise Application Integration Pattern (EAIP)

„Alles läuft nach Wunsch."
Bordcomputer HAL in 2001: Odyssee im Weltraum

Bei den sogenannten Enterprise Application Integration Pattern, in Folge als EAIP abgekürzt, handelt es sich um ein Set von Mustern zur Integration einzelner Anwendungen in einem komplexen softwareintensiven System [Hoh03]. Laufend weiterentwickelt werden die EAIP dabei von Gregor Hohpe und Bobby Woolf. Es ist eine mehr oder weniger wertfreie Sammlung von unterschiedlichen Integrationsformen, in der beispielsweise auch Datenbankintegration als Integration Pattern angeführt wird. Hauptsächlich geht es allerdings um die Entkopplung von Services durch den Transport von Nachrichten (und zwar prinzipiell sowohl synchron als auch asynchron) und um die Darstellung von Alternativen zu einer technologisch engen Kopplung auf Datenbankebene. Die angeführten Muster sind dabei unterteilt in:

- **Message Endpoints**
  Dabei handelt es sich um Muster, welche die Endpoints betreffen, also die Services, welche Nachrichten emittieren und konsumieren.

- **Message Constructs**
  Diese beschreiben den möglichen Aufbau einer Nachricht.

- **Message Channels**
  Hierbei handelt es sich um die möglichen Infrastrukturkomponenten, welche für die Verbindung der Endpoints und den Transport einer Message zuständig sind.

- **Message Routing**
  Das sind Muster zur Festlegung der konkreten Empfänger einer Nachricht, welche ein Endpoint emittiert hat.

- **Message Transformation**
  Dabei werden Nachrichten im Zuge der Zustellung von einer Form in eine andere übersetzt oder um weitere Elemente angereichert.

■ 5.1 Orchestrierung vs. Choreografie

Prinzipiell unterscheide ich komplexe Abläufe gerne in Orchestrierungen und Choreografien. In einem späteren Kapitel über Konsistenz in Verteilten Systemen werde ich dabei noch etwas näher darauf eingehen. Der Unterschied besteht darin, dass bei einer Choreografie das Zusammenspiel der einzelnen Endpoints in Summe ein nahtloses Ganzes ergibt. Das Ganze ist dabei quasi mehr als die Summe seiner einzelnen Teile. Bei einer Orchestrierung ist eine jeweils dezidierte Stelle für die Steuerung des Ablaufs zuständig. Eine solche Orchestrierung ist üblicherweise als eine Art von Zustandsmaschine bzw. State-Machine implementiert. Diese beiden Ansätze bieten ihre jeweils eigenen Vor- und Nachteile. Aus dem Bereich des Toolings stellen dabei Message Bus und Broker eher Möglichkeiten für eine Choreografie zur Verfügung, während ESB und BPMS als zentral steuernde Technologien üblicherweise eher eine Orchestrierung umsetzen.

Die EAIP enthalten Muster aus beiden Kategorien. Als Antipattern gilt es allerdings heutzutage, die Steuerung einer Orchestrierung von einer zentralen Infrastrukturkomponente, genannt ESB, ausführen zu lassen. Dies ist gleich ein wunderbarer Übergang zum nächsten Kapitel, welches auf genau diese Problematik eingeht.

■ 5.2 Das Prinzip der Dumb Pipes and Smart Endpoints

Auch bekannt als:

Lightweight Messaging Principle

Aus heutiger Sicht tendiert man dazu, weitgehend auf Logik in der Messaging-Infrastruktur (hauptsächlich komplexe Fälle von Message Routing und Transformation) zu verzichten. Stattdessen sollte eine solche Logik immer in den jeweiligen Services bzw. Endpoints gekapselt sein. Dieses Prinzip ist auch als Dumb Pipes and Smart Endpoints bekannt. Wir bezeichnen es der Einfachheit halber als Lightweight Messaging. Dabei darf man nicht vergessen, dass die den Ablauf mancher komplexer Prozesse in einem Unternehmen betreffende Kenntnis ebenfalls eine solche Logik darstellt und somit ebenso in einem der Endpoints gekapselt werden sollte. Tatsache ist jedenfalls, dass dieses Prinzip nicht die gesamte Familie der EAIP komplett ungültig macht, sondern eher, dass es eine Empfehlung darstellt, auf die Umsetzung mancher dieser Muster in der Messaging-Infrastruktur (also in einem ESB) zu verzichten.

Die Unterscheidung, was noch als leichtgewichtig gelten kann und was nicht, ist dabei nicht immer so einfach zu treffen. Protokoll- (wie http zu Messaging) oder Formattransformationen (wie REST zu JSON) würden mit Sicherheit noch durchgehen und wären ein typischer Anwendungsfall für ein API-Gateway. Eine Modelltransformation, wie das Message-Translator-Pattern aus der Familie der Message-Transformation-Muster der EAIP würde wiederum ein Verständnis der Schnittstelle voraussetzen und sollte in einem Adapter als Teil eines der

Endpoints implementiert sein. Um allgemeine Unterscheidungsmerkmale zu definieren, woran man erkennen kann, welche Muster das Prinzip des Lightweight Messagings verletzen und welche nicht, möchte ich die folgenden beiden Kriterien vorschlagen:

- Wenn für die nötige Integrationsform eine Interpretation des Inhalts der Payload der Nachricht vonnöten ist, so würde damit automatisch eine Kopplung auf Ebene der Datenformate hergestellt werden. Das würde bedeuten, dass die Messaging-Infrastruktur eine Abhängigkeit zu den Services bekommt, welche diese Datenformate emittieren und konsumieren. Dadurch würde Domänen-Know-how in die Infrastruktur wandern, was man dann keinesfalls noch als leichtgewichtig bezeichnen kann.

- Sollten komplexe, nicht durch einfache Konfiguration definierbare Abläufe implementiert werden, so wäre dies Aufgabe einer Subdomäne, da dafür üblicherweise Domänen-Know-how nötig ist.

Klar als leichtgewichtig einzustufen sind die Features, welche die Tools aus der Familie der Message Broker (Abschnitt 5.3.2) und natürlich auch jeder einfache Message Bus (Abschnitt 5.3.1) anbieten, wir werden sie anschließend im Kapitel über Tooling noch kennenlernen. Gemeint sind damit beispielsweise einfache Commands und Events, wie wir sie im Abschnitt 2.5.6 definiert haben und die üblicherweise bereits von jedem Message Broker angeboten werden. Die Grenze, was dabei noch konkret als leichtgewichtig gelten kann und was nicht, ist dabei nicht so einfach zu ziehen. So könnte man eine einfache Umsetzung des Pipes-and-Filters-Musters aus der Familie der Message-Routing-Pattern durchaus noch als leichtgewichtig bezeichnen, während ein Content-Based-Routing aus derselben EAIP-Kategorie dies keineswegs mehr wäre. Content-Based-Routing ist nämlich darüber definiert, dass es eine programmatische Ablaufsteuerung bietet, welche sich abhängig von den Inhalten der Message um deren Zustellung an den zuständigen Endpoint kümmert. Manche Message Broker, wie beispielsweise RabbitMQ, bieten wiederum die Möglichkeit eines Routings in Abhängigkeit explizit gesetzter Header der Nachricht, genannt Topic-Based-Routing. Dies ist dann einfach konfigurierbar und wäre wiederum klar als leichtgewichtig zu identifizieren.

Warum?!

Wozu soll das Ganze nun gut sein? Von Vertretern des ESB-Pattern hört man nicht selten die Argumentation, dass solange es sich „nur" um Mapping und Routing handelt, dies ja keinerlei Logik darstellt und daher problemlos genauso gut von der Infrastruktur erledigt werden könnte. Tatsächlich ist das aber nicht wahr, es handelt sich beim Routing von Nachrichten zwischen fachlichen Endpoints genauso um Logik, welche mit dem Auftraggeber abgestimmt werden muss, wie Validierung oder auch Mapping von Daten auf Datenbanktabellen. Wird die Schnittstelle selbst interpretiert, kommt es automatisch zur Notwendigkeit, sich mit den Teams abzustimmen, deren Module und Services diese Nachrichten emittieren und konsumieren. Zudem wird man Änderungen an Schnittstellen dann auch im Code der Infrastruktur nachziehen müssen. Ohne es mitzubekommen, hat man dann also eine zentrale Komponente gebaut, deren Weiterentwicklung zu einem Flaschenhals in der Organisation wird und die jeden Wunsch nach Flexibilität und einer konkurrenzfähigen Time-to-Market zunichte macht.

■ 5.3 Tooling

Die folgende Kategorisierung der verschiedenen Werkzeuge, welche zum Transport von Nachrichten verwendet werden können, basiert einerseits auf meiner eigenen Erfahrung, andererseits auf einigen Recherchen, wie genau diese Begriffe meist verwendet werden. Eine einheitliche Definition ist diesbezüglich nämlich nirgendwo zu finden. Sehen Sie das bitte als eine Art Konsens, den ich aus unterschiedlichen Quellen gebildet habe. Missverständnisse bei der Verwendung dieser Begriffe sind trotzdem eher die Norm als die Ausnahme.

5.3.1 Message Bus

Ein Message Bus ist ein sehr einfaches Muster aus der Familie der EAIP. Es handelt sich dabei um nichts anderes als einen einfachen Transportmechanismus für asynchrone Nachrichten, welchen die Services benutzen, um miteinander zu kommunizieren. Und das ohne jedwede Logik oder konkrete Routinginformationen. Die Endpoints entscheiden jeweils selber, welche Nachrichten sie emittieren und welche sie konsumieren (Bild 5.1). MSMQ wäre ein Beispiel für eine reine Umsetzung dieses Message-Bus-Pattern.

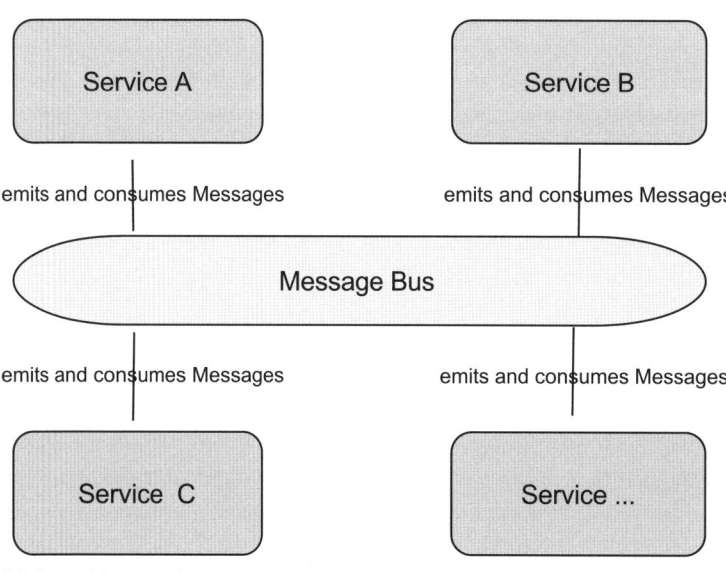

Bild 5.1 Message Bus

5.3.2 Message Broker

Ein Message Broker ist, im Gegensatz zum einfachen Message-Bus, für die Entscheidung zuständig, an wen konkret eine Nachricht zugestellt wird. Dadurch sind hier bereits mehrere dieser Muster aus der Familie der EAIP umsetzbar. So ist der Absender eines Publish/Subscribe-Events an einen Broker agnostisch darüber, welche anderen Endpoints diese Nachricht abonniert haben. Dies ist dann nämlich am Broker selbst konfiguriert (Bild 5.2). Üblicherweise ist es auf Brokern dabei nur möglich, einige der als leichtgewichtig geltenden Muster der EAIP zu verwenden. Als typische Vertreter aus der Familie dieser Tools seien RabbitMQ oder Apache Kafka genannt. Die unterschiedlichen Message Broker besitzen dabei jeweils sehr spezifische Vor- und Nachteile, so ist Apache Kafka sehr auf Performance und Skalierbarkeit optimiert. Zur Kommunikation eines Services oder Systems mit einem Message Broker gibt es einige standardisierte Protokolle, allen voran AMQP, aber auch Alternativen wie OpenWire, welche beide von RabbitMQ unterstützt werden. Manche Messaging-Systeme können allerdings mit keinem dieser Protokolle umgehen, wie Apache Kafka, welches hier einen völlig eigenen Weg geht.

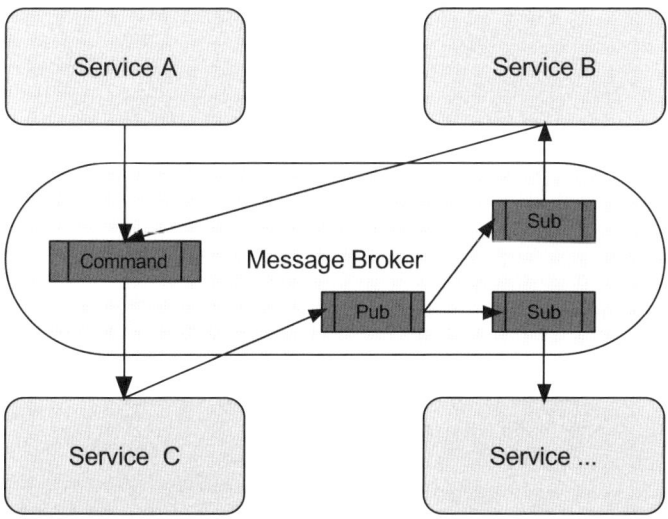

Bild 5.2 Message Broker

5.3.3 Enterprise Service Bus (ESB)

Bei einem ESB handelt es sich wiederum um eine Infrastrukturkomponente, welche auf einem Message Broker oder Bus basierend Funktionalität höherer Ordnung anbietet (Bild 5.3). Teilweise ist es heute sogar so, dass die konkrete Messaging-Technologie, auf die manche dieser Produkte aufbauen, austauschbar ist. So kann man den in der .NET-Welt sehr beliebten NServiceBus je nach Anwendungsfall mit verschiedenen Systemen wie MSMQ oder RabbitMQ betreiben. Zur Ausführung dieser Pattern ist es oft nötig, die Inhalte der einzelnen Nachrichten interpretieren zu können und komplexe Abläufe zur Vermittlung bzw. Mediation zwischen den Services zu implementieren. Dadurch kann die angebotene Funktionalität nicht mehr nur als leichtgewichtig betrachtet werden. Gemeint sind damit nämlich Muster wie das Content-Based-Routing aus der Familie der EAIP. Ein ESB ist dabei üblicherweise eine technische Infrastrukturkomponente, welche meist als eigener Layer zwischen Schichten einer SOA 1.0 oder als Vermittler zwischen Systemen bzw. Services zum Einsatz kommt. Üblicherweise hält ein ESB dabei keinen eigenen Zustand bzw. State, wenn er diese Abläufe steuert, sondern puffert die einzelnen Aktionen mithilfe der darunterliegenden Messaging-Lösung.

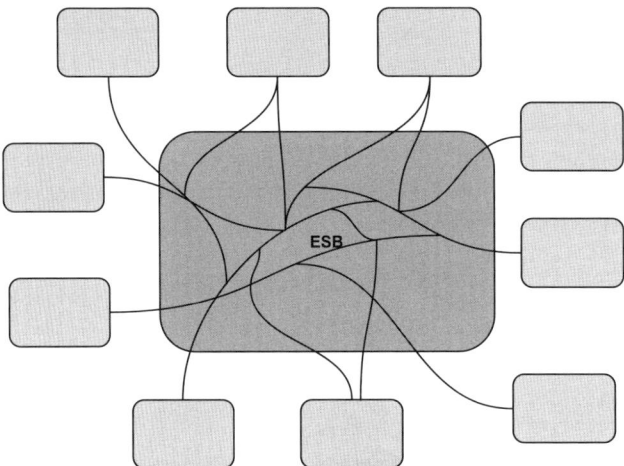

Bild 5.3 Ein Enterprise-Service-Bus wächst mit seinen Anforderungen

 Unterschätzen Sie niemals, wie viele Abhängigkeiten ein ESB über seine Lebensdauer hinaus anziehen wird und wie schwierig die Weiterentwicklung mit der Zeit wird. Irgendwann ist der Punkt erreicht, wo praktisch nichts mehr geht, ohne dies mit allen angebundenen Endpoints abzustimmen.

Bei Unternehmen, welche auf dieses Muster setzen, zeigt sich meistens recht schnell, dass diese zentralen Komponenten große Ausmaße annehmen und dabei zu mehr oder weniger allen Endpoints Abhängigkeiten entwickeln, genauso wie die Endpoints zu diesen Komponenten. Mit anderen Worten ist dies also so gar nicht im Sinne einer vernünftigen Modularisierung. Meine Erfahrung mit Verfechtern dieses Musters (meist Vertreter der Firmen, die diese Tools verkaufen) ist, dass sie niemals verlegen sind, eine Ausrede zu finden, warum man denn in einem Anwendungsfall unbedingt einen ESB bräuchte. Ein ESB macht nämlich zunächst (!) vieles einfach und es klingt verlockend, ihn zu verwenden. Die Argumentation lief aber tatsächlich immer (!) auf mangelndes Pattern-, Modularisierungs- und Integrations-Know-how hinaus. Mir war es jedes Mal möglich zu zeigen, dass sich auch die komplexesten Abläufe von ESBs in einzelne Module mit leichtgewichtiger Integration auflösen lassen. Genau das ist nämlich die Arbeit eines Architekten.

5.3.4 Business Process-Management-Systeme (BPMS)

Im Gegensatz zu ESBs kommen BPMS eher ganz oben in den Schichten einer SOA zum Einsatz. Diese sind weniger als Vermittlerschicht zwischen Services gedacht, sondern eher auf einer Ebene mit dem User-Interface ganz oben zu finden. Dabei werden üblicherweise auch Datenbanken zur Persistenz des States eines Ablaufs verwendet und es kann zu Eingriffen der Mitarbeiter in Abläufe kommen, welche als Human Tasks abgebildet werden. Im Moment löst BPMN als neuer offizieller Standard zur Beschreibung dieser Abläufe das bis vor kurzem häufig anzutreffende BPEL ab. Aus meiner Sicht macht es übrigens absolut Sinn, in passenden Anwendungsfällen auf ein solches BPMS zu setzen, allerdings sollte dies dann immer als eine Aufgabe einer bestimmten Subdomäne zu sehen sein und nicht als genereller Layer, der ganz oben generell über allen anderen zu finden ist. Auch wenn dies so zu Zeiten von SOA 1.0 gerne gemacht wurde. Zur Umsetzung bieten sich die leichtgewichtigen Implementierungen des BPMN-Standards wie Camunda oder jBPM an. Beide können auch einfach als Tooling einer Subdomäne hinzugefügt werden und stellen so eine einfache Engine zur Ausführung solcher Prozesse dar.

BPMS und Separation Of Concerns

Ein Argument, mit dem manchmal versucht wird, einer vernünftigen Architektur den Garaus zu machen, ist das folgende: Es gibt in großen Unternehmen manchmal Abläufe, welche sich nicht klar einem fachlichen Thema und somit konkret genau einer Subdomain zuordnen lassen. Einfach, weil sie themenübergreifend sind, ist es nötig, auf der obersten Ebene des BPMS auf eine sinnvolle Aufteilung zu verzichten und es als einen großen allmächtigen Prozess abzubilden. Wie eigentlich jedes Argument gegen Softwarearchitektur, so ist natürlich auch dieses meist nicht valide. Es wird hier allzu oft übersehen, dass sich natürlich auch diese komplexen Abläufe aufteilen lassen. In Bild 5.4 habe ich ein abstraktes Beispiel dargestellt, welches genau das tut und dabei die Themen Orchestrierung und Choreografie geschickt miteinander verbindet. Der gesamte Ablauf teilt sich dabei auf die Subdomains A und E auf. Während A den initialen Request entgegennimmt (1.), delegiert es später (5.) über das Messaging-System die weitere Verarbeitung als Command (6.) an Service E.

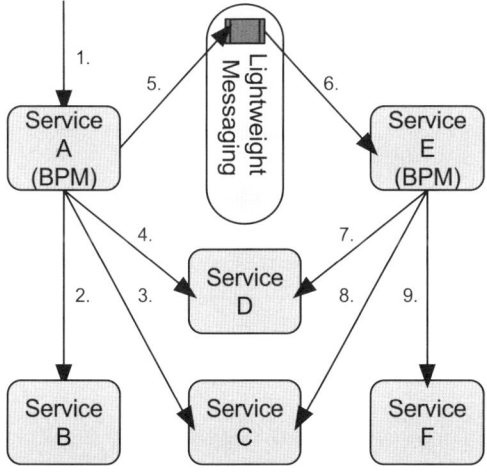

Bild 5.4 BPMS und Separation of Concerns

Dies ist also genau das, was Sie mit großen und komplexen Dingen tun sollten. Genauso, wie auch jedwede andere Komplexität durch Architektur beherrschbar gemacht wird, indem man sie in ihre Teilbereiche aufteilt, welche dann einzeln einfacher und besser zu verstehen sind, so kann man das auch mit diesen Abläufen tun. Es kommt dabei dasselbe Prinzip zur Anwendung, wie wir es im Kapitel über Separation of Concerns oder der Aufteilung in Subdomänen des DDD bereits kennengelernt haben.

Durch eine solche Aufteilung kann es übrigens passieren, dass die BPM-Technologien zur Durchführung der dann kleineren Teilabläufe einem Overengineering gleichen. Im Grunde handelt es sich bei so etwas um State-Machines, welche in der Lage sein müssen, ihren Zustand zu persistieren und abgebrochene Abläufe jederzeit wiederaufzunehmen. So etwas kann natürlich auch auf einfachere Art und Weise umgesetzt werden.

Aber ...

Bis jetzt hörte ich so ziemlich jedes Mal, wenn ich den Vorschlag einer solchen Aufteilung eines Prozesses gemacht hatte, denselben Einwand. Was wäre denn, wenn man jederzeit dazu in der Lage sein möchte, Auskunft darüber zu geben, in welchem Zustand sich so ein Ablauf befindet? Nehmen wir mal an, die Bestellung eines Kunden wäre aufgeteilt auf drei Subprozesse. Was ist, wenn der Kunde anruft und wissen möchte, wo denn seine Lieferung abgeblieben ist? So müssten dann doch drei Systeme vom Benutzer abgefragt werden (Bild 5.5)!? Natürlich nicht! Eine ganz einfache Lösung könnte sein, in einem Service einfach alle betroffenen Teilprozesse abzufragen, um den aktuellen Status darzustellen, oder man kombiniert das Publish/Subscribe-Pattern mit dem Event-Sourcing-Muster, welches im folgenden Kapitel 6 noch näher beschrieben wird (Bild 5.6). Dabei würde ein neuer Service einfach die bestehenden Events, welche die Services beim Abschluss ihrer Teilverarbeitung jeweils emittieren, ebenfalls konsumieren. Auf Basis der so gesammelten Ereignisse können dann jederzeit Projektionen, ja auch Auswertungen, erstellt werden, welche Auskunft über die Abläufe in der Systemlandschaft geben.

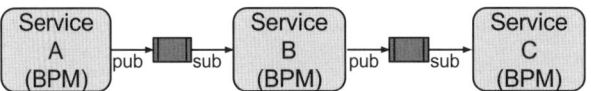

Bild 5.5 Ein aufgeteilter Prozess, aber leider ohne zentrale Instanz, welche Auskunft geben könnte

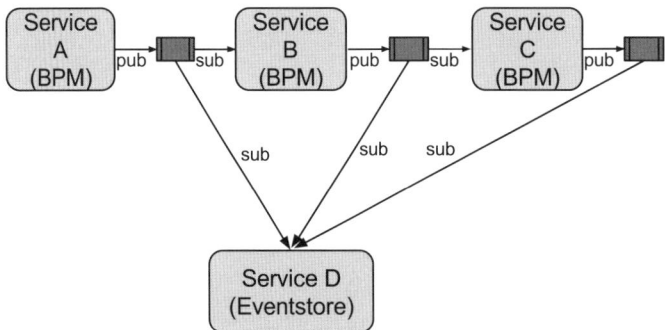

Bild 5.6 An zentraler Stelle (Service D) kann nun jeder Wunsch des Auftraggebers erfüllt werden

5.3.5 API-Gateways

API-Gateways haben wiederum etwas andere Aufgaben als die anderen hier vorgestellten Tools und Pattern [Köb17]. Normalerweise verletzen diese dabei niemals das Prinzip des Lightweight Messagings (5.2). Meist erfüllen sie die folgenden Aufgaben:

- Protokollübersetzung (z. B. REST http <-> Messaging Queue)
- Formattransformation (z. B. XML <-> JSON)
- Logging
- Caching
- Authentifizierung und Autorisierung
- Konfiguration
- Überwachung von Quoten und Limits bzw. Berechnung von Kosten
- Monitoring und Analytics
- Erzeugen eindeutiger IDs pro Request

In Bild 5.7 sehen Sie, wie ein API-Gateway in einer Microservices-Architektur mit verschiedenen Clients zum Einsatz kommen kann. Jede Kommunikation von den Clients zu den Microservices kommt dabei über das Gateway. Die Kommunikation zwischen den Microservices erfolgt über den Umweg einer Service-Discovery-Komponente.

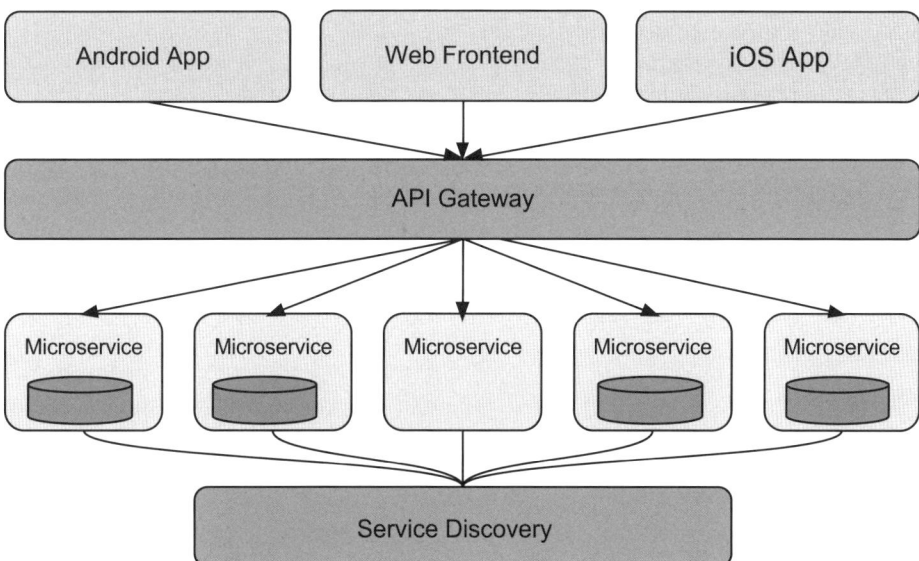

Bild 5.7 Einsatz eines API-Gateways

In letzter Zeit versuchen Hersteller großer ESB-Toolsuiten gerne, ihre Lösungen als API-Gateways zu verkaufen, da sich deren Funktionalität teilweise mit der ihrer Produkte überschneidet. Dabei werden allerdings wieder Fähigkeiten, welche typische Merkmale eines ESBs sind, wie Service-Orchestrierung und Mediation, als Features angeboten. Hier muss man aus meiner Sicht aufpassen, dass sich das ESB-Antipattern nicht über diesen Umweg in das Unternehmen einschleicht. Dies kann auch mittels eines leichtgewichtigen API-Gateways wie Zuul von Netflix passieren, weil es dort möglich ist, eigene Filter (pre, route, post und error) zu implementieren. Manchmal sind API-Gateways auch schwierig vom BFF-Pattern (Abschnitt 6.2.7) abzugrenzen bzw. ist es möglich, ein BFF mithilfe eines API-Gateways als Technologie zu implementieren.

5.3.6 Service Discovery/Service Registration

Wiederum schwierig von den API-Gateways abzugrenzen sind die Aufgaben, welche üblicherweise eine Service-Discovery-Komponente übernimmt. Diese kommt als gezielte Indirektion in der Kommunikation zwischen den einzelnen Services zum Einsatz. Dabei werden von den meisten Tools dieser Kategorie die einzelnen Services regelmäßig über einzelne RPC-Aufrufe, sogenannte Health Checks, auf ihre Verfügbarkeit hin überprüft. Dabei kann eine solche Komponente auch zur Lastverteilung verwendet werden und natürlich identifiziert sie den konkreten Service (den Provider) und dessen exakte Lokation im Netzwerk, welches der Consumer ansprechen möchte. Eine der Ideen dabei ist der Wunsch, einzelne Services möglichst ohne Down Time durch eine neue Version oder eine alternative Implementierung austauschen zu können.

Früher war es die Aufgabe des Consumers, sich um den konkreten Provider selbst aktiv zu bemühen, indem er eine Dependency zu einer solchen Service Discovery verwendet. Inzwischen gibt es allerdings auch Libraries, die diese Aufgabe für den Consumer abstrahieren und die konkrete Abhängigkeit injizieren. So, dass dies dem Dependency-Injection-Paradigma entspricht, wie es im Kapitel über Mikro-Architektur vorgestellt wurde.

6 Makro-Architektur

„Wer nichts weiß, muss alles glauben."
Marie von Ebner-Eschenbach

In diesem Kapitel möchte ich einen Überblick darüber geben, welche Muster und Vorgehensweisen abseits des DDD (Kapitel 4) und der EAIP (Kapitel 5) zum Thema Makro-Architektur empfehlenswert sind und was inzwischen als überholt gilt. Dabei werde ich zunächst Muster vorstellen, welche aus heutiger Sicht keine Gültigkeit besitzen, und danach vernünftigere Alternativen dazu vorstellen. Dabei werden wir uns auch des Öfteren die Frage stellen, welche Prinzipien mit den jeweiligen Mustern verletzt bzw. umgesetzt werden.

Prinzipiell ist das oberste Ziel einer jeden guten Makro-Architektur dabei, dass ein Software-Entwicklungsprozess, welcher mehrere Teams umfasst, auf Dauer effizient bleibt. So unspektakulär dies auch klingen mag, so sind unkontrolliert gewachsene Makro-Architekturen bestimmt das größte Problem, mit dem viele IT-Landschaften früher oder später konfrontiert werden. Dabei schleicht sich diese Problematik langsam über die Jahre ein, sodass es kaum jemand bemerkt, und oft ist dann niemand in der Lage, die Ursache für die dadurch notwendige, aber auch lähmende Bürokratie zu identifizieren. Das geht nicht selten so weit, dass es zu einer existenziellen Bedrohung für das Unternehmen werden kann. Schließlich ist es im ökonomischen Darwinismus einer Marktwirtschaft nicht egal, wie effizient man ist, sondern eben eine Überlebensfrage!

Die Aufgaben einer Makro-Architektur sind, ganz ähnlich wie es die Mikro-Architektur im Kleinen tut, die Strukturen der obersten Abstraktionsebene zu planen und zu entwickeln. Dabei ist lose Kopplung sogar noch wichtiger als in einer Mikro-Architektur. Dies ist aber in einer Makro-Architektur naturgemäß ungleich schwieriger, da plötzlich mehrere Teams und Projekte betroffen sind. Auch können Fehlentscheidungen nicht so einfach behoben werden, sondern ziehen immer erhebliche Kosten und lange Durchlaufzeiten zur Behebung nach sich. Ein Aspekt, welchen es wiederum nur in der Makro-Architektur gibt, ist der Bedarf zur Abstimmung der einzelnen Teams untereinander. Dies darf allerdings nur passieren, um unnötige Abweichungen zu vermeiden, und niemals, um die einzelnen Teams zu kontrollieren, zu sehr einzuschränken oder um ihnen vorzuschreiben, wie sie ihren Job zu machen hätten.

Probleme durch schlechte Makro-Architekturen schleichen sich langsam in wachsende IT-Landschaften der Unternehmen ein. Oft kann dabei den Problemen nicht mehr die Ursache zugewiesen werden, was dadurch auf lange Sicht zu einer existenziellen Bedrohung für jedes zunächst erfolgreiche Unternehmen führen kann.

Makro-Architektur vs. Kontextsicht

Vielleicht kommt Ihnen das bereits bekannt vor. Schließlich ist es ja nicht unüblich, ja sogar unerlässlich, als Architekt im Zuge eines Projekts die strukturelle Kontextabgrenzung abzuklären, näher zu definieren und zu dokumentieren. Man kümmert sich dann um die Außenbeziehungen, die alle neu zu erstellenden Komponenten haben, aber niemals konkret um das größere Bild des Zusammenspiels auf der oberen strukturellen Abstraktionsebene. In so einem Fall läuft man Gefahr, dieses Thema zu übersehen. Es wäre die klassische „Mikroskopfalle", in die man getappt ist, wenn man niemals gezielt einen Plan für die Makro-Architektur erstellt und davon ausgeht, dass sich die einzelnen Systeme schon darum kümmern werden. Ich habe jedenfalls noch niemals erlebt, dass sich ein so enorm komplexes Unterfangen von selbst erledigt hätte.

Makro-Architektur und Verteilte Systeme

Im nächsten Kapitel 7 werden Verteilte Systeme bzw. SOA besprochen. Dabei kommt es in einem gewissen Rahmen zu Überschneidungen mit diesem Kapitel, da es meist empfehlenswert ist, sehr große Architekturen als Verteilte Systeme zu konzipieren, um eine technologische Kopplung in großem Stil zu vermeiden. Trotzdem sollte man nicht den Fehler begehen, die Anwendungsmöglichkeiten von Dingen wie dem Saga Pattern auch in monolithischen Architekturen zu übersehen. Dies kann z. B. nötig sein, um große Transaktionen bewusst auf kleinere aufzuteilen, um so die Daten sharden zu können, oder um mit externen APIs zusammenzuarbeiten. Daher gibt es für Makro-Architekturen ein gesondertes Kapitel.

■ 6.1 Antipattern

6.1.1 Maximierung des Reuse

Zugegeben, es klingt verlockend, viel Wiederverwendung zu nutzen. Schließlich bedeutet das, dass man sich viel redundante Entwicklung erspart, oder [Mur10]? Wie kann es also sein, dass ich mir erlaube, dies hier als Antipattern anzuführen? Vielleicht ist dies auch etwas übertrieben. Hauptsächlich möchte ich aufzeigen, dass Reuse nicht das ultimative Ziel einer Architektur sein kann, auch wenn diese Denkweise doch recht verbreitet ist. Der Wunsch nach möglichst viel Wiederverwendung gleicht nämlich dem Versuch, möglichst viele externe Abhängigkeiten zu haben. Und externe Abhängigkeiten sind dann doch wieder eher die Herausforderung der Softwarearchitektur und auf keinen Fall ihr ultimatives

Ziel, da man dadurch das Prinzip der möglichst losen Kopplung verletzen würde. Anstelle auf Reuse, sollten Sie eher auf die folgenden beiden Handlungsmaximen setzen:

Modularisierung

Versuchen Sie die einzelnen Themen im Sinne einer hohen Kohäsion möglichst gut zu kapseln und Implementierungsdetails so gut wie möglich von der Außenwelt zu verbergen (Information-Hiding-Prinzip). Dadurch werden externe Abhängigkeiten minimiert.

Ersetzbarkeit

Überlegen Sie sich bei jedem Baustein, welchen Sie erzeugen, auch immer, wie Sie diesen gegebenenfalls wieder loswerden können. Dazu ist das genaue Gegenteil eines hohen Grads an Wiederverwendung hilfreich, nämlich eine möglichst geringe Anzahl eingehender Abhängigkeiten, oder mit anderen Worten eben eine lose Kopplung. Wie wichtig das ist, darf man nicht unterschätzen. Ich habe jedenfalls noch nie ein Unternehmen erlebt, welches in Schwierigkeiten kam, weil manche Funktionalitäten redundant entwickelt wurden. Meistens kommen gewachsene IT-Landschaften in Probleme, wenn Komponenten oder Systeme, welche Schwierigkeiten welcher Art auch immer machen oder deren Betrieb einfach nur teuer wird, nicht mehr einfach ausgetauscht werden können.

Dasselbe gilt natürlich auch für Technologien, welche sie einsetzen. Jede Technologie kommt früher oder später an das Ende ihrer Lebensdauer und muss dann abgelöst werden. Sei es, weil neuere Technologien effizienter sind, oder weil es schlichtweg keinerlei Know-how mehr dazu am Arbeitsmarkt gibt. Dazu ist es wichtig, möglichst auf die Technologie betreffende Annahmen bei der Integration zu verzichten. Benutzen Sie also, wenn es geht, niemals eine konkrete Technologie zur Integration von einzelnen Bausteinen. Sobald nämlich eine konkrete Technologie für die Schnittstellen zuständig ist, verteilt sich die Annahme dieser Technologie auf die gesamte Systemlandschaft und wird zu einem großen Problem, sobald sie das Ende ihrer Lebensdauer erreicht hat. Integration sollte demnach offenen Standards folgen, wie denen des W3C. Wenn Sie beispielsweise auf Integration über REST-APIs setzen, so können Sie die Technologien ihrer Bausteine jederzeit durch solche ersetzen, mit denen es ebenfalls möglich ist, REST-APIs zu erstellen oder zu konsumieren. Und das sind heutzutage mehr oder weniger alle.

 Ein hoher Grad an „Wiederverwendung" kann ein Indiz für falsch verstandene Separation of Concerns sein und anzeigen, dass die Schnitte in der Systemlandschaft an den falschen Stellen getätigt wurden. An erster Stelle und auf oberster Abstraktionsebene sollten Sie immer nach fachlichen Kriterien entscheiden.

6.1.2 Kanonisches Modell

Bereits oft gescheitert und trotzdem immer wieder probiert, ist der Versuch, die Formate, mit denen Services Daten austauschen, über die gesamte Systemlandschaft hinweg zu vereinheitlichen. Ein Unterfangen, welches in seiner Komplexität dabei unterschätzt wird, weil es durch die Annahme dieser global definierten Datenformate Kopplung zwischen allen Services und Bausteinen einer Systemlandschaft herstellt. Damit wäre dann das Prinzip der losen Kopplung auf drastische Art und Weise verletzt. Oder um Eric Evans, seines Zeichens Erfinder des Domain Driven Design, zu zitieren [Eva03]:

> *Total unification of the domain model for a large system will not be feasible or cost-effective.*

Auch wenn man den initialen Wurf eines solchen Modells hinbekommen sollte, so bedeutet es auch in weiterer Folge bei jeder Änderung an einem der dabei angebundenen Services enorme Aufwände zur Abstimmung. Nach unzähligen Diskussionen, welche ich in meiner Karriere schon zu dem Thema zu führen gezwungen war, scheint es mir hauptsächlich zwei Gründe zu geben, warum dies manchmal nach wie vor irrtümlicherweise für sinnvoll erachtet wird. Diese sind:

- Es wird als notwendiges Mittel zum Zweck gesehen, welches es den Services ermöglichen soll, miteinander zu kommunizieren.
- Durch eine prinzipielle Adapterschicht zu einem kanonischen Modell werden die einzelnen konkreten Service-Implementierungen angeblich komplett austauschbar.

Zunächst möchte ich auf das erste Argument eingehen. Diesem liegt die irrtümliche Annahme zugrunde, dass einzelne Business-Themen auf mehrere Services verteilt zu implementieren seien. Man sollte stattdessen aber versuchen, jedes der fachlichen Themen (also Subdomänen im Sinne des DDD) in möglichst einem Service zu kapseln. Wenn Sie das hinbekommen, so modelliert jeder Service den jeweiligen Teil der Problemdomäne, für die er zuständig ist. Es bleiben allerdings immer manche Aspekte, die von mehr als einem Service bearbeitet werden. Hier ist es aber meist immer noch besser, wenn jeder Service diese für sich selbst modelliert, und zwar aus zwei Gründen: Einerseits, weil die einzelnen Subdomänen oft unterschiedliche Sichtweisen auf diese geteilten Aspekte haben, und andererseits, um Abstimmungsaufwände zwischen den einzelnen Services zu vermeiden.

Argument Nr. 2 für kanonische Modelle setzt ein Szenario voraus, wie es in Bild 6.1 dargestellt ist. Die Idee ist, dass die einzelnen Service Consumer auf den konkreten Provider immer über die globale Adapterschicht zugreifen, welche das konkrete Schnittstellenmodell A des Service Providers immer auf das kanonische Modell X konvertiert. Wenn man nun den Service Provider durch einen anderen austauschen möchte, welcher stattdessen ein anderes Schnittstellenmodell B liefern würde, so ist nichts weiter zu tun, als den Adapter für diesen Service Provider in der globalen Schicht auszuwechseln, welcher dann ein Mapping von B auf X macht, anstatt wie zuvor A auf X. Die einzelnen Service Consumer wären davon demnach nicht betroffen. Soweit die Theorie. Valide ist dieses Argument allerdings keineswegs. Einerseits ist nicht gesagt, dass der neue Service Provider, was die Schnittstelle (wie Modell und Abläufe) angeht, überhaupt prinzipiell kompatibel ist. Und auch, wenn dem so ist, macht es keinen Sinn, den Adapter vorwegzunehmen. Wenn es wirklich zu einem solchen gefürchteten Austausch des Providers kommt, so kann man später immer noch einen Adapter bauen, welcher das Mapping von B zu A übernimmt. Und diese Modelle müssen zueinander konvertibel sein, denn wenn der Umweg B->X->A möglich ist, so ist natürlich im Endeffekt die Übersetzung von B zu A ebenfalls möglich (und sei es mittels eines Umwegs über X).

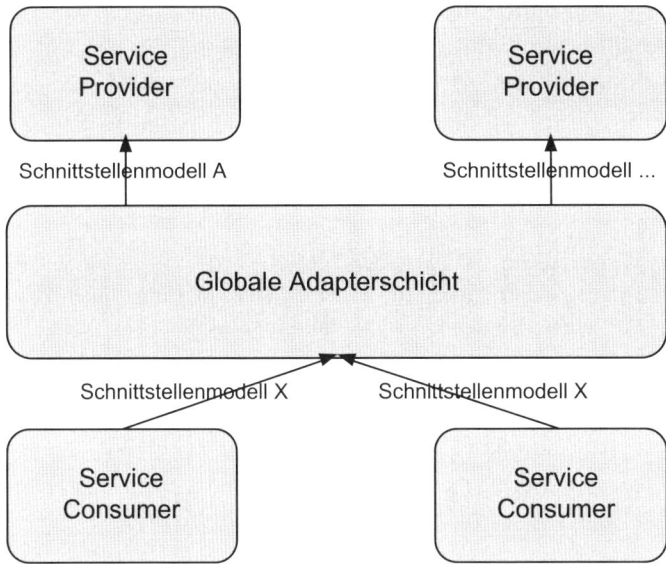

Bild 6.1 Das theoretische Einsatzszenario für ein kanonisches Modell

Noch eine Problematik eines dermaßen umfassenden Modells darf man nicht unterschätzen, und zwar die Gefahr, dass die einzelnen Teams gewisse Aspekte des Modells unterschiedlich interpretieren. Man denke nur an den Mars-Climate-Orbiter, welcher verloren ging, weil der Wert eines Felds von zwei Teams unterschiedlich interpretiert wurde. Während die NASA den Impuls im metrischen System berechnete, wurde die Navigationssoftware von Lockheed-Martin für das imperiale System ausgelegt.

6.1.3 Service Versioning

Verteilte Systeme bringen früher oder später immer die gleiche Herausforderung mit sich: Schnittstellen müssen geändert werden, weil der Service, welcher diese anbietet, weiterentwickelt wird. Dabei stellt sich die Frage, ob und wie man auf die jeweiligen Consumer der eigenen API Rücksicht nimmt. Schließlich wurden die Service Consumer mit der alten Version des zu ändernden Service Providers getestet. Früher war es daher üblich, die Änderungen am Service Provider eine Zeitlang parallel zur alten Version anzubieten, bis alle Consumer von der alten auf die neue Version umgestellt (und getestet) wurden. Meist lief es aber so ab, wie in dem hier folgenden Beispiel:

- Service A, aktuell in Version 1.1.0 deployed, stellt Erweiterungen online. Eine „Impact Analysis" ergibt, dass davon potenziell die beiden Service Consumer B und C betroffen wären. Daher wird die Änderung als Version 1.2.0 parallel zur alten Version deployed. Die Teams von B und C unterliegen der Unternehmensrichtlinie, nach der sie innerhalb eines Quartals die Umstellung auf die neue Version machen müssen.

- Während Service C bald auf die neue Version 1.2.0 von Service A umstellt, sind die Benutzer von Service B mit dessen Stabilität unzufrieden und somit wird hier alles daran gesetzt, diese Probleme in den Griff zu bekommen. Irgendwelche Richtlinien der IT-Abteilung sind dem Kunden egal und daher ist das Team von Service B die nächsten Monate mit dem Refactoring beschäftigt.

- Inzwischen müssen aber neue Features von Service A raus und somit erstellt man eine weitere Version 1.3.0.

- Team B bemerkt inzwischen, dass ihre Probleme teilweise von einem Bug in Version 1.1.0 des Service A verursacht werden, und um den Betrieb nicht zu gefährden, wird kurzerhand eine neue Version von Service A deployed, nämlich 1.1.1.

Nun laufen inzwischen drei Varianten von Service A, nämlich 1.1.1, 1.2.0 und 1.3.0. Stellen Sie sich das Spiel mit einer Systemlandschaft aus 100 Services oder mehr über einen Zeitraum von zehn Jahren vor. Sie sehen also, dass es keine gute Idee ist, Services gezielt in verschiedenen Versionen anzubieten. Viel besser ist es stattdessen, wenn Sie eine neue Version eines Services einfach als rückwärtskompatiblen Evolutionsschritt jederzeit deployen können. Um das ohne schlaflose Nächte hinzubekommen, bieten sich die Pattern an, welche ich Ihnen demnächst noch vorstellen werde, beispielsweise das Consumer Driven Contract Testing (Abschnitt 6.2.1) oder auch der Robustheitsgrundsatz (Abschnitt 6.2.2). Eine weitere Alternative wäre, jedesmal aufwändige System-Integrationstests durchzuführen.

6.1.4 Zentraler Mediator – Enterprise Service Bus (ESB)

Der Begriff Enterprise Service Bus, oder ESB, wurde ja bereits näher spezifiziert. Dabei haben wir auch den Funktionsumfang dieser Tools kennengelernt. Die Frage, welche wir uns jetzt stellen werden, lautet, ob und welche der Features, die über reines leichtgewichtiges Messaging hinausgehen, man überhaupt verwenden sollte. Konkret werden wir sehen, dass das Muster einer dezidierten Infrastruktur zur Orchestrierung von Services ein klares Antipattern darstellt. Im Grunde handelt es sich nämlich bei einem ESB um eine zentrale Komponente, die als Mediator zwischen den Services fungiert. Im Kapitel zum Thema Separation of Concerns haben wir dieses Muster bereits als Antipattern definiert. Der Grund dafür ist, dass es dadurch zu einer Verwässerung der Logik der einzelnen Bausteine in der Infrastrukturschicht kommt. Ein Refactoring eines solchen Prozesses im Sinne des Lightweight-Messaging-Prinzips ist dabei in den meisten Fällen überraschend einfach. Nehmen wir als Beispiel eine Online-Bestellung in einem Web-Shop, wobei wir zunächst einmal die ESB-Lösung betrachten (Bild 6.2).

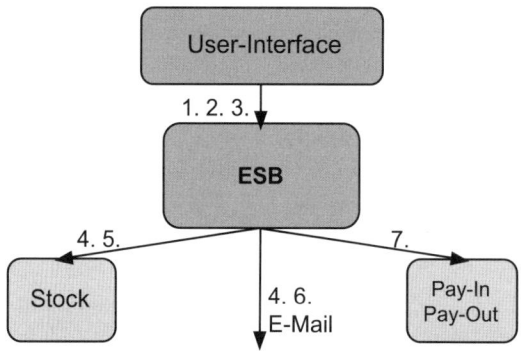

Bild 6.2 Online-Bestellung, als ESB-Prozess abgebildet

- Der Kunde legt im Web-GUI unseres Online-Shops diverse Artikel in seinen Warenkorb. (1.)
- Der Kunde möchte die Produkte haben, gibt sowohl seine Postadresse für die Lieferung, seine E-Mail-Adresse als Kontaktmöglichkeit als auch seine Bankverbindung zur Bezahlung an und klickt auf den Button zur Bestellung im Web-GUI. (2.)
- Es wird ein Prozess auf einem Enterprise Service Bus gestartet, welcher sämtliche Daten erhält und daraufhin den weiteren Ablauf steuern wird. (3.)
- Zunächst wird die Verfügbarkeit der Produkte im Lager durch den Service „Stock" geprüft. Wenn einzelne Produkte der Bestellung nicht auf Lager sind, wird eine Order an den jeweiligen Lieferanten geschickt. Der Kunde bekommt eine E-Mail, dass sich die Lieferung verzögern wird. In diesem Fall wird täglich überprüft, ob die Produkte inzwischen lagernd sind, und sobald sie das sind, geht es weiter bei 5. (4.)
- Es werden die bestellten Produkte mittels Aufruf des Lagerservices vom Lagerbestand abgezogen. (5.)
- Es geht eine E-Mail an das Versandteam mit dem Auftrag, die gewünschten Produkte an den Kunden zu versenden. Sobald der Versand erfolgt ist, schicken die Mitarbeiter eine E-Mail an den Kunden, welche über den voraussichtlichen Liefertermin informiert. (6.)
- Es wird der Service für Inkasso „Pay-In Pay-Out" aufgerufen, mit dem Auftrag, den fälligen Betrag vom Konto des Kunden abzubuchen. (7.)

Dies ist, wie Sie sehen, alles andere als gut modularisiert, da ein Großteil der Logik einfach in den zentralen ESB wandert. Dabei wird auch offensichtlich, dass hier das vom Domain Driven Design klar empfohlene Prinzip der Abgrenzung der Modelle in ihren jeweiligen Kontexten verletzt wird. Damit diese zentrale Ablaufsteuerung funktioniert, muss das Team, welches diesen ESB-Prozess entwickelt, mit sämtlichen Modellen und Schnittstellen der Systemlandschaft umgehen können. Nicht zufällig wird gerade in Unternehmen, welche auf dieses Antipattern setzen, oft der Ruf nach einem kanonischen Schnittstellenmodell laut, wobei es sich aber im Endeffekt nur um den Versuch handelt, das Feuer mit Benzin zu löschen. Schließlich haben wir auch dieses „Kanonische Modell" bereits als Antipattern kennengelernt (Abschnitt 6.1.2). Nicht selten entwickeln die ESBs durch all diese negativen Aspekte gerne ein Eigenleben und beginnen zu wachsen, wodurch sie noch problematischer werden und man sie später kaum noch loswerden kann.

 Setzen Sie niemals einen zentralen ESB zur Verbindung der Systeme ein. Achten Sie penibel auf die Einhaltung des Lightweight-Messaging-Prinzips, sowie auf die Gültigkeitsgrenzen der Modelle (Bounded Contexts).

Kommen wir also nun zu der Frage, wie dieser Ablauf aussehen würde, wenn wir auf einfaches Lightweight Messaging setzen und alle Logik in den jeweiligen Endpoints kapseln (Bild 6.3):

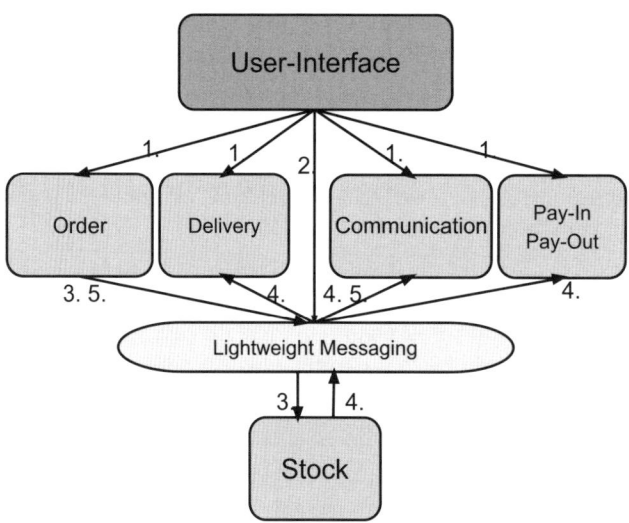

Bild 6.3 Derselbe Bestellvorgang mit lose durch Messaging gekoppelten Endpoints

- Der Kunde gibt im Zuge des Bestellprozesses seine Kontaktdaten an (Service „Communication"), seine Zahlungsweise (Service „Pay-In Pay-Out") und seine Postadresse (Service „Delivery"). Die gewünschten Artikel werden im Warenkorb des Services „Order" gespeichert und enthalten nur die ID des jeweiligen Produkts und die gewünschte Anzahl. (1.)

- Sobald der Kunde bestellen möchte, wird eine Message an einen eigenen Service „Order" gesendet, mit dem Auftrag, den jeweiligen Warenkorb für den beauftragenden Kunden zu bestellen. (2.)

- Der Service „Order" sendet eine Message an den Service „Stock" mit dem Auftrag, die gewünschten Produkte zur Verfügung zu stellen. (3.)

- Sobald die Waren vorrätig sind, sendet der Service „Stock" wiederum eine Message, welche unter anderem vom Service „Order" abonniert wird. Dies kann entweder mehr oder weniger sofort erfolgen oder mit einer entsprechenden Zeitverzögerung, falls die gewünschten Produkte erst bei Lieferanten geordert werden müssen. Die Services „Communication", „Delivery" sowie „Pay-In Pay-Out" haben ebenfalls diese Nachricht abonniert und kümmern sich jeweils um ihren Teil, der im Zuge der Auslieferung einer Bestellung nötig ist. (4.)

- Sollte der Service „Order" nicht innerhalb von einem Tag die Bestätigung über die Verfügbarkeit der Produkte erhalten haben, sendet er eine Nachricht an den Service „Communication" mit der Bitte, den Kunden über die Verzögerung zu informieren. (5.)

◼ 6.2 Empfohlene Pattern

6.2.1 Consumer Driven Contract Tests

Kommen wir nochmal auf das Dilemma aus Abschnitt 6.1.3 zu sprechen. Ein Service möchte seine Schnittstelle ändern und wir möchten mit möglichst viel Selbstvertrauen und ohne den Betrieb zu gefährden mit der neuen Version rausgehen. Das möglichst auch noch ohne große Aufwände zur Abstimmung dieser Änderung. Eine Möglichkeit ist es dabei immer, auf System-Integrationstests zu setzen, die aber teuer, aufwändig und teilweise schwierig durchzuführen sind. Eine einfachere Alternative dafür stellen die sogenannten Consumer Driven Contract Tests dar [Nyg07] (Bild 6.4). Die Idee ist, dass jeder Service Consumer dem Service, welchen er benutzt, auch einen Testfall zur Verfügung stellt. Dieser Testfall deckt die Erwartungen des Consumers an diesen Service Provider ab. Man dreht damit quasi die Richtung der Verantwortung um und überlässt den Service Consumern die Beweisführung, dass eine neue Version des Service Providers problemlos in Produktion gehen darf. Mit so einem Testfall …

- … sagt der Consumer: Wenn dieser Testfall durchläuft, so sind alle Erwartungen, welche ich an dich habe, erfüllt. Du kannst dann beruhigt jederzeit eine neue Release rausbringen.

- … sagt der Provider: Wenn du als Consumer meine Schnittstelle verwenden möchtest, so darfst du das gerne tun. Ich verlange dafür allerdings von dir einen solchen Consumer Driven Contract Test, sodass meine Weiterentwicklung davon nicht gebremst wird.

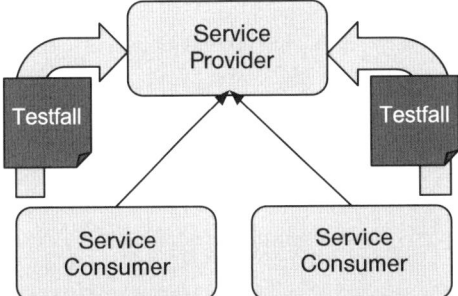

Bild 6.4 Consumer Driven Contract Testing zur organisatorischen Entkopplung der Entwicklung einzelner Services

6.2.2 Robustness Principle (Tolerant Reader)

Auch bekannt als:

Postel's Law

Betrachten wir nochmal dieselbe klassische Herausforderung jedes verteilten Systems aus dem vorigen Abschnitt über Consumer Driven Contract Testing. Ein Service Provider möchte mit einer Änderung seiner Schnittstelle produktiv gehen. Wenn die betroffenen Service

Consumer dabei in der Interpretation der Antwort des Providers nicht so streng sind, wird Ihnen die Weiterentwicklung des Providers ungleich leichter fallen. Dieser Grundsatz ist auch bekannt als das Tolerant Reader Pattern.

Wenn dazu noch der Absender einer Nachricht sehr genau darauf achtet, was er absendet, um den von ihm garantierten Schnittstellen-Vertrag auch immer exakt einzuhalten, dann ergibt das in Summe das sogenannte Robustness Principle [Pos89]. Nehmen wir als Beispiel an, irgendeine Art von Geschäftsfall kann verschiedene Stati als Werte haben, wie „Aufrecht" oder „Ungültig". Ein Consumer einer solchen Information könnte nun einfach zwischen „Aufrecht" und „Sonstigem" unterscheiden, und dabei alle Werte ungleich „Aufrecht" als „Nicht Aufrecht" interpretieren. In diesem Fall könnte der Provider einen neuen Status „In Schwebe" hinzufügen, ohne dass der Consumer überhaupt geändert werden müsste. Durch konsequente Anwendung dieses Prinzips wird die Weiterentwicklung von Schnittstellen auf Dauer ungleich leichter erfolgen.

6.2.3 Feature Toggles

Auch bekannt als:

- *Config Flags*
- *Feature Flags*

Das Feature Toggle Pattern wird üblicherweise dann eingesetzt, wenn für eine monolithische Architektur eine Continuous Delivery erreicht werden soll. Das ist in diesem Fall nämlich eine besondere Herausforderung, weil die Entwicklungsarbeiten an den diversen Änderungen an einem Monolithen parallel laufen sollen. Man möchte einerseits zwar Features laufend in Produktion bringen, aber natürlich erst, wenn diese ausreichend getestet sind. Gearbeitet wird aber an der gleichen gemeinsamen Codebasis. Da bietet es sich an, Änderungen im Code immer parallel zur alten Version zu entwickeln und nur abhängig von einem Schalter im Code die neue Version auszuführen, ansonsten eben noch die alte [Hod16]. Dabei ist der Schalter so konfiguriert, dass zunächst einmal nur in der Testumgebung die neue Version des Codes ausgeführt wird. Parallel werden Testfälle für die neue Version erstellt und erst, wenn diese erfolgreich sind, wird der Schalter auch für die Produktionsumgebung umgelegt (Listing 6.1). Später kann dann der alte Code entfernt werden. Auf diese Art und Weise kommen sich die Developer mit ihren unterschiedlichen Entwicklungszyklen nicht in die Quere.

Listing 6.1 Feature-Toggle-Pattern-Implementierung mithilfe der Library togglz (Quelle: *http://togglz.org*)

```
public enum MyFeatures implements Feature {

    @Label("First Feature")
    FEATURE_ONE,

    @Label("Second Feature")
    FEATURE_TWO;

    public boolean isActive() {
        return FeatureContext.getFeatureManager().isActive(this);
```

```
    }
}

public void someBusinessMethod() {

    if(MyFeatures.FEATURE_ONE.isActive()) {
        // do new stuff here
    }

    // ...

}
```

6.2.4 Circuit Breaker

Vielleicht kennen Sie ja die folgende Situation aus der eigenen leidvollen Erfahrung: Ein Service bekommt im Betrieb Probleme, die Antwortzeiten steigen immer weiter, bis er schließlich überhaupt nicht mehr antworten kann. Es kommt zu Time-Outs, die aber leider die jeweiligen Consumer dieses Services nicht davon abhalten, weiterhin Anfragen zu schicken. Diese weiteren Anfragen zwingen dann das System endgültig in die Knie und manchmal auch die Service Consumer mit dazu. Dabei wäre das ganz einfach zu verhindern gewesen, und zwar durch das sogenannte Circuit Breaker Pattern [Nyg07]. Der Consumer ruft den Provider dann nicht mehr direkt auf, sondern jeweils im Umweg über eine „Sicherung" (englisch: Circuit Breaker). Bemerkt diese Sicherung Probleme im Antwortverhalten des Providers, so sendet sie eine Weile keine weiteren Anfragen des Consumers ab und nach einer Weile versucht sie es dann wieder. Wenn der Provider wieder antwortet, gehen die Anfragen wieder wie gewohnt dorthin (Bild 6.5). Dadurch erreichen wir Folgendes: Von der jeweiligen Kopplung zwischen zwei interagierenden Services wird die zeitliche Komponente entschieden abgeschwächt. Somit ist der Consumer weiterhin zumindest eingeschränkt lauffähig, auch wenn der Provider ausfallen sollte. Dadurch können sich Probleme auch nicht so einfach weiter ausbreiten, da Consumer des betroffenen Consumers somit erst gar nicht betroffen sein sollten. Außerdem wird der Provider so nicht in noch größere Probleme gebracht, wodurch es ihm leichter fallen sollte, sich wieder von seinen Problemen zu erholen.

Üblicherweise wird eine Default-Antwort definiert, die der Circuit Breaker liefert, falls der Provider offline ist, oder er schaltet auf einen anderen Service Provider oder einen internen Cache um, falls es eine solche alternative Quelle geben sollte. Der Phantasie sind hier keine Grenzen gesetzt. Die populärste Implementierung dieses Musters bietet dabei Hystrix von Netflix an, welche Open Source verfügbar ist.

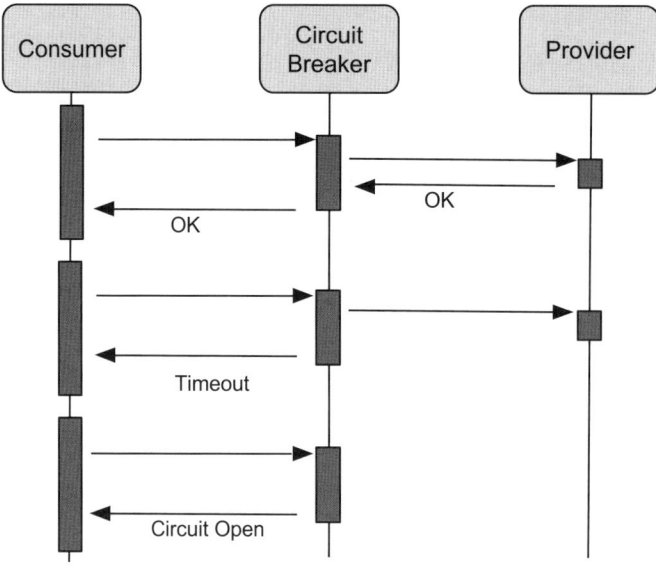

Bild 6.5 UML Sequenzdiagramm Circuit Breaker Pattern

6.2.5 Bulkhead

Das Bulkhead Pattern [Nyg07] soll, genauso wie ein Circuit Breaker, die Stabilität des Gesamtsystems verbessern. Die Idee ist die gleiche, wie bei Schotten eines Schiffs. Läuft ein Schiff an einer Stelle leck, so werden andere Bereiche abgeschottet, sodass diese nicht auch mit Wasser volllaufen können. In der IT können solche Schotten auf jede mögliche Art und Weise umgesetzt werden. Es könnten beispielsweise Teile der Systemlandschaft auf jeweils eigenen Server- und Netzwerkteilbereichen im Rechenzentrum betrieben werden (Bild 6.6). Fällt ein Teilnetzwerk aus, so kann der Rest des Systems durch die dadurch gegebene Isolation unter Umständen noch weiterverwendet werden.

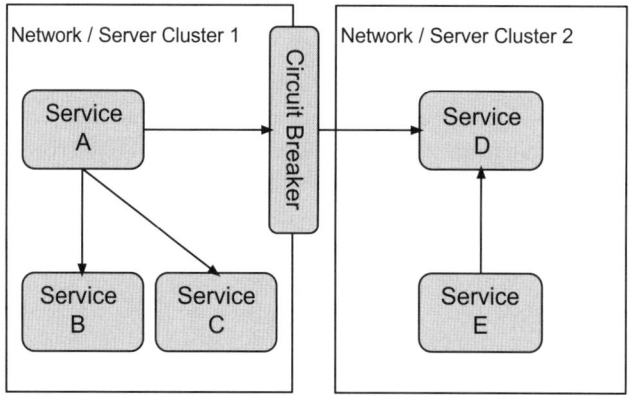

Bild 6.6 Die Systemlandschaft läuft in zwei voneinander abgegrenzten Teilbereichen. Fällt eine aus, so kann mit der anderen immer noch gearbeitet werden

6.2.6 Adapter

Beim Adapter Pattern handelt es sich um ein Muster, welches wir bereits in Kapitel 3 zum Thema Mikro-Architektur kennengelernt haben. Es kommt dann zum Einsatz, wenn eine gewünschte Kopplung über eine Schnittstelle aufgrund von Inkompatibilität nicht herstellbar ist. Dabei möchte (oder kann) man keine der beteiligten Komponenten anpassen. Dafür sind verschiedene Gründe denkbar, wie beispielsweise der Wunsch, eine möglichst geringe Kopplung in Bezug auf die Datenformate zu haben. Dies ist natürlich eine Situation, wie sie in der Welt der Makro-Architektur genauso auftreten kann. Das Lösungsmuster ist im Grunde genau dasselbe (Bild 6.7).

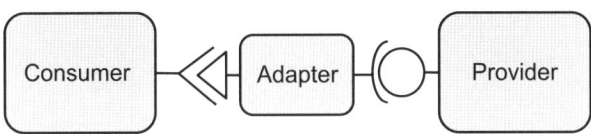

Bild 6.7 Das Adapter Pattern im Einsatz in einer Makro-Architektur

In jedem Fall sollte der Adapter nicht einfach Teil der Kommunikationsinfrastruktur sein, da ansonsten das Prinzip des Lightweight Messagings aus Kapitel 5 verletzt wäre. Üblicherweise ist so etwas Teil des Consumers, da der Provider ja eher agnostisch darüber ist, welche und wie viele Consumer ihn benutzen. Eine Ausnahme ist der Open-Host-Integrationsstil des Domain Driven Designs, wo ein Provider explizit über eine Art Adapter eine eigene Schnittstelle für seine Consumer anbietet. Zur weiteren Abgrenzung möchte ich hier noch die mit dem Adapter verwandten Muster anführen:

Proxy

Während der Adapter zwei Komponenten verbindet, welche in ihrer Schnittstelle nicht völlig kompatibel sind, stellt ein Proxy ein 1:1-Abbild dar, welches üblicherweise dem Consumer als Stellvertreter für den Provider Zugriff auf diesen bietet. Der Proxy ist übrigens das einzige Muster der „Adapter-Familie" aus diesem Kapitel, welches aus meiner Sicht keine Verletzung des Prinzips des leichtgewichtigen Messagings darstellt. Das bedeutet, dass es denkbar ist, dass eine Kommunikationsinfrastruktur einem Consumer als Proxy dient. Die meisten API-Gateway- und Service-Discovery-Implementierungen tun im Grunde genau das.

Decorator

Ein Decorator ändert oder erweitert das Verhalten einer angebundenen Komponente für den Consumer, üblicherweise bietet er dabei dieselbe Schnittstelle an wie der Provider. Im Kapitel 3 über Mikro-Architekturen haben wir dieses Muster bereits kennengelernt, wobei es in erster Linie darum ging, eine Alternative zur Vererbung aus der Welt der Objektorientierung zu haben. Ein Decorator in einer Makro-Architektur könnte es zum Ziel haben, Funktionalitäten eines gekauften Systems abzuändern oder zu erweitern.

Mediator

Ein Mediator ist eine dezidierte Komponente, welche den Ablauf zwischen Komponenten steuert. Dabei besteht allerdings die Gefahr, das Prinzip der Modularität zu verletzen.

Bridge

Eine Bridge ist eine gezielt gebaute Abstraktion einer Provider-Schnittstelle, mit dem Ziel, den Consumer unabhängig von der konkreten Implementierung des Providers zu gestalten. Der konkrete Provider bleibt hinter der Bridge verborgen und sollte somit austauschbar sein.

6.2.7 Backend for Frontend (BFF)

Das Backend for Frontend, oder kurz BFF Pattern (Bild 6.8), ist etwas schwierig vom Facade Pattern abzugrenzen, welches im Kapitel 3 über Mikro-Architekturen vorgestellt wurde. Im Gegensatz zur Facade geht es aber bei einem BFF eher darum, eine dezidierte API für ein bestimmtes Frontend anzubieten [New15]. Die dabei angesprochenen Komponenten sind dabei, anders als bei einer Facade, nicht zwangsläufig von der Außenwelt verborgen. In der Community ist übrigens die Frage strittig, ob ein und dasselbe BFF dabei für mehr als einen Client Verwendung finden kann. Ich persönlich bin der Meinung, dass dies erlaubt sein sollte, allerdings nur dann, wenn es sich um Clients handelt, welche dieselbe Funktionalität anbieten. Dies ist beispielsweise der Fall, wenn dasselbe User-Interface auf unterschiedlichen Technologieplattformen angeboten werden soll (wie Web, Android und iOS).

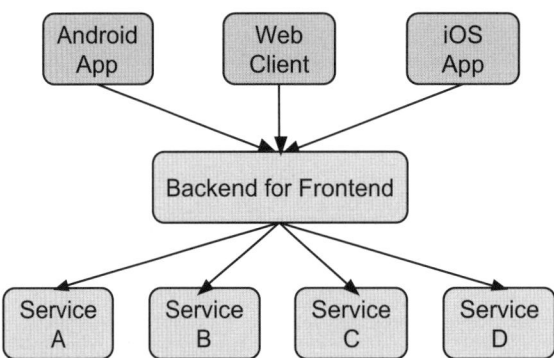

Bild 6.8 Das Backend for Frontend Pattern

6.2.8 Saga

Sagas stellen eine sehr einfache Form der Orchestrierung dar [Mol87]. Eine große Verarbeitung, welche aus welchem Grund auch immer nicht in einer einzelnen Datenbank-Transaktion durchführbar ist, wird auf mehrere kleinere atomare Schritte aufgeteilt. Dabei definiert jeder Schritt auch eine Kompensationstransaktion, durch welche die jeweilige Änderung wieder rückgängig zu machen wäre. Schlägt einer dieser Schritte fehl, so werden die Kompensationstransaktionen der bereits durchgeführten Verarbeitungen ausgeführt und somit die gesamte Saga rückgängig gemacht. Alle Schritte und Kompensationstransaktionen müssen dabei idempotent sein, um zu funktionieren. Auf die Begriffe Idempotenz und Kompensationstransaktionen wird in Kapitel 7 noch näher eingegangen.

Das folgende Beispiel stellt einen typischen Anwendungsfall für das Saga Pattern dar: In einem Reiseportal soll es für den Benutzer möglich sein, Flug, Hotel und Mietwagen gleichzeitig und mit einem Mausklick zu buchen. Dahinter sind für das Portal drei verschiedene Backends für diese Buchung anzubinden, wobei eine übergreifende Datenbank-Transaktion nicht möglich oder nicht gewünscht ist. Wenn nun jedes dieser Backends zur jeweiligen Buchung auch ein Gratis-Storno innerhalb einer gewissen Zeitspanne anbietet, so ist es kein Problem für das Portal, eine solche Buchung durchzuführen, ohne das Risiko für den Kunden, im Endeffekt zwar ein Hotel, aber keinen Flug gebucht zu haben. Die einzelnen Schritte werden der Reihe nach ausgeführt und durch Kompensationsbuchungen wieder rückgängig gemacht, wenn eine der Buchungen fehlschlägt. Wie Sie sehen, wird es durch eine Saga also sehr einfach, die Annahme der konkreten Datenbank-Technologie von einer Kopplung zwischen zwei oder sogar mehreren Services zu entfernen.

Ein interessanter Aspekt ist noch, dass dieses Muster keine Verletzung des Prinzips des leichtgewichtigen Messagings darstellt. Schließlich handelt es sich um eine relativ simple und inhaltlich potenziell agnostische Aneinanderreihung von Do- und Undo-Steps. Es wäre daher nicht undenkbar, so etwas von einer Kommunikationsinfrastruktur erledigen zu lassen. Ich verweise an dieser Stelle noch auf den Blog des Camunda-Mitbegründers Bernd Rücker, der beschreibt, wie eine Saga ganz einfach mit Camunda BPMN und/oder Java (mittels eines Fluent Builders wie wir ihn am Ende von Kapitel 3 kennengelernt haben) umgesetzt werden kann [Ruc17].

6.2.9 Pipes and Filters

Umfangreiche, aber lineare Verarbeitungen mit einem definierten Set an Daten strukturiert man am besten durch Verwendung des sogenannten Pipes and Filters Pattern. Ein Filter stellt dabei einen Verarbeitungsschritt dar, welcher eine passende Schnittstelle zur Datenein- und -ausgabe besitzt. Die Pipe ist wiederum der Transportmechanismus zwischen den einzelnen Filtern. Jeder Unix-Administrator wendet dieses Muster regelmäßig an (Listing 6.2). Die Konsolenausgabe eines Filters wird dabei über die Pipe „|" als Input an den jeweils nächsten Filter weitergegeben. Genau wie durch das Saga Pattern wird auch durch dieses Muster das Prinzip der leichtgewichtigen Infrastruktur bzw. Messagings nicht verletzt.

Listing 6.2 Unix Shell Commando als Beispiel für das Pipes and Filters Pattern

```
$ls -l | grep "May" | sort +4n
```

6.2.10 Correlation IDs

Nicht selten kommt es vor, dass an der Abarbeitung eines Requests in einem verteilten System gleich mehrere Services beteiligt sind. Vor allem im Falle eines Fehlers ist es wichtig, dieses Zusammenspiel jederzeit nachvollziehen zu können. Dafür bietet es sich an, vom initiierenden Service die Erzeugung einer eindeutigen ID (wie einer UUID) zu verlangen, welche dann bei jedem Serviceaufruf während derselben Aufrufkette weiter an den jeweils nächsten Service übergeben wird. Dies ist übrigens ebenfalls ein Muster aus der Familie der EAIP (Kapitel 5) und kann auch zu Dokumentationszwecken verwendet werden. Es ist bei konsequenter Nutzung dieses Musters durchaus möglich, die Abhängigkeiten zwischen den einzelnen Services eines Systems über die IDs nachzuvollziehen. Inzwischen gibt es auch unterstützende Tools für die Umsetzung. So kann man durch Kombination von Sleuth und Zipkin solche IDs sowohl erzeugen als auch auswerten und damit Abläufe und Abhängigkeiten darstellen.

Allzu tiefe Aufrufkaskaden stellen dabei übrigens ein Antipattern dar und sind eher zu vermeiden. Diese bringen nämlich Probleme mit sich, die auch die Nachvollziehbarkeit, welche einem eine Correlation ID bietet, nicht lösen kann. Vor allem Microservice-Architekturen leiden leider oft unter diesem Problem, welches dann ein Indiz für ineffizient gezogene Servicegrenzen (Schnitte) sein kann.

6.2.11 Event Sourcing

Event Sourcing ist ein Muster, welches in den letzten Jahren, durchaus zu Recht, immer populärer geworden ist. Ich möchte es anhand eines Beispiels erläutern. Einmal habe ich einen Bonuspunkte-Shop für eine Versicherung gebaut, in dem der Kunde für bestimmte Ereignisse (also Events) Punkte bekommen hat, die er dann für Vergünstigungen wie Thermeneintritte einlösen konnte. Nehmen wir einmal an, das wäre so gespeichert worden, wie in Tabelle 6.1 dargestellt. Es wird dabei zu jedem Kunden nur der aktuelle Stand dieser Bonuspunkte abgelegt.

Tabelle 6.1 Klassische Speicherung der Bonuspunkte

#	Kunde ID	Punkte
1	123456	14
2	987654	129

Das wäre eine Zeitlang kein Problem, bis der erste Kunde, wie hier vielleicht „123456", anruft und nachfragt, warum er denn nur noch so wenige Punkte habe? Mit dieser Abbildung in der Datenbank wäre das im Nachhinein nicht mehr nachvollziehbar. In letzter Zeit bemerken immer mehr Unternehmen, dass es durchaus einen höheren Business Value bedeuten kann, wenn man Daten nicht nur auf diese Weise komprimiert ablegt. Anstatt nur das Endergebnis zu speichern, werden alle Ereignisse abgelegt, die zu diesem Ergebnis geführt haben. Das Ergebnis kann man dann immer noch jederzeit als Snapshot ermitteln. Siehe dazu Tabelle 6.2. In Row 7, am Jahresende, wurde automatisch ein Snapshot erstellt. Ein Callcenter-Mitarbeiter hat am 22. Februar 2017 einen weiteren Snapshot angefordert

(Row 11) und kann jederzeit nachvollziehen, wie dieser Punktestand zustande gekommen ist!

Tabelle 6.2 Ablage der Events inklusive einiger Snapshots

#	Kunde ID	Datum	Typ	Punkte
1	123456	5.8.2016	Buchung - Prämie	+8
2	123456	5.9.2016	Buchung - Prämie	+8
3	123456	5.10.2016	Buchung - Prämie	+8
4	123456	5.11.2016	Buchung - Prämie	+8
5	123456	5.12.2016	Buchung - Prämie	+8
6	123456	31.12.2016	Buchung - Freischadenbonus	+22
7	123456	1.1.2017	Snapshot	+62
8	123456	5.1.2017	Buchung - Prämie	+9
9	123456	17.1.2017	Buchung - Kauf Thermeneintritt	-66
10	123456	5.2.2017	Buchung - Prämie	+9
11	123456	22.2.2017	Snapshot	+14

Validierung kann hier allerdings zu einer Herausforderung werden. Wenn im Zuge eines Einkaufs durch einen Kunden geprüft werden soll, ob sich auch ausreichend Punkte am Konto befinden, so ist es entweder nötig, einen neuen Snapshot zu erstellen, oder man nimmt den letzten Snapshot, welcher erstellt wurde, und ergänzt diesen um die Events, die nach dessen Erzeugung gespeichert wurden.

Übrigens ist diese Form der Datenspeicherung oft auch ein prima Ersatz für Historisierungs- und Auditing-Konzepte in Datenbanken, die Änderungen jederzeit nachvollziehbar machen sollen.

Projektionen

Zusätzlich zur besseren Nachvollziehbarkeit bietet Event Sourcing aber noch einen anderen großen Vorteil. Es wird dadurch möglich, aus den gespeicherten Events auch andere Abbildungen, sogenannte Projections, zu erstellen. So könnte man in diesem Beispiel eine Auswertung machen, welche Vergünstigungen von den Kunden am häufigsten in Anspruch genommen werden, und dann diese Angebote gezielt ausbauen.

CQRS

Ganz ähnlich verhält sich das Pattern CQRS oder Command Query Responsibility Segregation, welches gut mit Event Sourcing kombiniert werden kann. Dabei werden die Schreib- von den Lesezugriffen getrennt. Schreibend wird nur auf den Eventstore zugegriffen, während die Snapshots und Projektionen für die Lesezugriffe verwendet werden. Dadurch können schreibende Zugriffe durch den Verzicht auf Indizes in ihrer Geschwindigkeit optimiert werden, während die Lesezugriffe zusätzlich noch mit einem Cache versehen werden.

Eine solche Trennung hat aber auch noch andere Vorteile. So wird beispielsweise die Schnittstelle, welche die eingehenden Events empfängt, meist idempotent und lässt sich somit einfacher integrieren. Darüber hinaus ist eine solche Lösung fast automatisch immer konsistent, und das auch in einem verteilten System. Außerdem werden wir später noch sehen, dass es durchaus unterschiedliche Sichtweisen auf dieselben Daten geben kann. So können unterschiedliche Subdomänen an völlig anderen Projektionen der Events interessiert sein.

Sich einen Eventstoresage selber zu bauen, ist übrigens überraschend einfach [Rod17]. Alternativ gibt es aber auch bereits einige potenziell passende fixfertige Implementierungen, wie eventstore.org, zu dem auch kommerzieller Support zu haben ist.

7 Verteilte Systeme – Distributed Systems

„Überzeugungen sind gefährlichere Feinde der Wahrheit als Lügen."
Friedrich Wilhelm Nietzsche

Bei Verteilten Systemen bzw. Distributed Systems sind die einzelnen Komponenten verteilt, und zwar üblicherweise auf ein Netzwerk. Kommuniziert wird über Remote-Schnittstellen. Dies ist ein nicht triviales Thema, weswegen ich dieses Kapitel mit den berühmten typischen acht Irrtümern in Bezug auf Verteilte Systeme beginnen möchte [Rot17]. Sie sind auch bekannt als die 8 Fallacies of Distributed Computing:

1. Das Netzwerk ist ausfallsicher.

2. Die Latenzzeit ist gleich Null.

3. Der Datendurchsatz ist unendlich.

4. Das Netzwerk ist sicher.

5. Die Netzwerktopologie wird sich nicht ändern.

6. Es gibt immer nur einen Netzwerkadministrator.

7. Die Kosten des Datentransports können mit Null angesetzt werden.

8. Das Netzwerk ist homogen.

Das bedeutet, dass Sie nicht darum herumkommen werden, sich um diese Punkte Gedanken zu machen, sobald Sie ein verteiltes System bauen möchten. Vor allem die ersten Punkte sind bei der Definition einer Architekturs eines verteilten Systems besonders problematisch. So müssen Sie sich beispielsweise überlegen, was im Fall des Ausbleibens einer Antwort bei einer Remote-Kommunikation geschehen soll, und das ist tatsächlich ein nicht triviales Thema.

Da stellt sich natürlich gleich zu Beginn die Frage, warum man sich denn so etwas antun sollte?! Beim Bau eines verteilten Systems geht es eigentlich immer darum, die Kopplungen zwischen den einzelnen Bausteinen, hier meist Services genannt, von zwei Annahmen bzw. Kopplungen zu befreien:

- Wir sind durch eine Verteilung auf das Netzwerk flexibel, was die Auswahl der einzelnen Laufzeitumgebungen angeht. Ein Server kann auf Windows laufen, während es sich bei einem anderen um eine Unix-Instanz in irgendeiner virtuellen Maschine handelt.

- Die Technologien der unterschiedlichen Services können individuell gewählt werden, solange gewährleistet ist, dass die gewünschte Kommunikation zwischen ihnen auch möglich ist. Man wird also insofern eingeschränkt sein, dass ein Gegenüber auch mit der eigenen API (z. B. REST) kommunizieren muss, während man agnostisch darüber ist, um welche Technologie es sich dabei genau handelt.

Der zweite Punkt bedeutet auch, dass die Technologien, auf denen später die einzelnen Services laufen werden, Schritt für Schritt ausgewechselt werden können. Makro-Architekturen, die so eine Aufteilung nicht berücksichtigen, werden üblicherweise als Monolithen bezeichnet. Diese werden allerdings früher oder später fast schon zwangsläufig alle über dasselbe Problem stolpern: Die Technologieplattform, mit der ein Monolith gebaut wurde, wird über kurz oder lang das Ende ihrer Lebensdauer erreichen. Java ist schließlich auch nichts anderes als das Cobol von morgen. Zunächst wird es so sein, dass andere Technologien neue Möglichkeiten bieten, die man nicht missen möchte, und irgendwann wird es keinen offiziellen Support und auch kaum noch Personal geben, um bei der Weiterentwicklung des monolithischen Systems zu helfen. Das passiert natürlich nicht von heute auf morgen, weshalb es in vielen Fällen nach wie vor durchaus in Ordnung ist, einen Monolithen als Alternative zu den Herausforderungen eines verteilten Systems in Erwägung zu ziehen.

▪ 7.1 Monolithen

Monolithen haben in der Literatur zum Thema Softwarearchitektur zwei unterschiedliche Bedeutungen, was nicht selten zu Verwirrung führt. Der Begriff kommt ursprünglich aus dem Altgriechischen, wo „Mono" für „Ein" steht und „Lithos" für „Stein". In der Geologie wird damit ein Gebilde bezeichnet, welches nur aus einer einzigen Gesteinsformation besteht und daher einheitlich ist. So ähnlich wie, wenn auch wissenschaftlich nicht ganz korrekt, der Uluru oder Ayers Rock im Zentrum Australiens. Anders ausgedrückt geht es um ein großes geologisches Gebilde, welches keine weiteren Strukturen besitzt. Von daher auch die unterschiedlichen Bedeutungen in der Softwarearchitektur. Manchmal wird damit ein völlig unstrukturiertes System bezeichnet manchmal aber auch ein System, welches durchgehend mit derselben Technologie gebaut wurde und demnach NICHT verteilt ist. Ich werde in diesem Buch „Monolith" als Synonym für „Nicht verteilte Systeme einheitlicher Technologie" verwenden und Systeme schlechter struktureller Qualität als „Big Ball of Mud" (BBoM) bezeichnen. Letzteres ist sowohl für verteilte als auch für nicht verteilte Systeme anzutreffen. Es wird auch gerne übersehen, dass Monolithen auch klare Vorteile gegenüber verteilten Systemen haben [Dow17]:

- Viele Refactorings (wie das Verschieben von Funktionalität von einem Modul in ein anderes) sind wesentlich einfacher und nicht selten mit ein paar Mausklicks in der IDE erledigt.

- Debugging und Fehlersuche wird Ihnen ungleich leichter fallen.

- Batches, Reporting oder ähnlich komplexe Abläufe über Domänengrenzen hinweg sind hier noch relativ unproblematisch.

- Die typischen Probleme eines Verteilten Systems (Verlässlichkeit der Kommunikation über das Netzwerk) können hier natürlich gar nicht erst auftreten.

- Schnittstellen können einfach geändert werden, ohne dass man sich über Impacts auf andere Teile des Systems große Sorgen machen muss. Es wird sogleich im Code offensichtlich, wo die Änderung sonst noch Auswirkungen hat. Diese Problematik wird in verteilten Systemen aber durch Dinge wie Consumer Driven Contract Testing oder das Robustness Principle inzwischen recht gut abgeschwächt.

- Durch statische Code-Analyse ist die Gesamtarchitektur mit der entsprechenden Tool-Unterstützung gut auswertbar und kann auch besser gesteuert und überwacht werden, während die Abhängigkeiten zwischen den Modulen bzw. Services in einem Verteilten System bei weitem nicht so offensichtlich sind.

- Bei einem Monolithen können Sie auf Eventual Consistency setzen, müssen das aber im Gegensatz zur Welt der verteilten Systeme nicht zwangsläufig.

- Die Diversität der verschiedenen Technologien, welche zum Einsatz kommen, wird sich von selbst in Grenzen halten, ohne dass man dafür einen extra Aufwand betreiben müsste.

- Eine Zerlegung in Module mit strikten Grenzen ist hier zwar nicht automatisch gegeben, aber durch Tools wie Sonargraph oder rudimentär beispielsweise mit der Moduldefinition von Java 9 genauso möglich.

Bei Architektur geht es nämlich nicht um Monolith vs. Verteiltes System, sondern in erster Linie um Strukturierung und Modularisierung. Ein gut strukturierter Monolith lässt sich meist mit noch überschaubarem Aufwand in ein verteiltes System migrieren. Alles andere ist nur eine Frage von Pro und Contra, welche es für beide Architekturansätze zweifelsohne gibt. Monolithen sind also auch heute noch für viele Anwendungsfälle eine gute Wahl! Bei vielen der Argumente, die gerne gegen monolithische Architekturen vorgebracht werden, handelt es sich schlichtweg um Mythen, wo ich gerne behilflich bin, diese zu zertrümmern.

7.1.1 Keine Continuous Delivery möglich!?

Bei einem Monolithen arbeiten alle Developer an derselben Codebasis, soviel ist unbestritten. Die Änderungen eines Mitarbeiters sind also nicht ohne Weiteres in Produktion zu bringen, ohne dass sich diese mit den Änderungen aller anderen überschneiden. Mühsam und keinesfalls zu empfehlen ist der Versuch, die einzelnen Änderungen durch Erstellung von Abzweigungen/Branches im Software Versionssystem voneinander abzugrenzen. Dies verschiebt die Problematik hin zum Merge in den Hauptzweig, was danach beliebig komplex bis beinahe unmöglich werden kann. Viel besser ist es, das Muster der Feature Toggles zu verwenden, welches in Abschnitt 6.2.3 vorgestellt wurde. Neue Entwicklungen passieren dabei unter dem Schutz eines solchen Switches. Umgestellt auf die neue Funktionalität wird erst, wenn die Tests, welche die neuen Anforderungen abdecken, genauso durchlaufen, wie die Tests, welche im Zuge der Änderungen nicht angepasst werden mussten.

Hier gilt dann bei Änderungen am Datenmodell dasselbe wie bei APIs eines verteilten Systems. Solange es möglich ist, werden Änderungen daran auf rückwärtskompatible Art und Weise gemacht. Neue Features, welche alte ersetzen, werden zunächst hinzugefügt, laufen dann eine Zeit lang parallel und werden natürlich im Endeffekt die alten Teile ersetzen. Nur in seltenen Fällen, wie bei nicht rückwärtskompatiblen Änderungen am Datenmodell, wird dies nicht möglich sein, wobei dann eine etwas komplexere Umstellung nötig wäre.

7.1.2 Automatische Erosion der Struktur!?

Es stimmt schlichtweg nicht, was in jedem Microservice-Talk auf Konferenzen behauptet wird: dass Monolithen prinzipiell unstrukturiert wären bzw. dass diese mit der Zeit von selbst zur strukturellen Erosion tendieren würden. Natürlich kann man mit Tools wie beispielsweise Sonargraph von hello2morrow herrlich strukturierte und gut wartbare Monolithen bauen. Und um die Qualität der Architektur auch langfristig zu gewährleisten, eignen sich die Methoden, die in Abschnitt 1.5 vorgestellt wurden. Vor allem in Kombination mit den Kennzahlen, welche wir noch in Kapitel 9 kennenlernen werden. Oder um den von mir sehr geschätzten Simon Brown [Bro14] zu zitieren:

> *If you can't build a well structured monolith, what makes you think microservices is the answer?*

7.1.3 Monolithische Architekturen skalieren nicht!?

Sobald die Anzahl der Benutzer steigt, kommen Monolithen angeblich automatisch an ihre Grenzen. Man kann die Kapazität und Belastungsfähigkeit nicht so ohne Weiteres erhöhen. Bei einem verteilten System wäre es ja ganz einfach, die einzelnen Services, welche die höhere Last zu tragen haben, punktuell belastbarer zu gestalten. Soweit jedenfalls der Mythos. Zunächst einmal möchte ich erläutern, welche Formen der Skalierung es gibt:

- Hinter **vertikaler Skalierung** steht die Idee, einzelne Server aufzurüsten und ihnen mehr Speicher, CPU oder Festplattenkapazität zu verpassen.
- Bei **horizontaler Skalierung** fügt man der Laufzeitumgebung einfach weitere Server hinzu. Dies ist aber leider nicht immer einfach machbar. Es hängt sehr vom Entwurf der Software ab, ob und in welcher Form das überhaupt gelingt.

Da der vertikalen Skalierbarkeit automatisch Grenzen gesetzt sind, möchte ich hier an dieser Stelle darauf eingehen, wie man auch bei monolithischen Architekturen ganz einfach horizontale Skalierbarkeit ermöglichen kann. Üblicherweise gibt es dabei zwei Engstellen, die hier Probleme bereiten. Und zwar:

Application State

Die meisten Applikationen halten, im Gegensatz zu gut durchdachten Services, irgendeine Art von Zustand im Memory. Dies kann beispielsweise der Warenkorb des aktuell angemeldeten Benutzers sein. Bei einer horizontalen Skalierung bekäme man nun das Problem, dass eine andere Server-Instanz für die ausgefallene nicht einfach einspringen kann, weil ein solcher Zustand dadurch ebenfalls verloren wäre. Dies ist aber, wenn es nicht sogar verschmerzbar ist, recht einfach zu lösen. Zunächst könnte man den State zum Benutzer hin auslagern, entweder in eine native App auf einem Smartphone oder in den Browser, was besonders bei einer Single Page Application ganz einfach ist. Zudem beherrschen viele Technologien das Persistieren und Replizieren von Zuständen zwischen den einzelnen Server-Instanzen. Wenn das nicht geht, kann natürlich auch immer die Datenbank zur Ablage des Application States hergenommen werden. Im konkreten Fall würde das bedeuten, dass der Warenkorb als persistentes Entity in der Datenbank landen würde. Dadurch würde die

Datenbank zum einzig verbliebenen Flaschenhals werden, wofür es dann allerdings wieder andere gute Lösungsansätze gibt.

Die Datenbank

Die Datenbank selbst ist etwas, was auf den ersten Blick nicht so einfach horizontal skalierbar scheint und somit Gefahr läuft, zur Engstelle bei der Steigerung der nötigen Belastbarkeit zu werden. Wenn die Last vorrangig beim Lesen der Daten entsteht, so ist es noch relativ einfach, die Daten auf mehrere Datenbank-Replikate zu verteilen, von denen dann nur gelesen wird (Bild 7.1). Dabei sind Schreib-Operationen aber nach wie vor potenziell problematisch, weil eben noch nicht horizontal skalierbar.

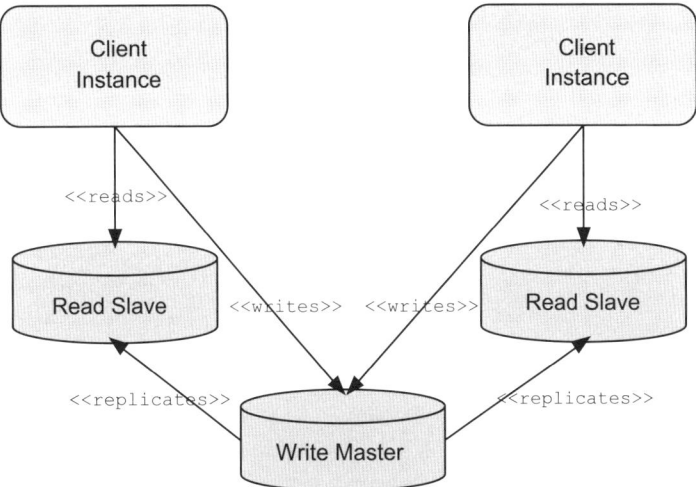

Bild 7.1 Aufteilung der Lese-Operationen auf mehrere Datenbanken durch einfache Master/Slave-Replikation

Schreib-Operationen sind komplexer in Bezug auf die horizontale Skalierbarkeit, weil sie nicht so einfach parallelisierbar sind, wie dies bei Lese-Operationen der Fall ist. Einerseits, weil es dabei zu Konflikten und konkurrierenden Updates der Datensätze unter den einzelnen Datenbank-Instanzen kommen kann. Andererseits, weil oft atomare Transaktionen über die verschiedenen Tabellen hinweg notwendig sind. Eine in vielen Fällen mögliche Lösung besteht darin, die Daten horizontal aufzuteilen bzw. zu sharden. Dabei kommt es zu einer Partitionierung nach einem Schlüssel. Bei diesem handelt es sich meist um einen unveränderlichen Hash-Key, welcher für eine ausgewogene Aufteilung auf die einzelnen Datenbank-Instanzen sorgt [Lie13]. So könnten Daten von Kunden in jeweils einer Instanz kumuliert werden, wobei natürlich eine Datenbank-Instanz mehr als einen Kundendatensatz als Master (bzw. Leader) führt. Zur Durchführung von Lese-Operationen werden außerdem alle Daten zwischen diesen einzelnen Shards geteilt. Dies setzt voraus, dass niemals eine atomare Transaktion zwischen Datentabellen unterschiedlicher Kunden durchgeführt werden muss. Hier kann man sich dann zur Not mit diversen Mustern der Eventual Consistency helfen, wie beispielsweise dem Saga-Pattern. Wie so etwas dann aussieht, ist in Bild 7.2 dargestellt. Vielleicht fällt Ihnen dabei der DB-Switch, welcher abhängig vom Key die richtige DB-Instanz auswählt, als möglicher Single Point of Failure negativ auf. Dies ist natürlich den Designern der Datenbanksysteme ebenfalls bewusst, weshalb es meist Proxies gibt, welche auf die einzelnen Client-Instanzen verteilt jeweils die Info erhalten, in welcher Datenbankinstanz welche Schlüssel vorrätig sind. Es gibt dann also je Client-Instanz einen solchen DB-Switch. Durch diese Verteilung besteht somit keine Problematik mehr.

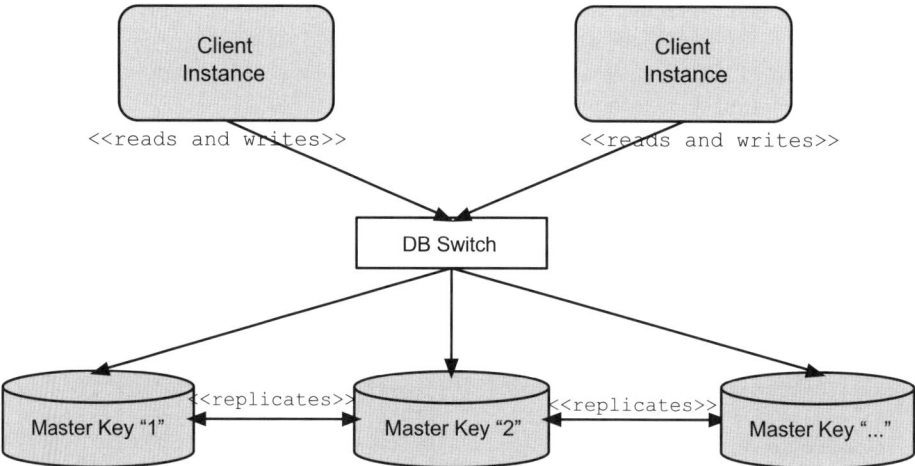

Bild 7.2 Durch Sharding sind auch Schreibvorgänge keine Flaschenhälse mehr

Ein legitimer Einwand könnte noch sein, dass man dadurch wieder so etwas Ähnliches wie ein verteiltes System gebaut hat. Um eine SOA handelt es sich aber definitiv nicht, da die Strukturierung der Komponenten nicht zwangsläufig auf das Netzwerk verteilt wurde. Es kann sich bei den einzelnen Clients um Instanzen von ein und demselben Monolithen handeln. Tatsächlich ist es …

- … in einem verteilten System einfacher zu sharden, wenn nur wenige der Features und somit Services betroffen sind.

- … in einer monolithischen Architektur in Summe weniger aufwendig, wenn generell der gesamte Funktionsumfang betroffen ist.

Wie gemacht ist dieses Muster für NoSQL-Datenbanken wie beispielsweise die MongoDB. Möglich ist es überraschenderweise aber auch mit klassischen relationalen Datenbanken wie dem MySQL-Datenbanksystem [Kin13]. Dies noch als Gegenbeweis zur These, dass man alleine schon deswegen auf ein Verteiltes System setzen müsste, weil es für manche der Anwendungsfälle nötig ist, spezifisch und abweichend vom Rest die Technologie auszuwählen. Es ist auch für mich immer wieder überraschend, wie viele der bekannten großen Webportale nach wie vor auf doch recht betagte Technologieplattformen setzen. So läuft die Plattform Etsy als Monolith auf einem PHP-Stack und beantwortet Milliarden Requests pro Monat fehlerfrei. Verwenden Sie am besten immer die langweiligste Technologie, die für den jeweiligen Anwendungsfall noch ausreichend erscheint.

7.1.4 Es ist eine Frage von entweder/oder!?

Keineswegs ist es so, dass die Entscheidung zwischen Monolith und Verteiltem System eine absolute sein muss. Es gibt diverse Möglichkeiten, einen Mittelweg zwischen diesen beiden Alternativen zu finden [Dow17]. Da sei zunächst einmal die Idee eines modularen Monolithen (Bild 7.3) von Simon Brown erwähnt [Bro14], welche den Monolithen in einige wenige, aber gut voneinander abgegrenzte Module unterteilt.

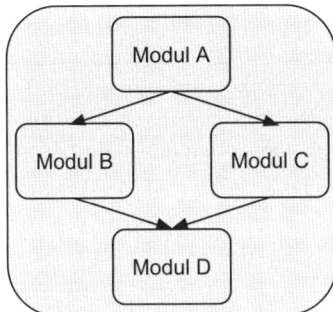

Bild 7.3 Ein modularer Monolith, klare Strukturen sind auch innerhalb eines Monolithen möglich

Interessant ist auch die Idee, die Core-Domäne als Monolith weiterzuentwickeln, während man rundherum ein Ökosystem von (Micro-)Services entstehen lässt (Bild 7.4).

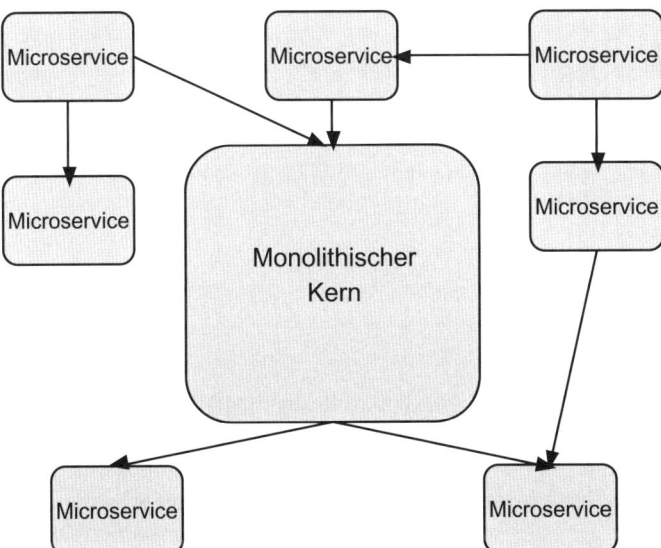

Bild 7.4 Der Kern ist weiterhin als Monolith abgebildet, rundherum entstehen einzelne Services eines verteilten Systems

■ 7.2 Idempotenz

Jeder Service Consumer/Client, welcher remote eine Nachricht zu einem Provider/Server zur Verarbeitung schickt, hat dasselbe Problem: Im Fall des Ausbleibens einer Antwort kann er sich nie sicher sein, ob die Verarbeitung am Server stattgefunden hat oder nicht. Was mache ich also als Consumer, wenn ich einen neuen Datensatz zur Verarbeitung an einen Provider schicke und die Antwort ausbleibt? Im Fall eines idempotenten Services ist das kein Problem, denn dann hat man die Garantie, dass man den Request wiederholen kann, ohne dass es für den Server einen Unterschied machen würde. Idempotenz garantiert, dass egal wie oft derselbe Request vom Consumer abgeschickt wird, es keinen Unterschied für den Zustand des Providers macht. Wobei sich allerdings die Antwort, die vom Server/Provider kommt, sehr wohl unterscheiden darf. Ein Server kann auf den allerersten Request mit einem „OK" reagieren und auf die Wiederholung mit einem „Bereits erhalten" antworten. Idempotenz löst also eines der größten Probleme, welches Sie automatisch haben werden, sobald Sie ein Verteiltes System bauen. Streben Sie also bei Remote-Schnittstellen immer Idempotenz an.

Im Idealfall ist eine API in ihrer Semantik bereits idempotent. Ja, oft ist es so, dass Idempotenz bei einer gut durchdachten Schnittstelle automatisch gegeben ist. Nehmen wir als Beispiel eine spezielle Art von Rabatt, welche unter gewissen Umständen auf einen Warenkorb gewährt wird. Eine nicht idempotente Schnittstelle für die Gewährung des Rabatts „ABC" könnte so aussehen: „Gewähre 10 Prozent Rabatt auf Warenkorb Nr. 1234." Das ist nicht besonders hübsch, weil es Logik nach außerhalb des Services verlagert. Es wird dabei nämlich vom Consumer festgelegt, wie hoch der gewährte Rabatt ausfallen soll. Außerdem muss entschieden werden, ob der konkrete Rabatt, wie hier „ABC", überhaupt zur Anwendung kommen darf und das sollte nicht der Consumer tun. Eine Schnittstelle, welche all diese Logik im Service kapselt und außerdem idempotent ist, wäre demnach: „Gewähre Rabatt ABC auf Warenkorb Nr. 1234, wenn möglich." Sollte mithilfe der Semantik beim besten Willen keine Idempotenz herstellbar sein, so kann man mit dem folgenden Muster eigentlich immer für Abhilfe sorgen.

7.2.1 Idempotent Receiver Pattern

Beim Idempotent Receiver Pattern wird vom Consumer verlangt, jeder Nachricht eine eindeutige ID zu verpassen. Sollte die Nachricht vom Client wiederholt werden, so hat dieser die Garantie, so er auch tatsächlich für den wiederholten Aufruf dieselbe ID verwendet, dass es zu keiner doppelten Verarbeitung kommt (Bild 7.5). Dazu wird einfach die empfangene ID vom Provider beim Erhalt in der Datenbank abgelegt, und zwar in einer eigenen Tabelle, wo sie als eindeutiger Schlüssel definiert ist [Hoh03]. In derselben Datenbanktransaktion wird die eigentliche Verarbeitung im Datenmodell durchgeführt (Step 1). Nach Abschluss der Transaktion wird die Antwort an den Absender der Nachricht übermittelt, dass die Verarbeitung erfolgreich war (Step 2). Dadurch kann in eigentlich jedem RDBMS und in den allermeisten NoSQL-Datenbanken eine doppelte Verarbeitung verhindert werden.

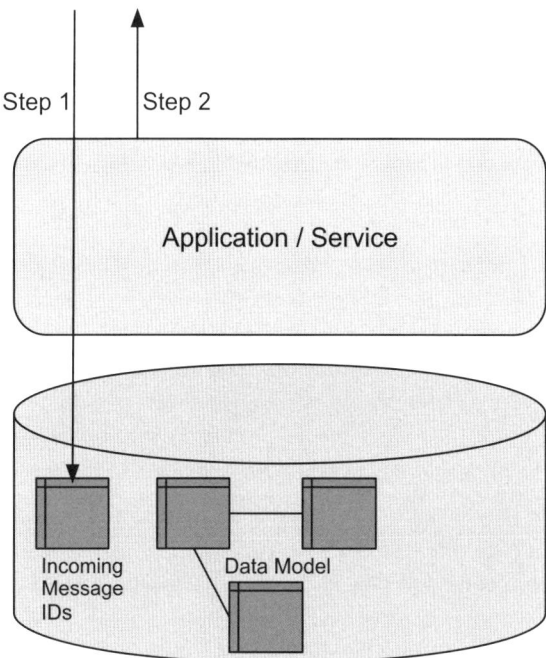

Bild 7.5 Eine vom Consumer vergebene ID wird verwendet, um potenziell doppelte Aufrufe im Provider zu erkennen

■ 7.3 Representational State Transfer – REST

Bei REST, oder Representational State Transfer, handelt es sich um eine Philosophie der Kommunikation in verteilten Systemen, die sich an der Remote-Kommunikation im World-Wide-Web orientiert [Til15]. Es geht dabei also explizit nicht unbedingt um die Kommunikation von einem User-Interface zu „seinem" Backend. Schnittstellen werden dabei prinzipiell als Ressourcen abgebildet, für die Kommunikation sind die Verben des Webs vorgesehen, wie GET, PUT, POST oder DELETE.

Einer der häufigsten Irrtümer, welchen ich in meiner Karriere begegnet bin, ist es, jeden JSON-String, welcher über http versendet wird, als „REST Service" zu bezeichnen. Tatsächlich ist so etwas nach Richardsons Maturity Model [Fow10] erst Rest Level 0. Die weiteren Ebenen auf dem Weg zu einer REST-Architektur sind:

Level 1

Komplexe Schnittstellen werden in ihre einzelnen Teile zerlegt, aus ähnlichen Gründen wie denen des in Abschnitt 3.1.2 vorgestellten Interface-Segregation-Prinzips. Jedes dieser Einzelteile repräsentiert eine Ressource. Die Kommunikation mit diesen Ressourcen erfolgt üblicherweise noch mit unterschiedlichen Datenformaten, wodurch spezifiziert wird, welche Aktion man sich von der jeweiligen Ressource erwartet.

Level 2

Ab Level 2 erfolgt die Kommunikation mit den Ressourcen ausschließlich über http-Verben. Die Antworten halten sich an die Standards des Web. Damit sollte jedem Consumer klar sein, ob die durchgeführte Operation …

- … idempotent ist. So ist das Verb PUT per definitionem immer idempotent, während dies bei einem POST nicht der Fall ist.
- … safe ist. Dies ist ein Verb dann, wenn es durch seine Ausführung am Server zu keinen Änderungen kommt. Ein GET wäre demnach safe, während PUT und POST dies natürlich nicht sind.

Wenn möglich, wird außerdem ab Level 2 auch noch auf weitere http-Standards gesetzt, wie gewisse Header und die im Web üblichen Returncodes (wie 404 für Not-Found).

Level 3

Für die dritte und letzte Stufe muss die Schnittstelle eine Form von Hypermedia/HATEOAS (Hypermedia As The Engine Of Application State) umsetzen. Das bedeutet, dass der Client von der ersten Anfrage an über URIs, die den Antworten hinzugefügt werden, zu den folgenden Requests/Ressourcen weitergeleitet wird. Dafür gibt es inzwischen einige Standards wie z. B. HAL. Ich persönliche empfehle Level 3 vor allem dann, wenn man externe Developer zur Benutzung der eigenen öffentlichen API gewinnen möchte, indem man ihnen damit das Erlernen möglichst einfach macht. Dasselbe Ziel erreicht man allerdings, wenn man die REST API mit der auf Swagger basierenden OpenAPI Specification dokumentiert. Sehr schnell geht so etwas über den online verfügbaren Swagger Hub (swaggerhub.com). Dies hat einige Vorteile: So können sich neue Consumer beispielsweise selbst Code generieren lassen, welcher einen programmatischen Zugriff auf die Server API bietet. Egal ob sie auf die OpenAPI Specification oder auf Hypermedia setzen, es geht hierbei immer um eine Form dessen, was in Abschnitt 3.4 als Prinzip der Selbst-Dokumentation vorgestellt wurde. Dies ist demnach also auch für eine API eines verteilten Systems möglich.

Ich persönlich bin ein großer Fan von REST bis Level 2! Zur näheren Erläuterung möchte ich noch kurz auf einige Definitionen hinweisen, wie sie im http-Standard festgelegt sind und ab REST Level 2 zum Einsatz kommen sollten.

Tabelle 7.1 Standard http-Verben, ihre Entsprechung zu CRUD und ihre Safe-/Idempotent-Eigenschaft

http-Verb	CRUD	Safe	Idempotent
POST	Create	Nein	Nein
GET	Read	Ja	Ja
PUT	Update/Ersetzen	Nein	Ja
PATCH	Update/Ändern	Nein	Nein
DELETE	Delete	Nein	Ja

Tabelle 7.2 http-Response-Codes und ihre Bedeutung

http-Status-Code	Bedeutung
100 – 199 (1xx)	Information
200 – 299 (2xx)	Erfolg
300 – 399 (3xx)	Umleitung
400 – 499 (4xx)	Client-Fehler
500 – 599 (5xx)	Server-Fehler

Tabelle 7.3 http-Standard-Request-Header

http-Standard-Request-Header	Beschreibung	Beispiel
Accept	MIME-Types, welche als Antwort akzeptiert werden	`Accept: text/plain`
Accept-Language	Liste der möglichen Sprachen der Antwort	`Accept-Language: en-US, de-AT`
Cache-Control	Cache-Direktive	`Cache-Control: no-cache`
If-Modified-Since	Es genügt ein bestimmter Return-code ohne Payload, falls sich Daten seither nicht geändert haben	`If-Modified-Since:` `Sat, 29 Oct 1994 19:43:31 GMT`

Tabelle 7.4 http-Standard-Response-Header

http-Standard-Response-Header	Beschreibung	Beispiel
Cache-Control	Information, ob Payload gecached werden darf oder nicht	Cache-Control: max-age=3600
Expires	Gibt den Zeitpunkt an, ab dem die Payload als nicht mehr gültig erachtet werden sollte	Expires: Thu, 01 Dec 1994 16:00:0 GMT
Content-Language	Die Sprache des Inhalts der Payload	Content-Language: de
Content-Type	Der konkrete MIME-Type der Antwort	Content-Type: text/html; charset=utf-8
Last-Modified	Der Zeitpunkt der letzten Änderung der Antwort	Last-Modified: Tue, 15 Nov 1994 12:45:26 GMT

Die Bedeutung dieser Standards bei der Kommunikation zwischen den einzelnen Services wird deutlich, wenn man einen Blick auf die Möglichkeiten wirft, welche sich durch deren Verwendung bieten:

- Durch korrektes Setzen der Cache-Header kann der Zugriff auf Caches durch die Services obsolet werden. Eine Infrastruktur-Komponente, wie ein Reverse-Proxy auf Serverseite, sollte dann genau wissen, bis zu welchem Zeitpunkt sie eine Payload aus dem Cache wieder als Antwort liefern darf. Man kann so auch gezielt nachfragen, ob es schon Neuerungen gibt.

- Eine Service Discovery, welche vor den Aufruf eines Service Providers geschaltet wird, könnte den Consumern die Implementierung des Circuit Breaker Pattern abnehmen. Sollte ein Service einige Male hintereinander mit einem Returncode 5xx antworten, so kann man daraus schließen, dass es irgendwelche Probleme hat und die Schuld für die Fehler nicht beim Client zu finden ist (wie es das bei einem Fehlercode zwischen 400 und 499 der Fall wäre).

- Die Infrastruktur kann manche Requests im Fall des Ausbleibens einer Antwort wiederholen. Sollte das verwendete Verb nicht idempotent sein, wird sie das aber tunlichst bleiben lassen.

REST vs. SOAP

Es gibt im Web viele Meinungen zur Debatte, ob nun REST oder SOAP zur synchronen Kommunikation in einem verteilten System besser geeignet wäre. Meiner Meinung nach hat SOAP den großen Vorteil, dass es ein offizieller Standard ist, während REST eher eine lockere Anhäufung von Best-Practices darstellt. Ich finde aber unter dem Strich REST aus den folgenden Gründen eleganter, wenn es für den jeweiligen Anwendungsfall passt:

- Es bringt durch Level 1 jeder Schnittstelle automatisch eine gewisse Struktur.

- Es wird durch die Standards von Level 2 von jedem Entwickler schneller verstanden. Die Infrastruktur könnte Netzwerknachrichten analysieren und Statistiken erstellen, weil an den Returncodes erkennbar ist, ob ein Request erfolgreich abgearbeitet wurde oder nicht.

- Es ist bei Level 3 für Außenstehende relativ einfach zu verstehen.

■ 7.4 Konsistenz

Konsistenz lautet ein Thema, mit dem Sie sich früher oder später auseinandersetzen werden müssen, sobald Sie auf eine technische Kopplung durch Verwendung derselben Datenbank verzichten möchten. In einem verteilten System ist es meist zwangsläufig, dass es bei manchen Verarbeitungen nicht mehr möglich ist, diese atomar als einzelne Datenbanktransaktionen auszuführen. Es gibt dabei zwei unterschiedliche Ausprägungen des Themas Konsistenz:

- Bei redundant gehaltenen Daten geht es dabei um die Frage, ob auch alle Knoten bzw. Services, welche den jeweils selben Datensatz vorrätig haben, zu einem bestimmten Zeitpunkt auch immer dieselbe Antwort liefern würden. Es geht also um den temporalen Aspekt redundanter Datenhaltung. Dies ist übrigens auch mit dem C des CAP oder Brewer-Theorems gemeint. Auf Architekturen eines Verteilten Systems ist diese Frage anwendbar, wenn tatsächlich Daten teilweise redundant abgelegt werden.

- Beim anderen Aspekt geht es wiederum um das C in ACID. Es handelt sich dabei um die Frage, ob die einzelnen Teilbereiche eines verteilt gehaltenen Datennetzes zueinander passen. Dieser Aspekt muss bei den allermeisten verteilten Systemen berücksichtigt werden.

Konsistenz in Verteilten Systemen kann eine Herausforderung sein. Methoden und Muster, welche auch in einem Verteilten System eine strenge Konsistenz sicherstellen, gibt es zwar auch, empfehlenswert sind diese allerdings nicht, da sie eine zu enge Kopplung zwischen den einzelnen Services nach sich ziehen würden und somit die Vorteile eines Verteilten Systems gegenüber eines Monolithen größtenteils wieder zunichte machen würden. Durch gesetzliche Bestimmungen, manche Zertifizierungen oder bei besonders kritischen Anwendungsfällen (wo es beispielsweise im Extremfall um Menschenleben geht) kann man eine der streng konsistenten Varianten wählen. Überlegen Sie sich dann aber bitte auch, ob nicht eine Umsetzung als Monolith passender wäre. Alle Varianten, welche eine lose Kopplung ermöglichen, bieten fast ausnahmslos nur eine schlussendliche Konsistenz, stellen also eine Eventual Consistency sicher, während es temporär und üblicherweise wirklich nur für kurze Zeit zu abweichenden Datenständen der einzelnen Services kommen kann. Das englische „eventual" bedeutet dabei nämlich so viel wie „schlussendlich" und nicht etwa „eventuell", wie manchmal irrtümlich geglaubt wird. In jedem Fall bekommen Sie Konsistenz in Verteilten Systemen nicht gratis, was bedeutet, dass Sie sich so oder so für eine dieser Varianten entscheiden müssen.

Kompensationstransaktionen

Im Zug der unterschiedlichen Varianten zur Sicherstellung einer Eventual Consistency in einem Verteilten System ist es eigentlich immer so, dass es unter Umständen nötig wird, eine sogenannte Kompensationstransaktion durchzuführen. Diesen Begriff möchte ich vorab noch erklären. Dabei kann es übrigens auch in monolithischen Architekturen dazu kommen, dass Transaktionen im Endeffekt zu groß werden oder zu lange laufen würden, um sie noch in einer atomaren Datenbanktransaktion durchzuführen. Wenn eine solche Verarbeitung in mehrere Teile aufgeteilt wird, kann es notwendig werden, bereits abgeschlossene Transaktionen auf fachliche Art und Weise wieder rückgängig zu machen. Eine Kompensationstransaktion könnte also ein Storno eines Mietwagens sein, wenn der gewünschte Flug im Verlauf der Buchung doch nicht verfügbar sein sollte. Das Saga Pattern, welches wir in Abschnitt 6.2.8 bereits kennengelernt haben, ist dabei nichts anderes, als eine Aneinanderreihung von Transaktionen und Kompensationstransaktionen. Hinter einem ESB bzw. Zentralen Mediator Antipattern steht wiederum die Idee, in einer Vermittlungsschicht zwischen den Services, welche diese ansteuert, sicherzustellen, dass bei Bedarf eine solche Kompensationstransaktion ausgeführt wird.

Bei der Klärung des Themas Konsistenz im verteilten System wird uns das folgende hypothetische Szenario einer Banken-IT begleiten: Wir nehmen eine Architektur an, die die Gesamtfunktionalität auf zwei Services A und B verteilt. Dabei handelt es sich bei Service A um das System zur Verwaltung der Girokonten, während Service B für die Sparbücher zuständig ist. Wir möchten auf jeden Fall sicherstellen, dass niemals Geld eines Kunden im Zuge einer Überweisung von beispielsweise dem Konto auf das Sparbuch verloren gehen kann. Wir nehmen aber an, dass es keinen Kunden stören würde, wenn es eine kurze Zeitspanne dauert, bis der Geldbetrag am Ziel dieses Transfers ersichtlich wird.

7.4.1 Datenbankintegration (Konsistent)

In diesem Fall teilen sich beide Services dieselbe Datenbank und evtl. auch dasselbe Datenmodell. Dies haben wir bereits in Abschnitt 2.5 als sehr enge Form der Kopplung kennengelernt. Dadurch lässt sich wiederum sehr einfach Konsistenz sicherstellen, weil man in der
Lage ist, gewöhnliche atomare Datenbanktransaktionen auszuführen.

7.4.2 Two Phase Commit (Konsistent)

Eine einfache Möglichkeit zur Integration und eine etwas losere Kopplung, als es die direkte
Datenbankintegration darstellt, würden verteilte Transaktionen bieten. Dies ist dann möglich, wenn beide Datenbanksysteme den X/Open-A-Standard (oder kurz: XA-Standard)
implementieren. In Bild 7.6 sehen Sie eine Darstellung, wie ein solches 2 Phase Commit
abläuft. In der Praxis ist davon aber eher abzuraten, und zwar aus den folgenden Gründen:

- Die einzelnen Datenbanktransaktionen bleiben lange offen, weil sie auf eine andere
  Datenbanktransaktion warten. Damit macht man keinem Administrator wirklich Freude.
  Das kann unter Umständen dazu führen, dass Probleme einer Datenbank sich indirekt
  auch auf andere Datenbanken auswirken und somit hochschaukeln.

- Sie sind in der Auswahl Ihrer Datenbanktechnologie darauf beschränkt, immer XA-fähige
  zu wählen.

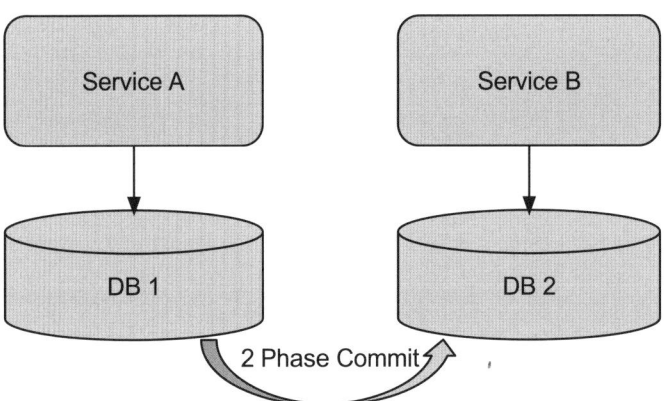

Bild 7.6 Enge Kopplung über 2 Phase Commit, dafür konsistent

7.4.3 Ein großer Datenservice (Konsistent)

Um Konsistenz sicherzustellen, ist es auch möglich, alle Zugriffe, welche den Bereich
umspannen, wo Konsistenz notwendig ist, in einem eigenen Service zu kapseln. In unserem
Beispiel würde das bedeuten, dass die Zugriffe auf die Daten der Girokonten und Sparbücher
von einem neuen Service C gekapselt und darunter in ein und derselben Datenbank abgelegt werden. Dieser neue Service C hat dann keine andere Aufgabe, als die Create-, Read-,

Update- und Delete-Zugriffe (CRUD) auf diese große Datenbank anzubieten. Die Business-
logik zu den Themen Girokonto und Sparbuch verbleibt dabei in Service A und B (Bild 7.7).

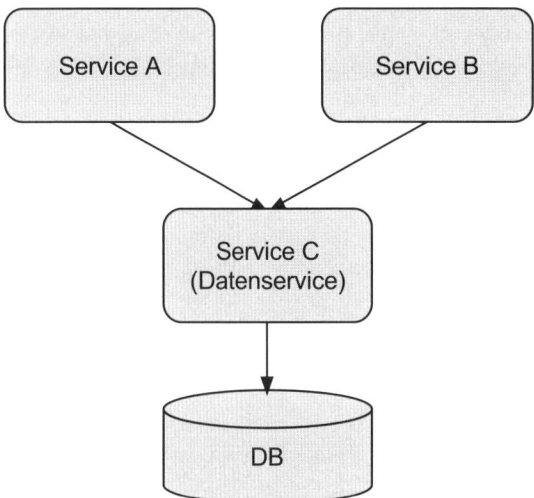

Bild 7.7 Ein Service, um alle Datenzugriffe abzubilden

Später, bei einer genaueren Spezifikation des Begriffs Service in Kapitel 8 werden wir noch
sehen, warum diese Trennung von Logik und Daten nicht im Sinne einer modernen SOA ist
und welche Nachteile dieser Ansatz mit sich bringt. Eine solche Architektur muss sich nämlich die Frage gefallen lassen, inwiefern sie besser sein soll als eine Datenbankintegration
(Abschnitt 7.4.1). Oft wird argumentiert, dass man dadurch einen offenen Standard wie
SOAP als Schnittstelle für die Datenzugriffe anbieten kann und die Datenbanktechnologie
austauschbar wäre. Dem ist einerseits zu entgegnen, dass SOAP kein völlig offener Standard ist, sondern ebenfalls einschränkend auf alle Technologien ist, welche SOAP auch
wirklich beherrschen. Andererseits lässt sich sagen, dass es sich bei SQL im Bereich der
relationalen Datenbanksysteme ebenfalls um einen Standard handelt, für den es wiederum
verschiedene mögliche Implementierungen gibt. Wenn Sie als Datenbank beispielsweise
eine MongoDB verwenden, ist das Datenservice ohnehin obsolet. Die MongoDB beinhaltet
nämlich, wie einige andere Datenbanken aus dem NoSQL-Bereich auch, eine http-JSON-API
und kann somit mehr oder weniger wie ein solches CRUD-Datenservice behandelt werden.
Das bedeutet natürlich explizit nicht, dass ich ein Fan der Datenbankintegration bin. Vielmehr möchte ich an dieser Stelle nur die Schwächen eines CRUD-Datenservices aufzeigen.

7.4.4 Send at least once (Eventually Consistent)

Durch das folgende recht einfache Pattern (Bild 7.8 Eine Nachricht wird garantiert mindestens einmal, evtl. allerdings auch öfter, abgeschickt) ist es ganz einfach sicherzustellen,
dass eine abzusendende Nachricht … [Ric17]:

- … wirklich nur dann abgesendet wird, wenn die Verarbeitung in der eigenen Datenbank
  auch tatsächlich durchgeführt wurde.

- … auch abgesendet wird, wenn bei der ersten Kommunikation mit dem Empfänger irgendetwas schiefgehen sollte.

Allerdings ist es dabei so, dass es unter Umständen dazu kommen kann, dass ein und dieselbe Nachricht öfter als einmal abgesendet wird. Das bedeutet, dass der Empfänger der Nachricht auf jeden Fall Idempotenz sicherstellen muss. Dies kann entweder durch die Semantik der Message oder durch Anwendung des Idempotent Receiver Pattern (Abschnitt 7.2.1) erreicht werden. Konkret sieht die Lösung folgendermaßen aus (Bild 7.8 Eine Nachricht wird garantiert mindestens einmal, evtl. allerdings auch öfter, abgeschickt):

- Zunächst wird die Verarbeitung in der Datenbank durchgeführt. In derselben atomaren Transaktion wird eine Tabelle befüllt, wobei für jede Nachricht, die im Anschluss abgesendet werden soll, ein Eintrag hinzugefügt wird, welcher alles enthält, was zum Abschicken benötigt wird. (Step 1)
- Danach wird die Nachricht dem Empfänger zugestellt. (Step 2)
- Wenn die Erfolgsnachricht vom Empfänger zurückkommt, wird die jeweilige Nachricht in der Tabelle für Outgoing-Messages als erledigt markiert. (Step 3)
- Ein Job prüft regelmäßig die Tabelle für Outgoing Messages. Bei allen Nachrichten, deren Erledigung bereits überfällig ist, werden die Schritte 2 und 3 wiederholt ausgeführt. Eine Nachricht, die längere Zeit nicht verarbeitet werden kann, muss auf einer Fehlerliste landen und als Bug behandelt werden. (Step 4)

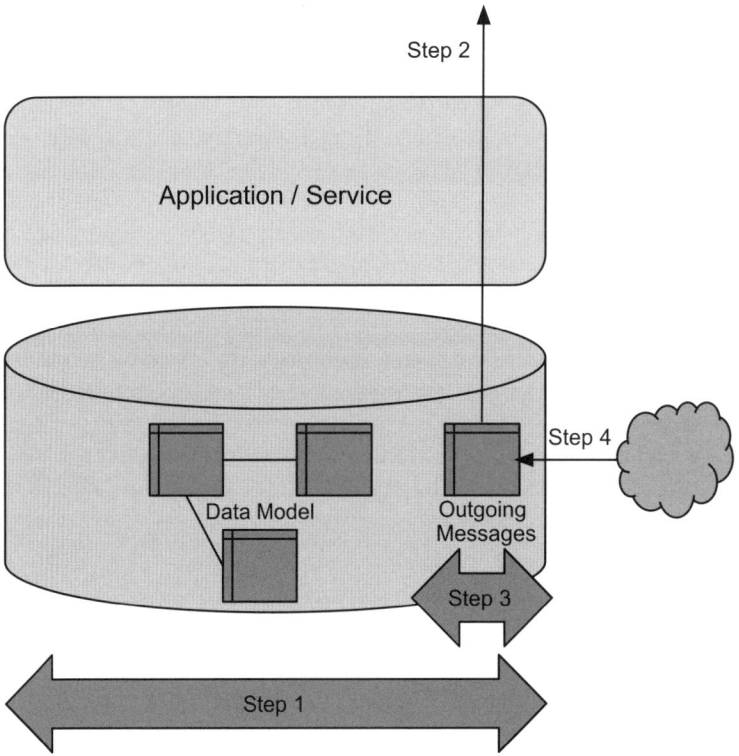

Bild 7.8 Eine Nachricht wird garantiert mindestens einmal, evtl. allerdings auch öfter, abgeschickt

Dieses Muster lässt sich übrigens wunderbar mit dem Idempotent Receiver Pattern (Bild 7.5) kombinieren. Dabei wird im Zug der atomaren Datenbanktransaktion sowohl die Tabelle mit den eingehenden Message-IDs geschrieben als auch die für die Outgoing Messages. Dadurch ist es möglich, idempotent zu empfangen und garantiert mindestens einmal abzusenden.

7.4.5 Orchestrierung (Eventually Consistent)

Bei der Orchestrierung handelt es sich ebenfalls um eine Form der Integration, welche eine Eventual Consistency gewährleistet. Da eine Finanztransaktion üblicherweise etwas ist, wozu nur ein Girokonto und nicht etwa ein Sparbuch in der Lage ist, beschließen wir, diese einem Service A für die Kontrolle über den Ablauf zu übergeben (Bild 7.9), welcher wie folgt umgesetzt wird:

- Zunächst wird das Geld vom Girokonto abgebucht (Transaktion Nr. 1).
- Danach wird eine API des Sparbuch-Services aufgerufen, mit dem Auftrag, den Betrag dort gutzuschreiben. Dies passiert dort möglichst in der 2. Transaktion. Sollte das nicht gehen, weil das Sparbuch beispielsweise aufgelöst wurde, so wird Service A die Buchung in der eigenen Datenbank wieder zurücknehmen (Transaktion Nr. 3).

Das bedeutet, dass es unter Umständen zu einer Korrekturbuchung kommt. Diese erfolgt ggf. in der Kompensationstransaktion (eben Transaktion Nr. 3) in diesem Beispiel.

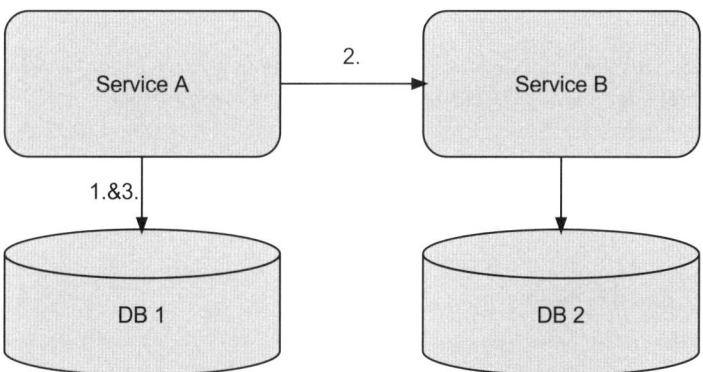

Bild 7.9 Service A steuert den Ablauf zwischen den beiden Services

Setzen Sie bitte in komplexen Fällen, wo Orchestrierung sinnvoll ist, am besten immer auf die von der Object Management Group definierten Standards wie BPMN und DMN [Fre16]. Lassen Sie die Finger von teuren und proprietären BPMS- oder ESB-Tool-Suites. Wenn Sie sich am Standard orientieren, so können Sie die Implementierung jederzeit wechseln und werden nicht von einem ESB-Hersteller abhängig. Inzwischen gibt es übrigens auch frei verfügbare Implementierungen dieser Standards. Die Vorteile einer Orchestrierung im Vergleich zu dem im folgenden Kapitel erläuterten Vorgehen der Choreografie sind dabei:

- Der Ablauf ist an einer zentralen Stelle definiert und kann an dieser jederzeit gezielt abgeändert werden.
- Eine Konsistenz ist durch eine solche Steuerung des Ablaufs gegeben und Kompensationstransaktionen können jederzeit ausgeführt werden.

7.4.6 Choreografie (Nicht automatisch Konsistent)

In einer Choreografie würde das Quell-System A (Girokonto) im einfachsten Fall nur einen Command über eine Messaging-Infrastruktur an das Sparbuch-System B schicken. Sollte System B aus irgendeinem Grund die Buchung nicht verarbeiten können, so kann es einen Publish/Subscribe-Event auf den Message Bus stellen. System A kann diese Art von Event abonniert haben und entsprechend die Rückbuchung vornehmen (Bild 7.10).

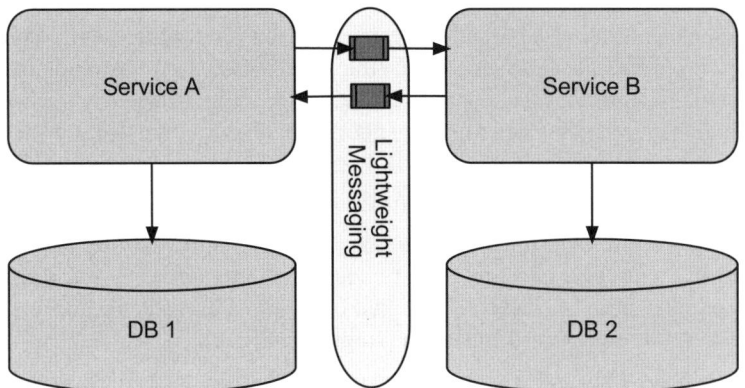

Bild 7.10 Bei einer Choreografie ergibt sich das Zusammenspiel aus den Schnittstellen der Services selbst

Das Zusammenspiel der einzelnen Services ergibt sich also aus den Nachrichten, welche diese emittieren und konsumieren. Das hier vorgestellte Request-Reply-Muster aus der Familie der EAIP (Kapitel 5) hat nur leider einen gewaltigen Nachteil: Eine Eventual Consistency ist dabei nicht 100%ig gewährleistet. Es besteht nämlich keine Garantie, dass eine unter Umständen notwendige Kompensationstransaktion auch wieder in Service A ankommen wird. Eine solche Choreografie besteht nämlich aus gleich mehreren atomaren Transaktionen:

1. Abbuchung des Betrags am Girokonto.
2. Erstellen der Message.
3. Buchung am Sparbuch oder Erstellung einer Message für das Girokonto zur Rückbuchung.
4. Die erste Message wird in der Messaging-Infrastruktur als „Verarbeitet" markiert.
5. Ggf. wird eine zweite Nachricht erstellt, welche die Durchführung der Rückbuchung anstoßen soll.
6. In diesem Fall führt das Girokonto die Kompensationsbuchung durch.
7. Diese zweite Message wird vom Girokonto als „Verarbeitet" markiert.

Sollte in diesem Ablauf irgendetwas schiefgehen, so entstehen potenziell inkonsistente Zustände. Für Choreografie ist nur in ganz einfachen Fällen Eventual Consistency garantiert, wie bei simplen Fire and Forget Messages. Ansonsten beherrschen manche Messaging-Systeme 2-Phase-Commits mit den Datenbanken der Absender bzw. der Empfänger der Nachrichten. Das würde bedeuten, dass das Absenden bzw. Empfangen einer Nachricht in einer gemeinsamen Transaktion mit der Messaging Infrastruktur passiert. Allerdings natürlich nur mit all den Nachteilen, die diese Form der Integration hat. Empfehlenswerter ist es, das in Abschnitt 7.4.4 vorgestellte Muster zu verwenden. In manchen Fällen sind Inkonsistenzen aber auch durchaus akzeptabel. Unter dem Strich ist es so wie alles eine Frage von einem gesunden Verhältnis von Aufwand zu konkretem Nutzen.

Eine Choreografie hat gegenüber dem im vorigen Kapitel vorgestellten Ansatz der Orchestrierung jedenfalls einen Vorteil, welchen man nicht unterschätzen sollte: Andere Systeme können die bestehenden Events ebenfalls abonnieren, wie beispielsweise ein anderes System C, welches für einen Callcenter-Mitarbeiter einen Task erzeugt. Dieser beinhaltet einen Auftrag, den Kunden zu kontaktieren, um ihm die fehlerhafte Buchung mitzuteilen. So ist die Systemlandschaft also einfacher zu erweitern und andere Systeme können ohne Änderungen an der bestehenden Lösung ebenfalls auf die bestehenden Events reagieren. Eine Choreografie setzt demnach das Open-Closed-Prinzip besser um als andere Ansätze.

An dieser Stelle sei noch erwähnt, dass sich Orchestrierung und Choreografie natürlich auch in einer Architektur gut ergänzen können. Einige zentrale Aspekte, welche sich gut in einer Subdomäne kapseln lassen, dabei aber einen gewissen Ablauf umsetzen, können dabei noch als Orchestrierung von dieser Subdomain aus gesteuert werden. Einzelne angesteuerte Teilaufgaben können ihrerseits dann wiederum weitere Events generieren und weitere Verarbeitungen anstoßen, die dann wiederum Subbestandteile dieser Teilaufgaben sind.

7.4.7 Event Sourcing und CQRS (Konsistent)

Dieses Pattern haben wir in Abschnitt 6.2.11 kennengelernt. Dort, wo es sinnvoll angewendet werden kann, werden Sie in den allermeisten Fällen durch die Natur dieses Musters fast automatisch keine Konsistenzprobleme haben, da die einzelnen Ereignisse, welche gespeichert werden, unveränderlich (immutable) sind. Alle Events werden ohne Wenn und Aber gesammelt und bei Bedarf werden unterschiedliche Snapshots und Projektionen daraus erstellt.

7.4.8 Zentraler Mediator Antipattern – Enterprise Service Bus (Eventually Consistent)

Das Muster des zentralen Mediators haben wir schon in Abschnitt 6.1.4 als Antipattern kennengelernt. Da es sich dabei auch um eine Möglichkeit handelt, um Eventual Consistency sicherzustellen, sei sie an dieser Stelle der Vollständigkeit halber nochmal erwähnt. Dabei kümmert sich eine zentrale Infrastrukturkomponente um die Steuerung des Ablaufs (Bild 7.11). Diese ist es dann auch, die bei Bedarf eine Kompensationstransaktion anzustoßen hat.

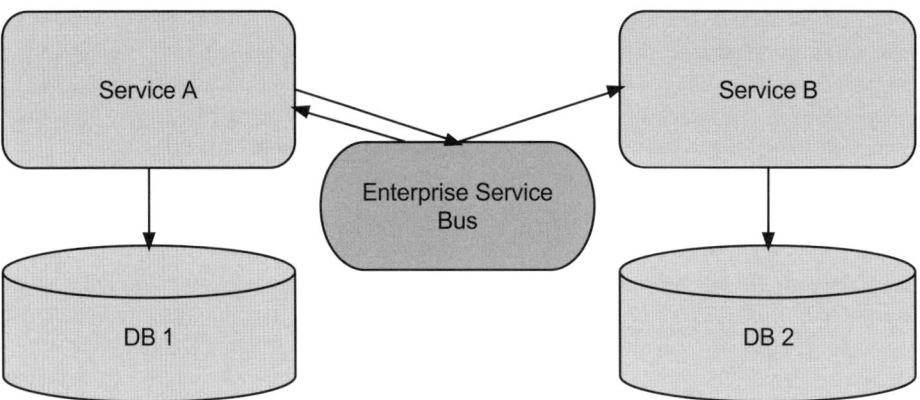

Bild 7.11 Der zentrale ESB, zwar Eventually Consistent, aber trotzdem kein empfehlenswertes Muster

8 Service-orientierte Architektur (SOA)

„Eine neue wissenschaftliche Wahrheit pflegt sich nicht in der Weise durchzusetzen, dass ihre Gegner überzeugt werden und sich als belehrt erklären, sondern vielmehr dadurch, dass ihre Gegner allmählich aussterben und dass die heranwachsende Generation von vornherein mit der Wahrheit vertraut gemacht ist."
Max Planck

Wikipedia definiert den Begriff SOA wie folgt [WIK17-a]:

> *A service-oriented architecture (SOA) is a style of software design where services are provided to the other components by application components, through a communication protocol over a network. The basic principles of service-oriented architecture are independent of vendors, products and technologies. A service is a discrete unit of functionality that can be accessed remotely and acted upon and updated independently, such as retrieving a credit card state ment online.*

Dieser Definition nach ist SOA also nichts anderes als ein Synonym für einen Architektur-stil, bei dem die einzelnen Komponenten, genannt Services, auf ein Netzwerk verteilt wer-den. Es handelt sich also demnach um jede Art von Strukturkonzept für Verteilte Systeme, wie wir sie in Kapitel 7 definiert haben. Während manche SOA-Spezifikationen etwas wei-tergehen, was die konkreten Konzepte der Strukturierung betrifft, so ist dies das einzige, was wirklich alle Definitionen gemeinsam haben. Üblicherweise gibt es keine Datenbank-integration und auch keinen bis wenig Code-Reuse zwischen den Services. Auch 2-Phase-Commit-Transaktionen über Datenbankgrenzen hinweg sind verpönt, was unter dem Strich bedeutet, dass wir uns nun automatisch im Bereich der Eventual Consistency befinden. Die lose Kopplung (Laufzeitsystem und Technologie), welche einem eine solche SOA bietet, hat viele Vorteile, allerdings stellt sie auch eine Herausforderung dar. Es muss die Frage gestellt werden, an welchen Grenzen man die einzelnen Services am besten schneidet. Das Ziel muss eine Struktur im Sinne von hoher Kohäsion und loser Kopplung sein, wodurch mög-lichst wenig Integrationsarbeit über das Netzwerk notwendig wird, um die Services wieder miteinander zu verbinden. Udi Dahan [Dah10] hat das für mich schon ganz gut auf den Punkt gebracht, indem er die folgende Definition für den Begriff „Service" geliefert hat:

> *A service is a technical authority for a specific business capability. Any piece of data or rule must be owned by only one service.*

Das Ziel eines Service ist es demnach, ein fachliches Thema möglichst gut zu kapseln, wie wir das bereits aus dem Domain Driven Design kennen. Ähnlich formuliert dies Sam Newman [New15], seines Zeichens Autor des nach wie vor populärsten Buchs zum Thema Microservices, in seiner diesbezüglichen Definition:

> *Small autonomous services that work together, modelled around a business domain.*

Meine Definition geht noch etwas weiter. Demnach ist ein Service nichts anderes als ein Modul in einem verteilten System. Die genaue Definition, was ein Modul ausmacht, habe ich in Abschnitt 2.9 zusammengefasst. Wenn Sie diese auf der passenden (!) Abstraktionsebene noch um die Definition für Verteilte Systeme erweitern, dann entspricht das meiner Vorstellung einer idealen (weil modularen) SOA. Zur Abrundung eines solchen modernen Service-Begriffs möchte ich als Nächstes darstellen, wie man Services NICHT bauen sollte, und gehe dabei auf heute noch immer recht häufig anzutreffende Antipattern ein.

■ 8.1 Service-Antipattern

8.1.1 Service-Kategorien

In Bild 8.1 sehen Sie eine Systemlandschaft, in welcher Services gezielt in Daten- und Logik-oder Applikationsservices unterteilt werden. Die Datenservices machen dabei nicht viel mehr, als Lese- und Schreibzugriffe (CRUD) auf ein gewisses Set an Daten anzubieten. Die Idee dahinter ist, dass die Daten so jederzeit auch für andere Services wiederverwendbar wären (siehe Abschnitt 6.1.1).

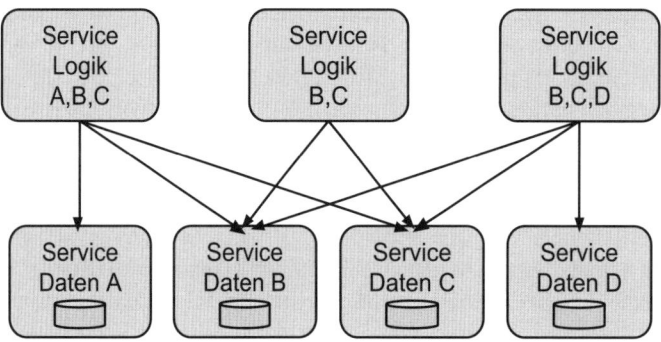

Bild 8.1 Services, strukturiert nach Kategorien und nicht nach Fachlichkeit

Sie sehen in der Grafik aber auch bereits, dass es zu einer großen Anzahl externer Abhängigkeiten durch diese Kategorisierung kommt. Diese Denkweise ist dabei weiter verbreitet, als man glauben möchte. So sind in der TOGAF-Referenzarchitektur diese und sogar noch mehr Kategorien für Services vorgesehen. Tatsächlich macht es manchmal natürlich Sinn, gewisse Daten explizit in einem Service zu kapseln, aber aus meiner Erfahrung ist dies nur in Ausnahmefällen so. Bevor Sie einen solchen Datenservice erstellen, sollten Sie sich die folgenden Fragen stellen:

- Was passiert mit diesen Daten? Sie nur abzuspeichern, kann ja unmöglich bereits einen Wert für das Unternehmen haben. Wo ist die Business-Logik dazu? Wie wird das dargestellt oder ausgewertet? Diese Logik gehört ebenfalls in den jeweiligen Service hinein!

- SQL ist, von einigen Dialekten mal abgesehen, ein recht gut definierter Standard. Es bringt also kaum einen Vorteil, Datenzugriffe nochmal zu kapseln, sei es mittels SOAP oder REST oder was auch immer.

8.1.2 Webservice vs. Service

Gar nicht so selten kommt es vor, dass der Begriff „Service" in einer SOA irrtümlicherweise im Sinne von Webservice benutzt wird. Alles, was demnach als SOAP/WSDL definiert ist, würde dann unter diese Definition fallen. Dies ist natürlich Unsinn, da ein Webservice ein technisches Konzept zur Umsetzungen eines RPC ist, während ein „Service" einer SOA als eine (modulare) Komponente in einem verteilten System definiert ist. Es handelt sich hierbei also zwar um ähnliche Worthülsen, aber um fundamental unterschiedliche Konzepte.

8.1.3 API im Vordergrund

Manche Service-Definitionen in SOA-Spezifikationen definieren den Service an sich in erster Linie über dessen API. Im Vordergrund steht also etwas wie eine WSDL im Fall einer SOAP-RPC-Integration. Dabei ist die Implementierung angeblich eher unwichtig, weil sie ja bei Einhaltung des Kontrakts der Schnittstelle jederzeit ausgewechselt werden könnte. Das ist prinzipiell zwar nicht unbedingt falsch, setzt aber meiner Meinung nach die falsche Priorität. Man könnte dann versuchen, möglichst viele solcher Schnittstellen zu definieren, um an möglichst vielen Stellen austauschbar zu sein, was zu einer Unmenge an externen Abhängigkeiten führen würde. Vielmehr sollte eine API nur das exportieren, was extern auch wirklich gebraucht werden könnte, im Sinne des Information-Hiding-Prinzips loser Kopplung und hoher Kohäsion. Man denke nur an den Separate-Ways-Integrationsstil des DDD, bei dem es, soweit möglich, zu gar keiner Integration zwischen Services kommt, was dann einen reinen Glücksfall für die Architektur bedeutet. Durch geschickten Einsatz des Composite UI Pattern ist dies gar nicht mal so unwahrscheinlich. Es wäre demnach alles andere als hilfreich, wenn man bei jedem Service zunächst einmal über die WSDL nachdenken würde.

8.1.4 SOA 1.0

Ist SOA nun tot oder nicht? Wenn Sie mal nach „SOA is dead" googeln, so werden Sie alle möglichen Meinungen zu dem Thema finden. Teilweise liegt das daran, dass der Begriff nicht exakt definiert ist und jeder Blogger darunter etwas anderes versteht. SOA kann als Synonym für verteilte Systemarchitektur natürlich nicht tot sein. Was aber heutzutage von erfahrenen Architekten einhellig und vollkommen zu Recht als veraltet angesehen wird, sind die Muster der SOA 1.0. Einer der Gründe, warum diese allerdings nach wie vor populär sind, ist bestimmt die Definition, die im mit Abstand populärsten Vorgehensstandard für Enterprise-Architekturen, nämlich TOGAF, festgelegt ist [TOG11]. Abgesehen von der Architecture Development Method (ADM) gibt es dort nämlich auch noch die sogenannte SOA-Referenzarchitektur. Gedacht ist diese als Empfehlung für Enterprise-Architekten, wie eine SOA denn nun konkret aussehen sollte (Bild 8.2). TOGAF strukturiert dabei klar in Layern, was wir im Kapitel über Separation of Concerns bereits als suboptimalen Ansatz zur Strukturierung identifiziert haben. Auch gibt es einen dezidierten Prozess-Layer, welcher mit einem ESB abgebildet werden soll, was wir ebenfalls als Antipattern definiert haben. Zusätzlich geht TOGAF davon aus, dass Services in Daten- und Logikservices unterteilt werden, was eben nicht im Sinne einer modernen Servicedefinition ist (Abschnitt 8.1.1). Das Hauptproblem ist hier, dass man versucht, eine allgemeine technische Struktur für jede beliebige komplexe IT-Landschaft festzulegen. So etwas kann und wird nie funktionieren [Bec15]!

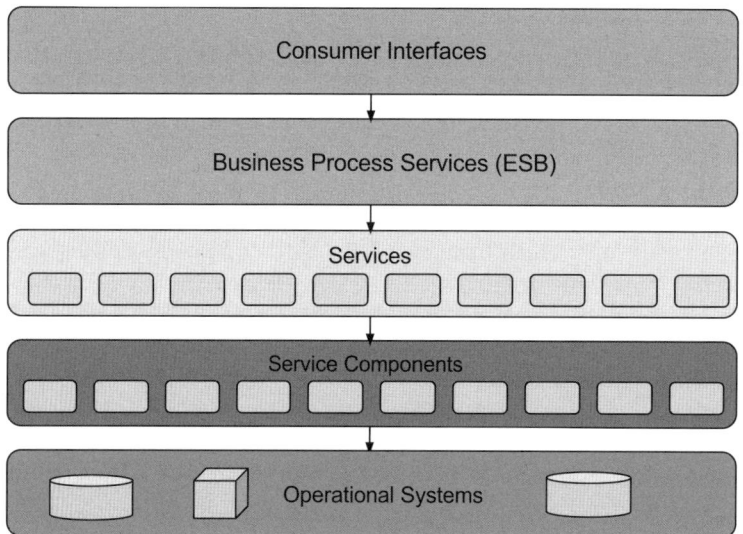

Bild 8.2 SOA 1.0 nach TOGAF

Es gibt eine Form von hierarchischem Aufbau, bei dem sich die einzelnen technischen Bausteine nach oben hin zu immer größeren Strukturen zusammenfügen, wobei sich auf den oberen Ebenen aber immer mehr Abhängigkeiten ergeben. Im Endeffekt kommt in der Prozessschicht einfach alles zusammen und es gibt keinerlei erkennbare Strukturen oder fachliche Abgrenzungen mehr. Das bedeutet demnach auch, dass sich die einzelnen Modellbereiche nicht, wie im Domain Driven Design explizit empfohlen (Bounded Context), voneinander abgrenzen. Hauptgrund dafür ist, dass die prinzipielle Strukturierung technischer und nicht fachlicher Natur ist. Um das Problem konkret zu verdeutlichen, möchte ich Sie bitten, noch einen Blick auf Bild 8.3 zu werfen. Die roten Pfeile geben dabei die Abhängigkeiten an, die sich in einer solchen SOA 1.0 ergeben, einfach weil dabei eine Kontextabgrenzung der Modelle kaum möglich ist.

Emergente Eigenschaften – Emerging Properties

Das Ganze hat natürlich einen theoretischen Grund. Man erhoffte sich dabei konkret, dass es durch diese x-beliebige Kombinierbarkeit der einzelnen Features in den oberen Schichten zu positiven Effekten kommen würde. Man war der Meinung, dass man durch neuartige Kombinationen bestehender Services völlig neue Funktionalitäten generieren könnte, die anfangs noch gar nicht absehbar waren [Tak17]. Eine SOA 1.0 versucht also gar nicht erst, die Methodiken einer modularen Architektur umzusetzen, und verfolgt auch ganz andere Ziele als eine solche. Mich müssen Sie natürlich nicht fragen, ob ich einer SOA 1.0 gegenüber einem modularen Ansatz den Vorzug geben würde, was selbstverständlich nicht der Fall ist. Das zweifelhafte Ziel dieser emergenten Eigenschaften ist ja mit einer modularen Architektur genauso, wenn auch anders, erreichbar. Dafür fängt man sich nicht die Nachteile einer nicht-modularen Architektur ein.

Die SOA 1.0 hat sich bis heute niemals einem Vergleich mit moderneren Architekturansätzen gestellt. Es handelt sich dabei um einen in sich geschlossenen Teilbereich der Softwarearchitektur, der ein Eigenleben führt. Es gibt keinerlei Pro- und Contra-Abwägung, was die einzelnen Muster angeht, welche seit einem Zeitraum von sicherlich 15 bis 20 Jahren unverändert so existieren. Tatsache ist jedenfalls, dass sich eine milliardenschwere Industrie um das Thema herum gebildet hat, der es anscheinend gar nicht erst recht wäre, wenn so ein Diskurs geführt werden würde. Stellen Sie sich bitte nun die Frage, ob es irgendetwas anderes in unserer Branche gibt, was sich seit 20 Jahren nicht weiterentwickelt hätte. Dann erkennen Sie, wie plausibel so ein Standpunkt überhaupt sein kann.

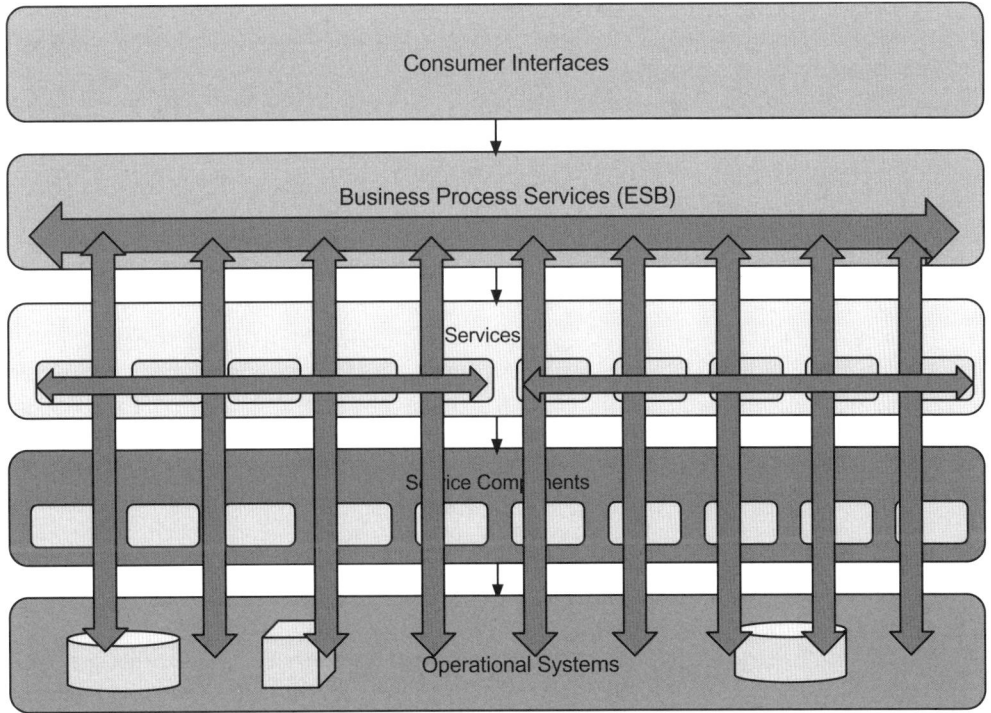

Bild 8.3 Die Abhängigkeiten durch Modellformate in einer SOA 1.0

Einige Argumente für diesen Architekturstil, welche sich nach wie vor hartnäckig halten, möchte ich noch explizit entkräften:

Austauschbarkeit technischer Komponenten wie UI-Technologie, Datenbanken etc.

Manchmal wird behauptet, dass solch große systemübergreifende Layer der einzige Weg sind, um sicherzustellen, dass der obere Userinterface-Layer jederzeit leicht ausgetauscht werden kann. UI-Technologien, so die Argumentation, sind kürzeren Änderungszyklen unterworfen als Backend-Technologien, weshalb es immer einfach sein sollte, den UI-Layer komplett am Stück auszuwechseln. Wenn Sie in Bild 8.2 einen Blick auf den oberen Layer werfen, werden Sie aber sehen, dass dieser gewaltige Ausmaße in seiner horizontalen Ausdehnung annehmen kann. Üblicherweise wird er so groß, dass man ihn eben nicht mehr auf einmal auswechseln kann. Währenddessen Sie bei einer IT-Landschaft, die nach Fachlichkeit vertikal (siehe Abschnitt 2.7 über Separation of Concerns) strukturiert ist, jederzeit ganze vertikale Schnitte auswechseln können. Abgesehen davon sollte jede vertikale Struktur sowieso ihre eigene UI-Technologie eine nach der anderen voneinander unabhängig austauschen können.

Lose Kopplung

Dass es durch Layering angeblich zu loser Kopplung zwischen den einzelnen Schichten kommt, ist das nächste, noch immer viel zu oft vorgebrachte Argument. Im Kapitel über lose Kopplung haben wir gelernt, dass jede Art von Annahme zwischen interagierenden Komponenten zu einer Kopplung führt. Dabei wird von Architekturunkundigen gerne die Kopplung über Daten und Formate übersehen. Die Layer einer SOA 1.0 sind zwar entkoppelt, was die Technologie und die Laufzeitumgebung angeht, es besteht aber weiterhin eine sehr hohe Kopplung bezüglich der Datenformate. Es kommt also zu hohem Abstimmungsbedarf zwischen den Teams, welche die einzelnen Layer bauen.

Stabilität

Hersteller von ESB-Toolsuiten rühmen sich gerne ob der hohen Verfügbarkeit ihrer Werkzeuge von bis zu 99,9 %. Dadurch, so die Argumentation, kommt es angeblich zu einer erheblichen Verbesserung der Verfügbarkeit der gesamten Systemlandschaft. Dies ist selbstverständlich Unsinn, da es ja vielmehr so ist, dass sich hier die Nichtverfügbarkeiten bzw. Ausfälle summieren. Das bedeutet, dass durch Zwischenschaltung eines ESBs sich die Gesamtverfügbarkeit eher um 0,1 % verringern würde. Abgesehen davon ergibt sich durch das Layering noch ein viel größeres Problem, welches sogar katastrophale Auswirkungen auf die Stabilität eines Systems haben kann: Die einzelnen Schichten haben zueinander eine hohe zeitliche Kopplung. Bei vertikalen Strukturschnitten wäre es möglich, durch Verwendung einer Messaging-Infrastruktur die zeitliche Abhängigkeit zu entfernen. Auch Muster wie Circuit Breaker oder Bulkhead, welche die Stabilität des gesamten Systems deutlich verbessern, sind eigentlich nur bei vertikalen Schnitten sinnvoll einsetzbar. Das bedeutet, dass sich in einer auf Schichten aufgebauten Landschaft Ausfälle beliebig auf das gesamte System ausbreiten könnten, während bei anderen Strukturformen diese Probleme noch relativ einfach eindämmbar sind.

Flexibilität

Angeblich, und so wird tatsächlich gar nicht so selten pro SOA 1.0 argumentiert, bringt dieser Architekturstil ein erhebliches Maß an Flexibilität mit sich. Man kann dann „alles machen". Das stimmt auch, denn es findet sich wirklich für jedes noch so unstrukturierte Implementierungspaket eine Stelle. Zur Not gibt man es einfach in den ESB, denn dort ist ja der Einfachheit halber alles erlaubt. Die so gewonnene Flexibilität entspricht aber derselben, welche man genießt, wenn man zu Beginn einer Implementierung eines komplexen Systems vollständig auf Modularisierung und Architektur verzichtet. Es handelt sich also um dieselbe Flexibilität, die einem eine Anarchie bietet, die man früher oder später als Technische Schuld wird zurückzahlen müssen.

Angebliche Killerfeatures der ESBs

„Aber Sie müssen einen ESB verwenden, sonst haben Sie kein Throttling!" So versuchte mich einmal jemand von der absolut unumgänglichen Notwendigkeit seiner ESB-Toolsuite zu überzeugen, welche er uns damals verkaufen wollte. Mit so einem Argument kann man aber bei erfahrenen Architekten nicht wirklich punkten. Es geht bei Throttling darum, die maximale Anzahl von parallel offenen Connections zu limitieren, um eine Überforderung des Systems zu verhindern. Tatsächlich ist mir kein einziger (!) Web- oder Applicationserver bekannt, bei dem man nicht ein Maximum an parallel verwendeten Connections oder Threads festlegen könnte, was genau diesen Zweck erfüllt.

Das Hauptargument der ESB-Vertreter ist aber, dass man ihn alleine schon deswegen verwenden müsste, um (ich zitiere) „Punkt-zu-Punkt-Verbindungen zwischen Services zu vermeiden" [Kel17]. Das Ziel soll sein, langfristig jede Service-Implementierung einfach austauschen zu können. Durch eine Indirektion über einen ESB soll dies angeblich möglich sein, ohne dass der konsumierende Layer davon irgendetwas mitbekommen würde. Tatsächlich kommt dieses Argument in so ziemlich jeder Literatur zum Thema SOA 1.0 bzw. Enterprise-Architektur vor. Deshalb möchte ich mir hier, wenn es auch eigentlich überflüssig ist, die Mühe machen, es ein für allemal explizit mit konkreten Gegenargumenten zu entkräften. Dies ist mir ein sehr großes Anliegen, da der Einsatz eines ESBs eines der am häufigsten anzutreffenden Hindernisse auf dem Weg zu einer modularen Makro-Architektur darstellt.

- In einem verteilten System stellen die Schnittstellen der einzelnen Module, wie REST-APIs, bereits eine entkoppelnde Abstraktion dar. Dem eine weitere Abstraktion, wie einen ESB, zwischenzuschalten, macht wenig Sinn und ist sogar eher kontraproduktiv, da man bei einem tatsächlichen Austausch evtl. sogar mehr zu tun hätte.

- Ein ESB-Tooling ist darüber definiert, dass man darauf Logik implementieren kann und es somit mehr Features anbietet, als es ein einfacher Message Broker tun würde. Sobald man aber Logik darauf implementiert, wird der ESB selber zu einem Modul der Architektur. Wenn nun alle Module einen ESB zur Abstraktion benötigen, wer abstrahiert dann für den ESB selbst?

- Wenn man das Argument der Vermeidung von Punkt-zu-Punkt-Verbindungen genauer hinterfragt, so bleiben meistens nur die Features übrig, die jede einfache Service-Discovery-Komponente bietet. Die zusätzlichen Fähigkeiten der schwergewichtigeren ESBs sind dafür also gar nicht erst nötig.

Bei SOA 1.0 handelt es sich explizit NICHT um einen modularen Architekturstil. Es werden Strukturen nicht gezielt auf ihre Wartungseffizienz, sondern auf ihre Wiederverwendbarkeit hin optimiert. Angeblich kann es durch eine x-beliebige Kombination von bestehenden Services in den oberen Schichten zu sogenannten emergenten Eigenschaften (emerging properties) kommen, also neuen Features, welche anfangs noch gar nicht absehbar waren. So bleibt man zwar flexibel, bestehende Funktionalität anders zu nutzen, aber bestimmt nicht, diese zu ändern, loszuwerden oder auszutauschen.

■ 8.2 Microservices

Microservices sind ja momentan in aller Munde und mit Sicherheit aktuell der große Hype in der Welt der Softwarearchitektur. Dabei ist es umso verwunderlicher, dass es gar nicht so einfach ist, eine allgemein anerkannte Definition dieses Begriffs zu finden. Einigkeit herrscht jedenfalls in der Branche, was die folgenden Eigenschaften einer typischen Microservice-Architektur angeht:

- Tendenziell kleinere, leicht austauschbare Services, wobei der Fokus eher auf Ersetzbarkeit als auf Wiederverwendung liegt.
- Jedes Microservice wird nur von einem Team entwickelt, dadurch Verringerung des Abstimmungsbedarfs. Es ist aber sehr wohl erlaubt, dass ein Team mehr als ein Microservice bearbeitet.
- Eher kleine Teams ohne weitere Sub-Strukturen, wie bei Amazon, wo die 2-Pizza Regel [Gia13] besagt, dass ein Team nicht so groß sein darf, dass dessen Mitglieder durch zwei (große) Pizzen mittags nicht mehr satt zu kriegen wären. Dadurch wird die Kommunikation einfach und effizient.
- Integration der Services erfolgt über REST bzw. Lightweight Messaging.
- Moderne Programmierparadigmen wie die in diesem Buch vorgestellten Muster und Prinzipien der Modularisierung.
- Reuse von Code zwischen den einzelnen Microservices ist nur in Ausnahmefällen erlaubt.

Uneinigkeit herrscht dabei allerdings nach wie vor bei der Frage nach der konkreten maximalen Größe eines Microservices. Bzw. auch darüber, ob es überhaupt so eine Obergrenze geben sollte, denn für manche sind Microservices viel eher eine Sammlung moderner SOA-Paradigmen, wobei es angeblich gar nicht so sehr um die Größe geht. Betrachten wir der Einfachheit halber zwei Beispiele, die zeigen, wie eine Microservices-Architektur aufgebaut sein kann.

Variante 1

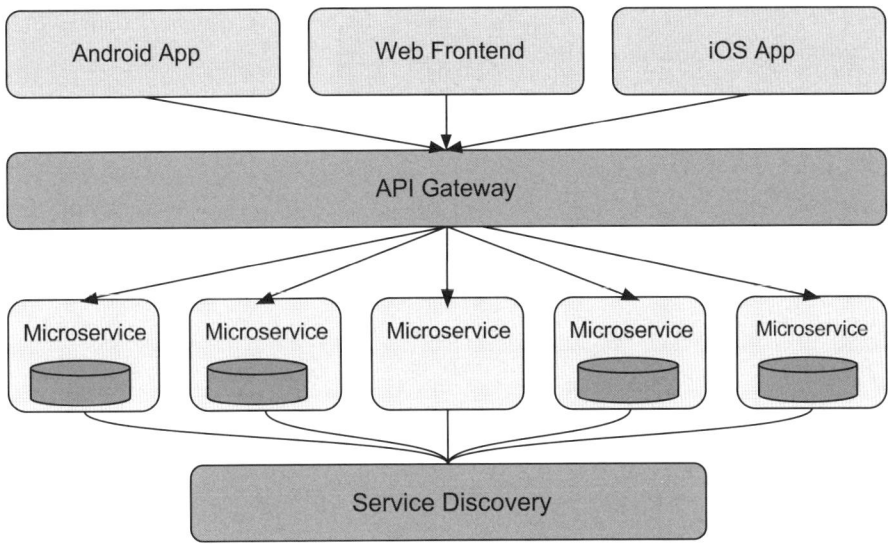

Bild 8.4 Microservice-Variante 1, die UIs greifen über API Gateway auf die Backend-Microservices zu

Bei der ersten Variante (Bild 8.4) wurden die Services vom UI getrennt. Das kann aus diversen Gründen sinnvoll sein oder man hat einfach verschiedene UI-Clients, welche sich dieselbe Logik teilen. Dabei erfolgt der Zugriff auf die Systemlandschaft von außerhalb üblicherweise über ein API Gateway. Die Kommunikation zwischen den Services läuft über eine Service-Discovery-Komponente. Die konkreten Aufgaben, die dabei einem API Gateway bzw. der Service Discovery zuteil werden, können sich sehr von einer Implementierung zu einer anderen unterscheiden. Bei Netflix hat die hauseigene Implementierung des API Gateways, genannt „Zuul", beispielsweise die Aufgabe, die http-Response für den jeweiligen Client aufzubereiten. So gibt es manche Netflix-Clients, welche http-Header nur in einer bestimmten Reihenfolge interpretieren können. Diese Client-Spezifika wurden explizit vor den einzelnen Microservices verborgen und hinter dem Gateway, welches als Proxy fungiert, versteckt. Die Services selbst können sich dadurch um die Abbildung der fachlichen Anforderungen kümmern. Die Service Discovery („Eureka" bei Netflix) übernimmt wiederum andere Aufgaben wie Lastverteilung, Health-Checks und natürlich Lokation der konkreten Service-Implementierungen.

Variante 2

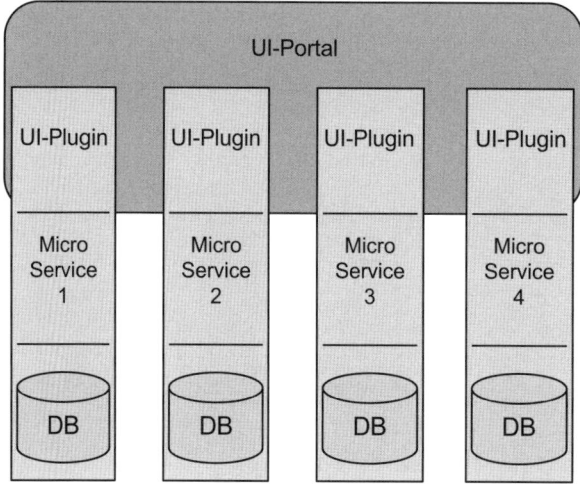

Bild 8.5 Microservice und jeweils anteiliges UI gibt es nur am Stück

In Variante 2 (Bild 8.5) wird jede Subdomäne von einer Implementierung vollständig gekapselt, also inklusive des jeweiligen Userinterfaces. Diesem Ansatz würde ich immer den Vorzug geben, wenn er im konkreten Fall auch sinnvoll anwendbar ist, weil dadurch die Kopplung zwischen den Services auf ein Minimum reduziert wird.

Zweifelsohne bieten einem Microservice-Architekturen viele Vorteile. Diese feine Granularität bei einem verteilten System bringt allerdings auch gewisse Herausforderungen mit sich, die man niemals unterschätzen sollte. Daher sollte man auch nur auf Microservice-Architekturen setzen, wenn im konkreten Fall die folgenden Vorteile die Nachteile überwiegen:

- Die Services können völlig verschiedene Technologien einsetzen. Dabei darf man allerdings niemals die Frage außer Acht lassen, ob man denn diese Technologien auch tatsächlich braucht.

- Es ist viel weniger Planung nötig und damit wesentlich weniger Bürokratie. Auch ist es einfacher zu experimentieren, da eventuelle Fehlschläge sich nicht so gravierend auswirken würden.

- Sämtliche technologischen Parameter, wie beispielsweise die Skalierung betreffend, können sich je Service unterscheiden.

- Probleme im Laufzeitverhalten einer Komponente wirken sich nicht so direkt auch auf andere Komponenten aus, sodass die Chance größer ist, dass diese weiterhin fehlerfrei betrieben werden können (Fehlerisolation). Allerdings stellt die umfangreiche Netzwerkkommunikation einen neuen möglichen „Point of Failure" dar.

- Die Kultur im Unternehmen wird langfristig dem eines Start-ups entsprechen, mit diversen positiven Auswirkungen auf die Motivation und Qualifikation der Mitarbeiter.

- Es kommt gezwungenermaßen zu einer gewissen Form der Modularisierung und man hat die Garantie, dass sie nicht vergessen wird. Allerdings hat man keine Garantie, dass die

Modularisierung auch gelingt. Im Fall eines Fehlschlags hat man Probleme, die sich etwas anders darstellen, als wenn dies in einer monolithischen Architektur passiert wäre. Diese Probleme werden in einer Microservice-Architektur allerdings schneller offensichtlich und sind dann kaum noch zu leugnen, was ich als Vorteil sehe.

Nicht unterschätzen darf man dabei die Herausforderungen, welche sich einem stellen werden, wenn man sich an das Abenteuer Microservices heranwagt:

- Alle Probleme, welche der Bau eines verteilten Systems mit sich bringt, werden Sie hier in verschärfter Form haben. Jede Art von Netzwerkproblem kann sich nachteilig auf das System auswirken. Fehlersuche und Debugging können zu einer Herausforderung werden. Schnittstellenänderungen sind unter Umständen schwierig umsetzbar. Der Autor dieses Buchs hat sich übrigens auch etwas dabei gedacht, als er das Kapitel 7.4 über Konsistenz in verteilten Systemen so ausführlich gestaltet hat. Nämlich um damit zu zeigen, dass es sich dabei um ein nicht triviales Thema handelt.

- Die Implementierung oder Änderung von Cross-Cutting-Concerns, wobei es sich um Anforderungen handelt, die viele oder sogar alle Microservices betreffen, kann ausgesprochen mühsam werden [Mar17]. Dabei kann es sich sowohl um technische Aspekte wie die Erstellung eines gewissen Logging-Formats handeln, aber in selteneren Fällen auch um einen fachlichen Änderungswunsch, von dem viele bestehende Services betroffen sind.

- Um mit Microservices erfolgreich zu sein, bedarf es außerdem eines sehr hohen Levels an Automatisierung, vor allem was den Test und das Release neuer Versionen angeht.

Eine weitere große Herausforderung, welche sich einem dabei aber stellen wird, ist die Frage, wie man an Verarbeitung großer Datenmengen über Servicegrenzen hinweg herangehen soll. Folgende Lösungsmöglichkeiten bieten sich an:

Datenreplikation

Für Anwendungsfälle, in denen große Datenmengen nur gelesen und nicht geändert werden müssen (wie Suche oder Reporting), genügt es manchmal, an einer Stelle gezielt alle Daten redundant zu halten.

Pipes and Filters

Das in Kapitel 6.2.9 vorgestellte Pattern eignet sich, um Verarbeitungen in ihre einzelnen Schritte aufzuteilen.

Verarbeitung von Teilmengen

Dabei wird die große Verarbeitung in kleine Portionen aufgeteilt, welche dann der Reihe nach parallel zum Online-Betrieb abgearbeitet werden. Dabei kann ein eigener Microservice diesen Ablauf gezielt steuern.

8.2.1 Monolith First

Das größte Risiko bei der Erstellung einer Microservice-Architektur ist allerdings aus meiner Sicht, dass das Team in der Übermotivation, Microservices zu bauen, einzelne Themen mitten durch ihre Kohäsion durchtrennt. Das würde dann bedeuten, dass eine viel zu große Schnittstelle auf das Netzwerk verteilt werden würde. Es ist aber nun einmal schwierig, schon beim Start der Entwicklung zu erkennen, wo genau sich die Grenzen der einzelnen Services am besten ziehen lassen. Dadurch kommt es dann dazu, dass zu viel an Integration über das Netzwerk und die Teamgrenzen hinweg nötig wird. Die Weiterentwicklung ist dann recht bald sehr mühsam. Aus diesem Grund halten es nach wie vor viele für eine gute Idee, zunächst mit der Entwicklung eines Monolithen zu starten [Fow15]. Dabei ist es zuerst noch einfach, mit ein paar Mausklicks in der IDE Funktionalität von einer Komponente in eine andere zu verschieben. Tools wie Sonargraph von hello2morrow helfen dabei in dieser Phase. Sobald sich eine Struktur herausgebildet hat, welche sich bewährt, können Sie die bis dahin monolithische Architektur immer noch zerlegen und als Microservices auf das Netzwerk verteilen.

8.2.2 Hybride

Ab einer gewissen Systemgröße wird ein reiner Microservice-Ansatz nicht mehr genügen. Bei Microservices handelt es sich nämlich eher um eine Mikro-Architektur, bzw. es werden dabei Aspekte von Mikro- und Makro-Architektur teilweise zusammengebracht und vermischt. Sollte die Anzahl der Microservices allerdings ein gewisses Ausmaß überschreiten, wird es dann, ganz im Sinne eines hierarchischen Aufbaus, nötig, Strukturen höherer Abstraktionsebenen zu definieren. Dadurch wird es auch möglich, Microservices mit monolithischen Architekturen zu kombinieren (Bild 8.6). Die einzelnen Systeme, welche sich dabei in Microservices zerlegen, wie hier im Beispiel A und D, definieren dabei jeweils, welche Services für die anderen Systeme als deren externe Schnittstellen sichtbar sind. Ein System ist dabei jeweils bestrebt, eine hohe innere Kohäsion aufzuweisen und dazwischen nur wenig Kopplung zu haben. Auch wird dabei üblicherweise die Kommunikation zwischen zwei Microservices innerhalb einer solchen Systemgrenze weniger Einschränkungen unterliegen als außerhalb. So kann es bei systemexterner Kommunikation vorgeschrieben sein, das Circuit Breaker Pattern anzuwenden. Oder es kann jedes System durch Bulkheads von den anderen abgegrenzt werden. Später (Abschnitt 8.6) werden wir noch die Self Contained Systems kennenlernen, die im Grunde nichts weiter sind als eine etwas konkretere Variante dieser Idee, welche ebenfalls dazu dient, Microservices um die Aspekte einer Makro-Architektur zu erweitern.

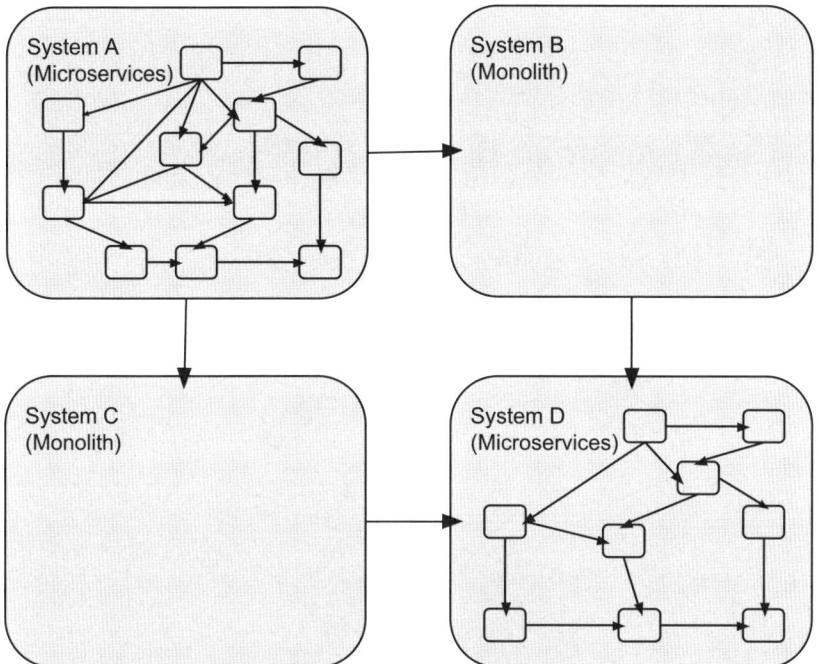

Bild 8.6 Eine Systemlandschaft, in der Makro-Architektur-Ebene strukturiert in monolithische und Microservice-Designs

■ 8.3 Nanoservices

Ein Nanoservice ist üblicherweise noch eine Spur kleiner als ein Microservice. Eine Restriktion, dass eine Datenbank nur von einem Service benutzt werden darf, gibt es dabei üblicherweise nicht (Bild 8.7). Typischerweise kommt diese Architektur auf Serverless-Cloud-Umgebungen zum Einsatz. Manche Laufzeitumgebungen, wie das sehr empfehlenswerte vert.x, bieten sich ebenfalls für Nanoservices an.

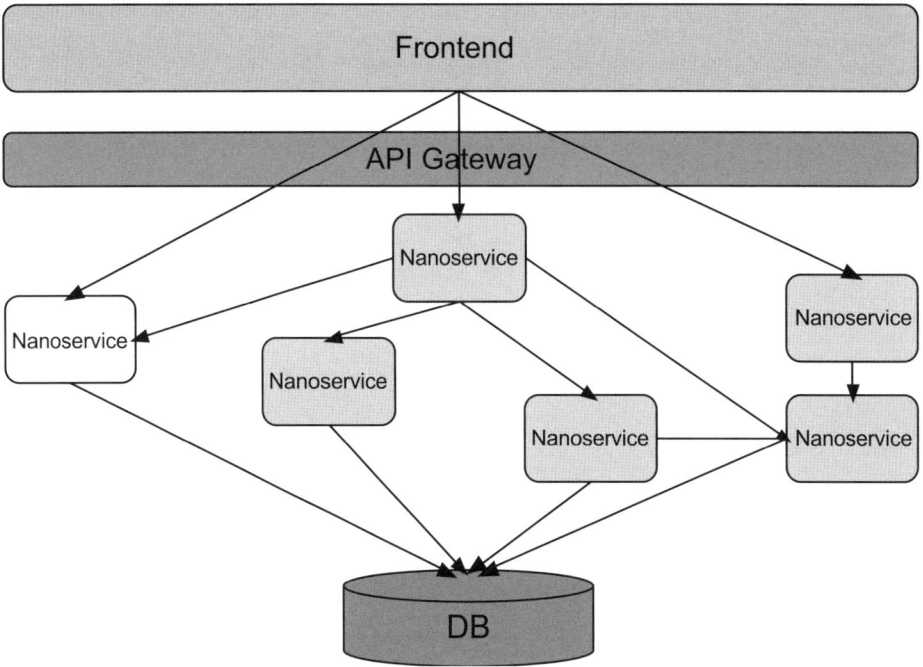

Bild 8.7 Beispiel für eine Nanoservice-Architektur

■ 8.4 Modulare SOA – Right Sized Services – SOA 2.0

Was aber, wenn Sie die Vorteile des Microservice-Ansatzes nicht benötigen oder dessen Nachteile nicht in Kauf nehmen möchten? Wenn also feingranulare verteilte Komponenten für den konkreten Anwendungsfall keinen Sinn ergeben? Dass mit einer SOA 1.0 im 21. Jahrhundert kein Blumentopf mehr zu gewinnen ist, davon konnte ich Sie ja hoffentlich überzeugen. Also, was dann? Ich möchte mit einer Gegenfrage antworten: Was hindert Sie daran, all das, was in diesem Buch beschrieben wird und was auch für die meisten Microservice-Architekturen Verwendung findet, umzusetzen, ohne dabei die Services gezielt feingranular zu entwerfen? Leider ist dieses Thema, wie ich meine zu Unrecht, im Moment kein Hype, wodurch es auch noch keinen expliziten Namen dafür gibt. Ich denke aber, dass ein solcher Architekturansatz nur auf ein Rebranding wartet, um danach hoffentlich auch auf die verdiente Resonanz zu stoßen. Wenn Sie einen Namen suchen, dann wären „Modulare SOA", „Right Sized Services" oder „SOA 2.0" Kandidaten dafür. Stile wie Micro- oder Nanoservices wären dann eine spezifische Variante dieses Ansatzes. Viele Unternehmen haben nämlich Berührungsängste mit Schlagworten, denen es an einem gewissen Mindestmaß an Popularität mangelt. Man traut einem Thema nicht über den Weg, welches noch nicht in großem Stile in der Community angekommen ist. Manche fragen sich dann, ob für so etwas „Exotisches" überhaupt Personal am Markt zu bekommen ist. Oder man lehnt es ab, weil man es schlichtweg mit „Microservices" verwechselt. Tatsächlich habe ich schon erlebt, wie SOA 1.0-Consultants so einen Plan zunichtegemacht haben, mit dem Argument, dass diese „Microservices" für ein Enterprise nicht anwendbar sind und außerdem „sowieso nicht funktionieren". Gegenfrage: Schon mal was bei Amazon bestellt? Oder mal was bei Netflix geguckt?

Konkret könnte eine modulare SOA 2.0 so aussehen, dass man bis zu einer gewissen Abstraktionsebene hinab zwar auf Verteilung setzt, aber nicht unbedingt bis zur untersten dieser Ebenen. Man hätte dann etwas größere Deployments, die sich selbst wiederum in weitere Codemodule zerlegen. Damit hätte man die Vorteile des Verteilten Systems, aber nicht die Nachteile einer besonders feingranularen Verteilung jedes einzelnen Moduls. Versuchen Sie also, die Verteilung auf der Abstraktionsebene zu machen, ab der die Vorteile eines Verteilten Systems die Nachteile überwiegen. Ich bezweifle sehr, dass das immer die unterste ist, auch wenn der aktuelle Microservice-Hype uns das weismachen möchte.

 Das Thema „Modulare SOA 2.0" genießt noch nicht die Aufmerksamkeit, die es verdient, wodurch manche Architekturkonzepte irrationalerweise vor der Entscheidung zwischen SOA 1.0, Monolith oder Microservices stehen und dabei eine der momentan interessantesten Varianten übersehen. ∎

■ 8.5 Self Contained Systems (SCS)

Bei Self Contained Systems [Til11] handelt es sich um einen Ansatz, der ähnliche Philosophien umsetzt wie jene, auf denen üblicherweise Microservice-Architekturen aufbauen (Bild 8.8). Es wird die Systemlandschaft dabei aber zu allererst in einige grobe Strukturen aufgeteilt, in die Systeme. Die konkreten Architekturen der einzelnen Systeme können sich dabei voneinander wiederum unterscheiden. So kann ein System aus Microservices aufgebaut sein, während ein anderes eine monolithische Architektur umsetzt. Man kann es also auch so sehen, dass es sich dabei um einen Architekturstil handelt, der versucht, Microservice-Architekturen um Aspekte der Makro-Architektur zu erweitern.

Bei der Integration der Systeme sollte man darauf achten, wenn möglich immer über das User-Interface zu integrieren, weil das die einfachste Form der Kopplung darstellt. Sollte das nicht ausreichen oder möglich sein, so sollte man auf asynchrones Messaging setzen. SOAP ist hier verpönt, aber auch synchrone REST-Integration sollte eher vermieden werden, sodass es zwischen den Systemen möglichst zu keiner zeitlichen Abhängigkeit kommt. Statt synchroner Kopplung sollten Daten, wenn nötig, repliziert werden, sodass es möglichst zu einer Entkopplung der einzelnen Systeme kommt. Dadurch wird die Gefahr der tiefen Aufrufkaskaden, unter der manche Microservice-Architekturen leiden, so gut es geht vermieden.

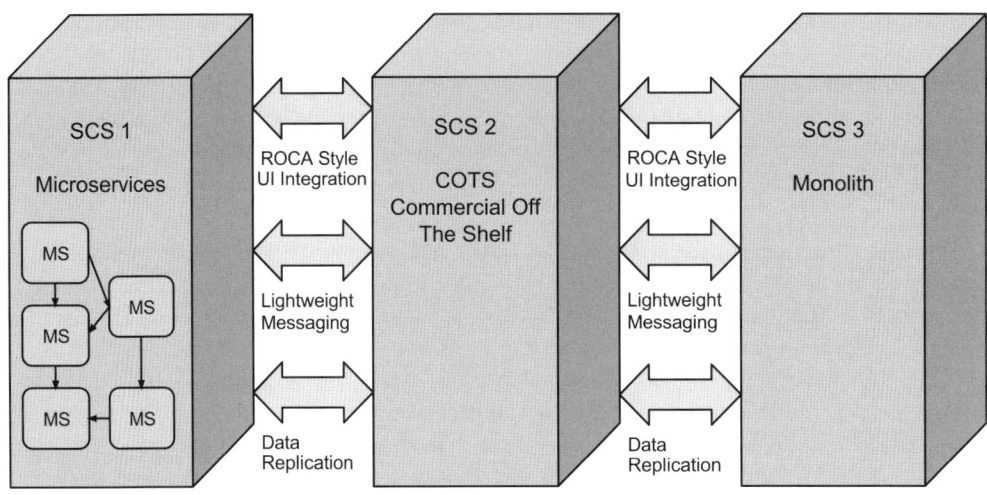

Bild 8.8 Self Contained Systems oder kurz SCS

■ 8.6 Integration kommerzieller Systeme (Commercial off the Shelf – COTS)

Ein Punkt ist mir noch ein eigenes Kapitel wert, nämlich Mittel und Wege zur Integration kommerzieller Systeme (COTS) in eine SOA. Nicht erst einmal habe ich das Argument gehört, dass sobald man in seiner IT-Landschaft nicht nur auf Eigenentwicklungen setzt, sondern auch gekaufte, fertige und konfigurierbare Systeme einsetzt, keine Architekturarbeit mehr möglich ist. Einfach weil man sich dann die Strukturschnitte nicht mehr selbst aussuchen kann, weil diese durch den jeweiligen Funktionsumfang der COTS-Systeme vorgegeben wären. Nicht selten kommt es gerade da zum Einsatz des zentralen Mediator Antipattern (ESB). Tatsächlich rühmen manche Hersteller ihre ESB-Toolsuiten, dass durch diese Tools die Integration von COTS-Systemen in eine SOA erst möglich würde. Dieses Argument ist ganz einfach zu entkräften. Im Grunde geht es um die Situationen, in denen der Funktionsumfang eines COTS nicht 1:1 einer Subdomäne entspricht oder nicht ganz die Funktionalität anbietet, die man sich erwartet hätte. Schauen wir uns die Situationen eine nach der anderen an:

COTS-System bildet eine Subdomäne nur teilweise ab

Dies stellt kein großes Problem dar, da man in diesem Fall einfach die nötige Funktionalität um selbst entwickelte Services erweitert und somit Fehlendes ergänzt. Die Eigenentwicklung und das COTS bilden dann gemeinsam die jeweilige Subdomäne ab.

Die Funktionalität eines COTS-Systems geht über eine Subdomäne hinaus

Hier empfehle ich immer, notfalls mehr als eine Instanz des COTS auf die Subdomänen verteilt am Laufen zu haben. Natürlich macht diese Strategie keinen Sinn mehr, sobald das COTS-System den Großteil der Aufgaben der Gesamtdomäne übernehmen kann, wozu ich dann eher zu einer Architektur mit monolithischem Kern raten würde.

Die Schnittstelle eines COTS ist nicht mit denen anderer Subdomänen kompatibel oder integrierbar

Auch kein Problem, weil Sie in diesem Fall dem COTS einfach ein Open Host Service verpassen können bzw. einen Adapter als Schnittstelle. Als Alternative dazu tut es natürlich auch ein Anticorruption Layer bei den Consumern.

Das COTS tut nicht ganz exakt das, was von ihm erwartet wird

In diesem Fall empfiehlt es sich, ganz im Sinne des Decorator-Musters, mit Wrappern zu arbeiten, die nach außen hin genau die gewünschte Funktionalität anbieten. Oder Sie schauen sich nach einem passenderen Produkt um.

Ganz wichtig ist nach wie vor Folgendes: Für die anderen Subdomänen darf es nicht ersichtlich sein, ob die Umsetzung, die hinter der API der Subdomäne verborgen ist, in einem COTS-System oder einer Eigenentwicklung umgesetzt wurde. Also ganz im Sinne des Information Hiding Principle. Schließlich möchten Sie doch niemals die Flexibilität verlieren, jederzeit eines der COTS-Systeme durch ein anderes oder eine Eigenentwicklung zu ersetzen. Es könnte sich später beispielsweise herausstellen, dass eine Eigenentwicklung durch die dadurch gewonnene völlige Flexibilität trotz der Mehrkosten gewisse Vorteile gegenüber der Konkurrenz bietet. Wenn Sie für den Einsatz eines oder mehrerer COTS-Systeme auf Architektur verzichtet haben, könnte Ihnen dies unter Umständen später einmal schwerfallen.

9 Metriken

„Grossmann, du musst mir helfen, sonst werde ich verrückt!"
Albert Einsteins berühmter Hilferuf an einen befreundeten Mathematiker
im Zuge der Entwicklung der Relativitätstheorie

Metriken, also Kennzahlen, gibt es im Softwareengineering für diverse Kategorien. Man kann damit Dinge wie die Wartungsproduktivität oder auch die Testeffizienz messen [Sne10]. In diesem Buch möchte ich ganz konkret auf Metriken eingehen, welche dazu dienen können, die strukturelle Qualität und den Grad der Modularisierung eines Softwaresystems in Zahlen auszudrücken.

Zunächst sei noch erwähnt, wie diese Kennzahlen am besten einzusetzen sind. Ich möchte nämlich davon abraten, Teams und Führungskräfte einfach durch Setzen von Grenzwerten dieser Metriken in ihrem Wirken einzuschränken, in der wohlmeinenden Hoffnung, sie dadurch positiv zu beeinflussen. Dies ist eher fragwürdig, weil es meist nur dazu führen wird, dass die Mitarbeiter durch wenig sinnvolle Tricksereien diese eng gesetzten Ziele erreichen werden. Eine vernünftige Modulstruktur, welche auch frei von Abhängigkeitszyklen ist, mag ein hehres Ziel sein, aber ein Big Ball Of Mud, bei dem man mit aller Gewalt Strukturzyklen aufzulösen versucht, ist dies sicherlich nicht. Statt strikter Obergrenzen für Metriken empfehle ich eher, die Kennzahlen möglichst häufig und öffentlich zu kommunizieren, um Probleme transparent zu machen und in eine subjektive Führungsarbeit einfließen zu lassen. Als „smarte" Ziele taugen sie meiner Erfahrung nach eher nicht. Eine gute Idee kann es auch sein, hierbei Ansätze der Gameification ins „Spiel" zu bringen [WKO16].

■ 9.1 Unit-Test-Abdeckung und das Legacy-Code-Dilemma

Anwendung der Kennzahl:

Niedrige Abdeckung durch automatisierte Unit-Tests kann (!) ein Indiz für schlecht strukturierten Code sein.

Bereits mehrmals wurde ich um Unterstützung gebeten, weil Teams mit Qualitätsproblemen zu kämpfen hatten, wo man der Meinung war, dass dies an der geringen Absicherung durch automatisierte Unit-Tests läge. Aus irgendwelchen Gründen tat sich das Team allerdings schwer, solche Testfälle zu implementieren. Dabei lag die eigentliche Ursache meist darin, dass der Code so schlecht strukturiert war, dass es diese Units, also Komponenten, gar nicht erst gab. In Kapitel 1 wurde bereits definiert, dass einer der Gründe für eine Modularisierung des Codes die hierdurch gewährleistete gute Testbarkeit der einzelnen Komponenten ist. Wenn man diese nun nicht hat, so ist dies besonders problematisch, weil man einerseits für ein Refactoring die Absicherung durch automatisierte Tests benötigt, aber andererseits nicht dazu in der Lage ist, weil es an diesen Unit-Tests fehlt, ein typisches Beispiel für ein sogenanntes Legacy-Code-Dilemma [Fea10].

Der Ausweg aus diesem Dilemma ist denkbar einfach. Unit-Testing ist bekanntlich nicht die einzige Art und Weise, um für eine Automatisierung von Testfällen zu sorgen. Genauso gut ist es möglich, das gesamte System an seinen Schnittstellen bzw. dem User-Interface zu testen. Wenn man also damit beginnt, diese Art von Tests zu automatisieren, ist man in weiterer Folge dazu in der Lage, Schritt für Schritt eine Modularisierung des Systems herbeizuführen. Unit-Tests können Sie dann nach erfolgter Strukturierung bei Bedarf immer noch erstellen.

Test Driven Development (TDD)

Um ein solches Dilemma präventiv zu verhindern, setzen einige Unternehmen inzwischen auf Test Driven Development. Ich muss gestehen, dass ich kein allzu großer Fan davon bin. Für mich rückt es nämlich ein einziges der Ziele der Architekturarbeit zu sehr in den Vordergrund und bringt die Gefahr mit sich, dass es alle anderen ersetzt. Im Endeffekt ist es natürlich wichtig, eine Abdeckung durch automatisierte Testfälle zu haben, um eine reibungslose Wartungstätigkeit zu gewährleisten. Welcher Weg dorthin genommen wurde, ist aber nicht so wichtig, und Architekturarbeit sollte man auch unabhängig von der Erstellung der Tests machen. Außerdem kann man heute fast genauso gut das gesamte System bzw. Service am Stück testen und muss dann nicht unbedingt jede einzelne Komponente auch noch explizit testen. Konkrete Designfehler, welche im Zuge des TDD manchmal begangen werden, sind:

- Unnötige Abstraktionen wie zusätzliche Interfaces, die nur dazu dienen, die Implementierung für die Durchführung eines Unit-Tests durch einen Stub austauschen zu können.

- Schnittstellen, welche eigentlich verborgen werden können, werden öffentlich gemacht, um sie im Testfall auch ansprechen zu können. Beispiel für eine solche Verletzung des Information Hidings wäre es, wenn in Java eine Methode public anstatt private definiert wird, um einzeln testbar zu sein.

Legacy-System-Dilemma

Während es beim Legacy-Code-Dilemma und seinem hier vorgestellten Ausweg in erster Linie um Mikro-Architekturen geht, so sind ähnliche Situationen auch auf Makro-Architekturebene vorstellbar. Meist dann, wenn es gleich zwischen mehreren Systemen oder Services zur Integration über dieselben Shared Kernels kommt. Also beispielsweise, wenn gleich mehrere Datenbanken, und im Extremfall auch noch der Code zum Zugriff darauf, geteilt werden. Hier tut man sich dann nicht selten schon schwer, manuell die Systeme zu testen, und das einfach wegen der Abhängigkeiten, die diese untereinander haben, von Testautomatisierung ganz zu schweigen. Hier ist ein Ausweg wesentlich schwieriger zu finden. Man könnte versuchen, die Releases und die notwendigen Tests dafür zu koordinieren, bis für Abhilfe gesorgt wurde. Dies ist aber aufwendig, bremst die Time-To-Market und kann daher nur temporär als ein Workaround um das eigentliche Problem gesehen werden. Eine Zeitlang könnte man für jedes System auch komplexe Stubs entwickeln, die dann jedes andere System für die Durchführung der eigenen Tests benutzen kann, bis bessere Schnittstellen gebaut wurden. Beneidenswert sind Unternehmen, die darunter leiden, jedenfalls nicht. Üblicherweise ist dies eine Folge degenerierter, weil meist ignorierter, Makro-Architekturen.

■ 9.2 Technische Schuld

Anwendung der Kennzahl:

- *Plakative Art und Weise, um Probleme der Software auf den Punkt zu bringen.*
- *Geringe Nachvollziehbarkeit und dadurch nicht so einfach durch ansonsten unnütze Interventionen im Code zu manipulieren.*

Empfehlenswert ist es, Probleme einer Softwarelösung in einer möglichst plakativen Zahl auf den Punkt zu bringen. Manager und Aufsichtsräte werden mit einer Aussage wie „Die Anzahl der Strukturzyklen wurde im Laufe des Jahres von 28 auf 22 reduziert" nicht viel anfangen können. Stattdessen kann man aber jedes gemessene Problem in der Software (wie Code Smells, Komponente mit zu viel Komplexität, unerwünschte Abhängigkeiten oder eben Strukturzyklen) in die Zeit umrechnen, die man zu seiner Behebung benötigen würde. Dazu kommen dann auch Aufwände für konkrete Issues, welche von den Mitarbeitern entdeckt wurden und die einer automatisierten statischen Code-Analyse verborgen bleiben. Da diese Stunden natürlich Arbeitszeit entsprechen, kann man danach noch, je nachdem, was ein Mitarbeiter im Unternehmen durchschnittlich verdient, die kumulierte Zeitdauer in einen Geldbetrag umrechnen. Dem Management wird danach kommuniziert, dass die gesamte Technische Schuld der Softwarelösung z. B. 150 000 EUR entspricht. Dabei handelt es sich natürlich um Softwareprobleme, bei denen eine Behebung jeweils billiger ist, als auf Dauer damit zu leben. Jede Wette, dass dies der Unternehmensführung nicht egal sein wird.

Der andere große Vorteil einer Berechnung der Technischen Schuld ist, dass sie durch ebenso gezielte wie sinnlose Maßnahmen im Code nicht direkt beeinflussbar ist. Sobald die Bewertung von Mitarbeitern von diesen Kennzahlen abhängt, wird es früher oder später zu solchen Manipulationen kommen. Durch den Abstraktionslevel, welchen eine Technische

Schuld zwangsläufig hat, ist es auch denkbar, einen solchen Wert für eine Managed Evolution (Kapitel 1.5.1) zu verwenden. Von den Führungskräften und Projektleitern wird dann verlangt, dass diese Technische Schuld keinesfalls weiter steigen darf. Dadurch sollte es automatisch zu einem Verbesserungsprozess kommen.

■ 9.3 Komplexität und Modulgröße

Anwendung der Kennzahlen:

Steuerung der Obergrenzen, ab denen eine weitere Strukturierung jeweils sinnvoll wird.

Strukturen machen natürlich erst ab einem gewissen Umfang Sinn. In Mikro-Architekturen sollten die Obergrenzen für einzelne Module dort gesetzt werden, wo es schwierig wird, diese am Stück zu verstehen. In Makro-Architekturen wiederum, wenn ein Team alleine nicht mehr in der Lage ist, das Modul laufend zu betreuen und die anfallenden Arbeiten daran zu erledigen. Letzteres möchte ich zunächst noch etwas näher erläutern, weil es unweigerlich die Frage aufwirft, bis zu welcher Größe man noch von einem Team sprechen kann. Bei Amazon ist dies so definiert, dass es sich so lange um ein Team handelt, solange die informelle Kommunikation ausreicht, um noch von selbst für den nötigen Informationsfluss zu sorgen [Cho14]. Die Obergrenze wird dabei von den existierenden Verbindungen zwischen den Mitgliedern der Gruppe festgelegt. Es kommt bei jedem weiteren Teammitglied zu jeweils einer neuen Verbindung (und somit einem Kommunikationsweg) zu einem der bereits bestehenden Teammitglieder. Sie können bei einer gegebenen Anzahl von n Teammitgliedern mit der folgenden Formel die Anzahl möglicher Verbindungen berechnen:

Verbindungen = (n*(n-1))/2

Das bedeutet, dass ein Team, welches aus zwölf Personen besteht, bereits über 66 mögliche Verbindungen und somit notwendige Kommunikationskanäle verfügt. Man nähert sich bei einer solchen Teamgröße also bereits einem gewissen gesunden Maximum.

In der Mikro-Architektur geht es bei der Festlegung einer Obergrenze wiederum eher um die Leistungsfähigkeit eines menschlichen Gehirns. Code von wenigen Zeilen Länge (Lines of Code oder kurz LOC) muss natürlich nicht weiter strukturiert werden und findet beispielsweise gut in einer einzelnen Methode Platz. Während Codeblöcke von über 1000 LOC nur mehr schwierig zu verstehen sind und bereits erste Programmstrukturen erfordern. Modularisierung ist also immer erst ab einer gewissen Grenze notwendig. Wie legt man allerdings eine solche Grenze fest? Die hier verwendeten LOC taugen dafür nur bedingt, einfach weil es manche Code-Konstrukte gibt, die es schaffen, in einer Zeile die Komplexität unterzubringen, für die ein anderer Developer eine ganze Klasse geschrieben hätte. Wie es möglich ist, eine solche Komplexität in einer Zahl abzubilden, werde ich anhand eines kleinen Java-Code-Snippets (Listing 9.1) darstellen.

Listing 9.1 Beispielcode, anhand dessen die verschiedenen Möglichkeiten zur Berechnung der Komplexität dargestellt werden

```
if (toggle == true) {
  if (input < 10 || input > 99) {
    log("1 or more than 2 digits");
  } else {
    log("2 digits");
  }
} else {
  log("Lorem ipsum dolor sit amet");
}
```

9.3.1 Semantische Komplexität

Die Berechnung einer semantischen Komplexität geht davon aus, dass es umso schwieriger ist, ein Stück Code zu verstehen, je mehr verschiedene Schlüsselwörter und Anweisungen verwendet werden. Meist geht es dabei um die Relation von unterschiedlichen Schlüsselworten zur Gesamtanzahl der Schlüsselwörter. In unserem Beispiel (Listing 9.1) gibt es neun verschiedene Schüsselwörter, nämlich „if", „toggle", „==", „input", „<", „||", „>", „log" und „else". Diese kommen in Summe 14-mal zur Anwendung. Eine semantische Komplexität könnte dann wie folgt berechnet werden: 9 / 14 = 0,64.

Etwas Kurioses dazu noch am Rande, was gleichzeitig als Warnung davor dienen soll, diese Metriken allzu ernst zu nehmen. Nachdem etwas angestaubte Sprachen wie COBOL aus wesentlich weniger möglichen Schlüsselwörtern bestehen als modernere Pendants, könnte man naiverweise dazu tendieren, wieder vermehrt auf diese zu setzen, um die Komplexität zu verringern. Nun, es ist sicherlich ein Körnchen Wahrheit darin zu finden und COBOL-Code vermutlich leichter zu lesen als Java-Code. Eine solche Strategie wäre aber selbstverständlich trotzdem Unsinn.

Beispiel zur Berechnung:

Halstead-Metrik [Hal77]

9.3.2 Strukturelle Komplexität

Mögliche Abläufe im Code kann man auch als einen gerichteten Graphen betrachten. An diversen Weichen wie if- oder switch-Anweisungen tun sich dabei jeweils neue Zweige auf. In unserem Beispiel (Listing 9.1) finden sich zwei if-Anweisungen in den ersten beiden Zeilen. Jede kann als Knoten gesehen werden, welche jeweils zu zwei unterschiedlichen Kanten führen. Je mehr dieser Knoten und Kanten ein Code hat, desto größer seine Komplexität.

Beispiel zur Berechnung:

Die Zyklomatische Komplexität nach McCabe [McC76] ist bestimmt die empfehlenswerteste und die am weitesten verbreitete Möglichkeit zur Messung von Komplexität.

9.3.3 Verschachtelungskomplexität

Eine andere Möglichkeit, die Komplexität von Code zu messen, ist es, die Tiefe der Verschachtelung der Anweisungen zu messen. In unserem Beispiel (Listing 9.1) wird durch jedes if eine jeweils weitere Verschachtelungstiefe geöffnet, durch das erste if in Zeile 1 also eine zweite Ebene und durch das if in Zeile 2 gleich im Anschluss eine dritte. Wenn man es in Relation setzen möchte, kann man dies dann noch durch die Anzahl der Anweisungen dividieren, so wie das von R. Prather vorgeschlagen wurde.

Beispiel zur Berechnung:

Prather-Metrik [Pra844]

■ 9.4 Kohäsion

9.4.1 Relational Cohesion

Anwendung der Kennzahl:

Identifikation von Komponenten, deren Subbausteine von mangelhafter Zusammengehörigkeit sind.

Ein Anzeichen für gute Kohäsion ist ein durchaus hohes Niveau an Abhängigkeiten zwischen den Subbausteinen einer Komponente. Daher gibt die Kennzahl Relational Cohesion das Verhältnis dieser Subbausteine zu den Verbindungen zwischen diesen wieder [JAR17]. Laut der Dokumentation von JArchitect sollten gesunde Werte >= 1,5 liegen. Das würde bedeuten, dass die Anzahl interner Verbindungen bzw. Abhängigkeiten immer etwas höher sein sollte als die Anzahl interner Bausteine selbst.

Relational Cohesion = (Anzahl Verbindungen + 1) / Anzahl Subbausteine

9.4.2 Lack of Cohesion in Methods IV (LCOM4)

Anwendung der Kennzahl:

Identifikation von Klassen, in denen es mehr als eine Submenge von Variablen und Methoden gibt, welche nichts miteinander zu tun haben.

Einige Anläufe waren nötig, um eine Kennzahl zu definieren, welche die mangelhafte Zusammengehörigkeit von Membern einer Klasse aufzeigen kann. Auch wenn inzwischen bereits ein LCOM5 definiert wurde, so empfehle ich nach wie vor die Berechnung des LCOM4. Es geht darum, Situationen aufzuzeigen, wie sie in Listing 9.2 dargestellt werden. Der dafür berechnete LCOM4-Wert wäre 2, weil es hier keine Verbindung zwischen den beiden komplett voneinander getrennten Teilmengen 1 (var1, setVar1, methodA und methodB) und 2 (var2, setVar2, methodC) gibt. Man sollte also in der Regel einen LCOM4 von 1 anstreben, was allerdings nicht immer praktikabel ist. In den folgenden Fällen ist die Berechnung des

LCOM4 wenig sinnvoll, wobei dies wiederum von den einzelnen Tools berücksichtigt wird, wenn auch natürlich nicht auf einheitliche Weise:

- Getter und Setter auf unterschiedliche Properties in Java stehen meist in keiner Beziehung zueinander. Die häufig ohnehin sinnvolle Erstellung von hashcode- und equals-Methoden erweist sich als eine einfache Möglichkeit, hier wieder für Kohäsion zu sorgen.

- In manchen Klassen besteht die einzige Gemeinsamkeit der Methoden darin, dass sie sich einfache Dinge, wie eine Instanz einer Klasse zum Schreiben von Logstatements, teilen. Dies mag dann für eine statische Codeanalyse nach Kohäsion aussehen, hat aber genau genommen nichts damit zu tun.

- Es gibt immer wieder Klassen, welche von einer Parent-Klasse einwandfreier Kohäsion erben, welche einzelne Methoden dieser überschreiben, die in der erbenden Klasse wiederum nichts miteinander zu tun haben. Für diese wird dann ein hoher LCOM4-Wert errechnet, auch wenn dies so nicht ganz gerechtfertigt ist.

- Typische Utility-Klassen bestehen oft aus vielen Support-Methoden. Hier ist es ganz normal, wenn es zu einem hohen Wert des LCOM4 kommt.

Am Beispiel des LCOM4 sehen Sie, dass es tatsächlich wenig sinnvoll ist, strikte Grenzwerte für Kennzahlen festzulegen.

Listing 9.2 Beispiel für eine Java-Klasse schlechter Kohäsion, weil sie aus zwei disjunkten Teilmengen besteht

```java
public class Demo {

    private int var1;
    private int var2;

    public void setVar1(int var1) {
        this.var1 = var1;
}

    public void setVar2(int var2) {
        this.var2 = var2;
    }

    public int methodA() {
        return var1*2;
        }

    public int methodB() {
        return methodA()*3;
    }

    public int methodC() {
        return var2*4;
    }
}
```

■ 9.5 Component Rank

Anwendung:

- *Einzelne Komponenten mit sehr hohen Werten könnten Indikatoren für schlechte Modularität sein.*

- *Bedarf an Unit-Tests bei Komponenten mit hohem Wert besonders groß.*

Wenn Sie die Komponenten identifizieren möchten, die besonders häufig benutzt werden, so bietet sich dafür die Berechnung des Component Rank an. Angelehnt ist die Berechnung dabei an den Page-Rank-Algorithmus von Google, welcher Webseiten, auf die andere Webseiten besonders häufig verweisen, in der Anzeige der Suchergebnisse bevorzugt. In Tabelle 9.1 sehen Sie, für welche Klassen des JDK hier besonders hohe Werte errechnet werden [Ino17]. Es dürfte für recht wenig Verwunderung sorgen, dass die Klasse java.lang.Object hier an der Spitze steht. Der Wert von 0,16126 bedeutet, dass diese Klasse etwas über 16 % aller eingehenden Abhängigkeiten des gesamten JDK auf sich vereint.

Tabelle 9.1 Tabelle der Component-Rank-Werte der Klassen des JDK 1.3

Klasse	Component Rank
java.lang.Object	0,16126
java.lang.Class	0,08712
java.lang.Throwable	0,05510
java.lang.Exception	0,03103
java.io.IOException	0,01343
java.lang.StringBuffer	0,01214
java.lang.SecurityManager	0,01169
java.io.InputStream	0,01027
java.lang.reflect.Field	0,00948
java.lang.reflect.Constructor	0,00936

■ 9.6 Software-Package-Metriken nach Robert C. Martin

Die sogenannten Software-Package-Metriken wurden von Robert C. Martin im Jahr 2002 definiert [Mar02]. Zur näheren Erläuterung möchte ich das Beispiel verwenden, welches in Bild 9.1 dargestellt ist. In der Abbildung sind auch gleich die Kennzahlen der Software-Package-Metriken berechnet, welche hier in weiterer Folge noch vorgestellt werden. Das Architekturbeispiel selbst wird uns auch danach noch weiter durch Kapitel 9 begleiten.

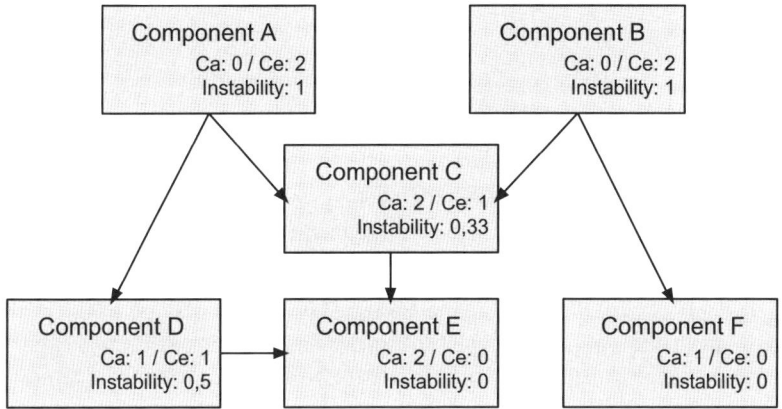

Bild 9.1 Unser Beispiel für Kapitel 9

9.6.1 Afferent Coupling (Ca)

Auch bekannt als:

- *Number of Incoming Dependencies*
- *Fan-in*

Anwendung:

- *Identifikation von Komponenten, für die automatisierte Komponententests besonders wichtig sind (hoher Ca-Wert).*
- *Identifikation von Komponenten, bei denen man idealerweise mit einem Refactoring beginnen würde (niedriger Ca-Wert).*

Diese Kennzahl gibt an, wie vielen anderen Komponenten diese Komponente bekannt ist. Es geht dabei also darum, auf wie viele andere Komponenten es potenziell Auswirkungen gibt, wenn diese Komponente geändert wird.

9.6.2 Efferent Coupling (Ce)

Auch bekannt als:

- *Number of Outgoing Dependencies*
- *Fan-out*

Diese Kennzahl gibt die Anzahl der Komponenten an, die dieser Komponente bekannt sind bzw. von der diese abhängig ist. Es beantwortet also die Frage: „In wie vielen anderen Komponenten oder Bausteinen können Änderungen potenziell Auswirkungen auf diese Komponente haben?"

9.6.3 Instability

Anwendung:

- *Identifikation potenzieller Schwachstellen im System (Instability nahe bei 1).*
- *Gezielter Entwurf von Komponenten , welche einfach zu ändern sind (Instability nahe bei 0).*

Die Instability gibt das Verhältnis der ausgehenden Abhängigkeiten (Ce) zu allen Abhängigkeiten (also ein- und ausgehend Ce+Ca) an. Sie wird wie folgt berechnet:

Instability = Ce / (Ce + Ca).

Ein Wert nahe 1 bedeutet demnach, dass eine Komponente besonders anfällig für Änderungen anderer Komponenten ist, während sie selbst aber wiederum relativ einfach geändert werden kann, ohne dass man sich um potenziell negative Auswirkungen auf andere Komponenten sorgen muss. Gegenteiliges gilt jeweils für einen Wert nahe bei 0. Beim Entwurf einer Systemstruktur kann man dies gezielt berücksichtigen und Komponenten entsprechend flexibel oder bewusst stabil gestalten.

■ 9.7 Metriken nach John Lakos

Um die strukturelle Qualität und somit die Güte der Architektur eines gesamten Systems zu messen, bieten sich die Kennzahlen von John Lakos [Lak96] an. Diese bauen teilweise aufeinander auf, weshalb sie hier der Reihe nach vorgestellt werden.

9.7.1 Depends Upon und Used From

In Bild 9.2. sehen Sie das Beispiel aus 9.6. Für jede der sechs Komponenten wurden beispielhaft die Kennzahlen Depends Upon und Used From berechnet. Bei Depends Upon handelt es sich um alle Komponenten, von denen diese Komponente abhängig ist, inklusive sich selbst. Used From wiederum ermittelt die Anzahl der Komponenten, welche von dieser abhängig sind, wieder inklusive der Komponente selbst. Dabei werden Abhängigkeiten kumuliert, was bedeutet, dass auch indirekte Abhängigkeiten dazugezählt werden. Depends Upon betrifft also alle Komponenten, die von einer Komponente benutzt werden, sowie alle Komponenten, welche diese wiederum benutzen, und so weiter. Diese Kumulierung ist auch der große Unterschied zu Ca und Ce der Software-Package-Metriken (Abschnitt 9.6).

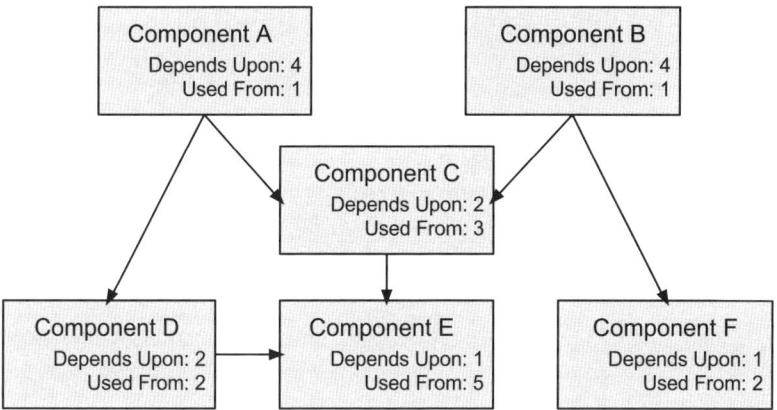

Bild 9.2 Sechs Komponenten, für die jeweils Depends Upon und Used From berechnet wurde.

9.7.2 Cumulative Component Dependency (CCD)

Bei der CCD handelt es sich um die Anzahl der kumulierten Abhängigkeiten der Bausteine eines Systems. Sie wird berechnet, indem man einfach sämtliche Depends-Upon-Werte summiert. Dasselbe Ergebnis erhält man übrigens immer, wenn man die Used-From-Werte zusammenzählt. In unserem Beispiel (Bild 9.2 6 Komponenten, wo jeweils Depends Upon und Used From berechnet wurden.) würde das, basierend auf den Depends-Upon-Werten, wie folgt aussehen:

CCD = 4 (A) + 4 (B) + 2 (C) + 2 (D) + 1 (E) + 1 (F) = 14

Das bedeutet demnach, dass es in Summe 14 direkte und indirekte Abhängigkeiten in diesem Beispiel gibt, egal in welche Richtung (ein- oder ausgehend). Dabei gilt natürlich: je geringer, desto besser, weil einfacher und mit geringerer Gefahr von Seiteneffekten zu ändern.

9.7.3 Average Component Dependency (ACD)

Um eine Zahl wie die CCD in Relation zu setzen, berechnen wir als Nächstes die Average Component Dependency oder ACD. Dafür dividieren wir die CCD durch die Anzahl der Komponenten:

ACD = 14 / 6 = 2,33

Die ACD gibt an, von wie vielen anderen Komponenten eine Komponente im Durchschnitt abhängig ist. Im konkreten Fall bedeutet eine ACD von 2,33, dass eine Komponente im Schnitt von 2,33 Komponenten abhängig ist, inklusive sich selbst.

9.7.4 Relative Average Component Dependency (RACD)

Anwendung:

Abbildung des Grads der allgemeinen Kopplungen der Bausteine eines Systems.

Die ACD lässt sich noch nicht dazu benutzen, verschiedene Architekturen miteinander zu vergleichen. Die ACD wird bei einem System, welches aus vielen Komponenten besteht, größer sein als bei kleineren Systemen. Daher setzen wir diese Zahl noch in Relation zur Gesamtanzahl der Komponenten und berechnen somit die Relative ACD:

$$RACD = 2,33 / 6 * 100 = 39\%$$

Das bedeutet nun, dass eine Komponente dieser Architektur im Schnitt zu 39 % aller Komponenten kumulierte Abhängigkeiten hat. Auf eine Komponente können sich also Änderungen an durchschnittlich 39 % der anderen Komponenten direkt oder indirekt als Seiteneffekt negativ auswirken. Je geringer dieser Wert, desto geringer der Grad an Kopplung zwischen den Komponenten des Systems. Für Systeme mit größerer Komponentenanzahl ergeben sich dabei aber üblicherweise etwas kleinere Werte. Empfehlenswert ist es, eine RACD kleiner 25 % anzustreben.

9.7.5 Normalized Cumulative Component Dependency (NCCD)

Anwendung:

Wie RACD, allerdings ist die NCCD etwas unabhängiger von der konkreten Anzahl der Komponenten, was diesen Wert vergleichbarer macht.

Als Alternative zur RACD sei noch die NCCD erwähnt, welche die Relation der CCD einer Architektur zur CCD eines ausbalancierten Binärbaums mit derselben Anzahl an Komponenten angibt. Da wir in unserem Beispiel in Summe sechs Komponenten haben, sähe ein solcher als Pendant dazu aus, wie Bild 9.3 zeigt. Die CCD dieser Struktur berechnet sich so:

$$CCD = 6 + 3 + 2 + 1 + 1 + 1 = 14$$

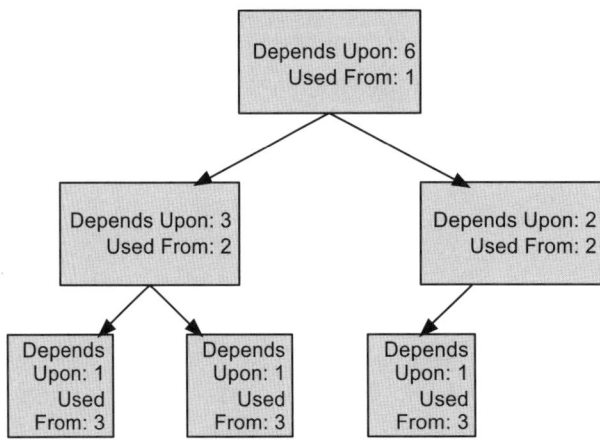

Bild 9.3 Dieselbe Anzahl an Komponenten in einem Binärbaum

Da wir vorher ebenfalls eine CCD von 14 hatten, ergibt sich für diesen Fall eine NCCD von exakt 1.0, was in der Praxis wohl selten vorkommen wird. Empfehlenswert ist eine Zielsetzung von einer NCCD kleiner als 6.

■ 9.8 Relative Cyclicity

Anwendung:

Vermeidung von Strukturzyklen , dadurch Eindämmung der allgemeinen Kopplung.

Die Kennzahl Relative Cyclicity gibt an, wie groß der Prozentsatz an Komponenten ist, welche an einem Zyklus beteiligt sind. Wenn wir bei unserem Beispiel bleiben und nur eine zyklische Abhängigkeit von Komponente E zu B hinzufügen (Bild 9.4), so sind im Endeffekt über die Abhängigkeit von B zu C, welche ja wiederum von E abhängt, drei der sechs Komponenten an einem Zyklus beteiligt. Die Relative Cyclicity berechnet sich dann wenig überraschend wie folgt:

Relative Cyclicity = Anzahl zyklischer Komponenten / Anzahl Komponenten * 100

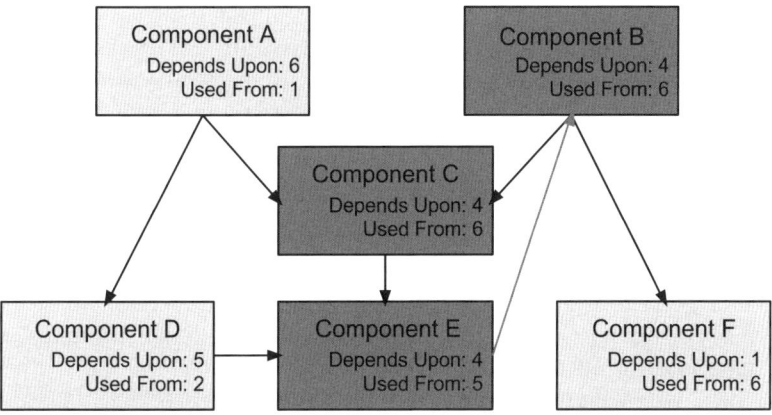

Bild 9.4 Dieselbe Architektur, allerdings mit einem Strukturzyklus

In unserem Fall ergibt sich demnach also eine Relative Cyclicity von 50 %. Genau die Hälfte aller Komponenten ist hier an einem Zyklus beteiligt. Um zu zeigen, warum man dies so gut es geht vermeiden sollte, möchte ich für unser Beispiel mit der zyklischen Abhängigkeit noch einmal die Kennzahlen nach John Lakos berechnen:

CCD = 6 + 4 + 4 + 5 + 4 + 1 = 26

ACD = 24 / 6 = 4

Relative ACD = 4 / 6 * 100 = 67 %

NCCD = 26 / 14 = 1,86

Sie sehen, dass es durch das Hinzufügen nur einer einzelnen zyklischen Abhängigkeit fast zu einer Verdopplung der allgemeinen Kopplung des Systems gekommen ist. Versuchen Sie daher immer so gut es geht, Strukturzyklen zu vermeiden. Meiner Erfahrung nach ist es übrigens so, dass eine sinnvolle Architekturdefinition oft sowieso frei von Strukturzyklen ist. So kann eine Versicherungspolice ohne einen Schadenfall existieren und braucht bestimmt keinerlei Abhängigkeiten zu diesem. Police und Schadenfall ist es wiederum egal, ob und wer Provision für die Betreuung bekommt. Das Inkasso wird es wiederum nicht kümmern, wer Ein- und Auszahlungen vornimmt, während es selber aber eingehende Abhängigkeiten von Police, Schaden und Provision haben wird.

Ein angenehmer Nebeneffekt einer solchen Vermeidung zyklischer Abhängigkeiten ist außerdem, dass ein Team sich sehr konkrete Gedanken wird machen müssen, um ein solches Ziel zu erreichen. Und zwar darüber, welche Strukturen es baut, wo genau es die Bausteingrenzen zieht und welche Abhängigkeiten dazwischen dann erlaubt sein werden. Eine Architektur, welche zufällig nebenbei entsteht, wird es mit einem solchen Ziel also nicht geben können.

9.8.1 Azyklischer Monolith

Ein Architekturstil, welchem man ausgesprochen oft begegnet, ist der zweidimensionale Monolith, bei dem zwar penibel auf die Vermeidung von Strukturzyklen geachtet wird, aber keinerlei explizite Module gebildet werden. Beispielhaft ist das in Bild 9.5 dargestellt. Wenn man so möchte, handelt es sich bei dieser alleinigen Fokussierung auf das Prinzip der Azyklizität um den kleinen Bruder der modularen Architektur. Die Abhängigkeiten werden dabei dadurch im Zaum gehalten, dass sie sich in jeder Dimension nur in eine der beiden Richtungen ausdehnen dürfen. Also entweder nach links oder nach rechts. Entweder nach oben oder nach unten. Das ist dann zwar schon mal besser als gar kein Architekturkonzept, allerdings halte ich diese Art der Strukturierung nur bis zu einer gewissen Gesamtgröße für ausreichend. Der größte Nachteil gegenüber dem Verzicht einer gezielten Modularisierung ist dabei der, dass die einzelnen Strukturelemente gar nicht erst versuchen, ihre Interna vor den anderen zu verbergen, und dann keine expliziten Schnittstellen anbieten. Unerwünschte Seiteneffekte gibt es also nur entgegen der Richtungen der Pfeile (also in die Richtung der eingehenden Abhängigkeiten), allerdings gibt es immer noch zu viele dieser Pfeile, als vermutlich wirklich nötig wären. Bei solchen Seiteneffekten kann es sich dabei nicht nur um Bugs, sondern auch um Änderungen an den Kontrakten handeln, welche die einzelnen Komponenten der Pakete anbieten, die in einem nicht modularen System meist implizit und nicht explizit existieren. Abgesehen davon kommt dieses Prinzip früher oder später meist ohnehin an seine Grenzen, wenn Funktionalität implementiert werden soll, welche sich nicht in dieses zweidimensionale Schema einfügt.

 Der Verzicht auf Strukturzyklen kann Modularisierung nicht vollständig ersetzen, jedenfalls nicht ab einem gewissen Systemumfang. Azyklizität kann einen Modulentwurf aber gut ergänzen.

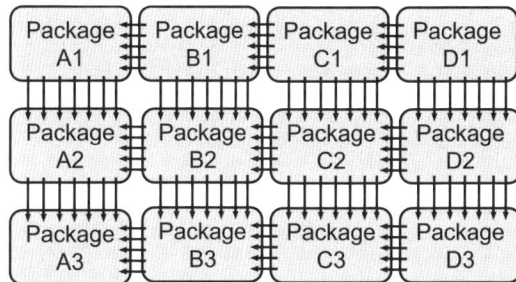

Bild 9.5 Ein zweidimensionaler, azyklischer Monolith

■ 9.9 Strukturkennzahlen und verteilte Systeme

Eher unüblich ist die Berechnung dieser Kennzahlen für Architekturen Verteilter Systeme (Kapitel 7 bzw. 8). Ich denke, dass dafür die folgenden Gründe ausschlaggebend sind:

1. Die Berechnung ist ungleich schwieriger und dadurch die mögliche Toolunterstützung wesentlich geringer. In diesem Fall sind nämlich, im Gegensatz zu monolithischen Architekturen, die Abhängigkeiten dynamischer Natur und somit nicht durch statische Code-Analyse feststellbar.

2. Es ist wesentlich schwieriger, auf dadurch identifizierte Probleme zu reagieren. Für ein Refactoring ist nicht selten ein ganzes Projekt nötig, wobei dies in einem Monolithen mit wenigen Mausklicks in der IDE erledigt wäre.

3. Teilweise ist es auch etwas weniger sinnvoll, diese Kennzahlen anzuwenden. Ein verteiltes System zerlegt sich per definitionem immer in einzelne Module, von denen jedes seine Interna vor der Außenwelt verbirgt und wo der Zugriff nur über eine Fassade möglich ist. Bei einer Remote-Schnittstelle zum Zugriff, wie beispielsweise einer REST API, handelt es sich nämlich immer um eine Umsetzung des Fassaden-Musters. Das senkt automatisch die Wahrscheinlichkeit für Seiteneffekte bei der Weiterentwicklung eines der Services und stellt erzwungenermaßen bereits eine gewisse Form der Modularität dar.

Trotzdem ist es alles andere als verkehrt, diese Kennzahlen auch für verteilte Systeme zu berechnen und anzuwenden. Würde dies öfter geschehen, wäre unter Umständen etwas wie SOA 1.0 schon viel früher als Antipattern entlarvt worden und der Industrie wäre die Verschwendung vieler Milliarden erspart geblieben.

10 Zusammenfassung

> *„Der Mensch, mit seiner nahezu einzigartigen Fähigkeit, aus den Fehlern anderer zu lernen, ist ebenso einzigartig in seiner festen Weigerung, genau das zu tun."*
> Douglas Adams

■ 10.1 Die Frage nach dem „richtigen Schnitt"

Wenn Sie dieses Buch nun bis hierher gelesen haben, so haben Sie bereits viele Ansätze und Prinzipien kennengelernt, nach denen Strukturen in komplexen Architekturen gebaut werden können. Trotzdem ist es auch für mich nach wie vor schwierig, diese Frage, auch bekannt als die Frage nach dem „richtigen Schnitt", nochmal konkret auf den Punkt zu bringen. Dies trifft übrigens auf Komponenten einer SOA (also Services) genauso zu wie auf die einzelnen Module eines Monolithen. Im Grunde können Sie sich am Kunden oder an der Software selbst ausrichten.

10.1.1 Ausrichtung nach dem Kunden

Conway's Law haben wir ja bereits kennengelernt. Es besagt, dass sich die Organisationsform des Unternehmens auch in den Strukturen der gebauten Softwarelösung wiederfinden wird. Dies ist dabei eigentlich kaum zu vermeiden. Sie können nun versuchen, das zu Ihrem Vorteil zu nutzen, wenn Sie Software im Auftrag eines Kunden entwickeln. Und zwar, indem Sie bewusst Strukturschnitte in der Architektur forcieren, die der Organisationsform des Auftraggebers entsprechen. Dies verringert die nötigen Abstimmungsaufwände mit dem Kunden, weil im Endeffekt eine 1:1:1-Zuordnung von Kundenabteilung zu IT-Abteilung zu Softwarebaustein möglich ist.

In der Praxis ist so ein Unterfangen aber nur selten dauerhaft erfolgversprechend. Einfach weil man wenig bis keinen Einfluss auf die Abteilungen des Kunden hat und die erste Reorganisation des Unternehmens so ein Konzept über den Haufen werfen wird. Und diese kommt früher oder später fast schon zwangsläufig. Trotzdem ist es keine schlechte Idee, sich auf der Suche nach effizienten Strukturen für die Architektur an den Abteilungen des

Kunden zu orientieren. Der Grund dafür liegt auf der Hand: Genauso wie sie die Abhängigkeiten ihrer Softwarebausteine und Services minimieren wollen, so möchte auch ihr Auftraggeber möglichst auf andauernd notwendige Abstimmungsmeetings zwischen den Abteilungen und Teams verzichten. Die Organisationsform eines Kunden kann also manchmal ein erstes Indiz für eine effiziente Architekturdefinition sein.

10.1.2 Optimierung der Software

Besser ist es, wenn Sie sich beim Bau der Strukturen auf die zu erstellende Software konzentrieren. Und im Sinne von Conway's Law somit auch auf die Teams, die diese erstellen. Bei der Definition des Prinzips Separation of Concerns haben wir, genauso wie im Kapitel über das Domain Driven Design, ja bereits festgestellt, dass Strukturen dann besonders effizient sind, wenn sie jeweils fachliche Themen abbilden. Tatsächlich ist es aber gar nicht so einfach, die Problemdomäne in ihre Teilbereiche zu zerlegen. Im Grunde läuft es darauf hinaus, möglichst effizient mit den jeweiligen Experten zum Thema zu kommunizieren. Zunächst einmal ist es wichtig, die tatsächlichen Know-how-Träger zu identifizieren, welche nicht unbedingt dieselben Personen sein müssen wie die Auftraggeber bzw. Stakeholder. Danach ist es eine Kunst für sich, die richtigen und möglichst offenen Fragen zu stellen, um ein Verständnis für die Problemdomäne aufzubauen. Besonders interessant wird es dann, wenn man im Zuge dieser Abstimmung Aspekte entdeckt, die von den Experten unterschiedlich interpretiert werden. Solche Erkenntnisse sind dann besonders hilfreich zur Abtrennung einzelner Teilbereiche. Widerstehen Sie dabei der Versuchung, das Thema unter den Experten unter einen Hut bringen zu wollen, sondern nehmen Sie es als Geschenk. Wie Sie in der Architekturdefinition mit diesen geteilten Aspekten umgehen, auf die unterschiedliche Subdomänen andere Sichtweisen haben, werde ich gleich noch beschreiben.

Ein anderes Indiz für die optimale Festlegung von Servicegrenzen ist die Frage, welche Änderungen es in der Vergangenheit gab, welche aus Sicht des Kunden schwierig umzusetzen waren. Vor allem, wenn es für den Auftraggeber unverständlich war, dass für eine aus seiner Sicht einfache Änderung unverhältnismäßig viele Systeme beteiligt waren, was einen entsprechend hohen Abstimmungs- und Umsetzungsaufwand nach sich gezogen hat. Das kann darauf hindeuten, dass diese eine Änderung aus Kundensicht genau in einem Service hätte erledigt werden sollen. Ebenso gut können Sie den Kunden auch fragen, mit welchen Änderungen er in den nächsten Jahren rechnet. Natürlich nicht, um diese Änderungen bereits vorwegzunehmen, aber ebenfalls als Indiz für die Abgrenzung der einzelnen Services oder Module.

Ich halte es allerdings für einen Mythos, die Architektur auf die effiziente Umsetzbarkeit kommender Änderungen ausrichten zu können. In manchen Büchern zum Thema Softwarearchitektur wird aber genau dieser Gedanke forciert. Man sollte die Strukturen so optimieren, dass in Zukunft jede gewünschte Änderung an einem einzigen Baustein durchgeführt werden kann. Als Gegenargument bringe ich da gerne das folgende berühmte Beispiel einer Firma, deren Geschäftsmodell es eine Zeit lang war, DVDs online zu verleihen und per Post zu versenden. Irgendwann hatte die Geschäftsführung die Idee, den Kunden zu ermöglichen, die Filme gleich über das Internet nach Hause streamen zu können. Der IT blieb nichts anderes übrig, als parallel zur ersten Softwarelösung eine völlig neue zu bauen, die heute als ein Musterbeispiel für eine Microservice-Architektur gilt. Tatsächlich kann man sich in den USA bis heute auch DVDs von Netflix per Post schicken lassen. Änderungen lassen sich also nicht vorhersehen und ein einzelner Wunsch aus Sicht des Fachbereichs kann auch gerne mal die gesamte bestehende IT über den Haufen werfen.

Event Storming

In letzter Zeit erfreut sich die von Alberto Brandolini [Ver17] erfundene Methode des Event Stormings immer größerer Beliebtheit. In gemeinsamen Workshops mit Domänenexperten und der IT werden alle möglichen Ereignisse der Zieldomäne definiert sowie die Abhängigkeiten, die diese zueinander haben. Wobei ein Ereignis dabei nicht unbedingt in dem Sinne zu verstehen ist, wie es als Event in Messaging-Systemen definiert ist, sondern mehr oder weniger alles sein kann, was im Umfeld der Problemdomäne eintreten und von Interesse sein kann. Dabei wird auch festgelegt, in welchem Zusammenhang diese Ereignisse zueinanderstehen, was einem als Architekt dann Hinweise geben sollte, wie die Zerlegung in Subdomänen erfolgen könnte. Schließlich werden dadurch Teilbereiche mit einer entsprechend hohen Kohäsion sichtbar, welche dann wunderbar effiziente Module bilden sollten.

■ 10.2 Geteilte Daten

Im Zuge der Definition des Begriffs „Service" haben wir das Paradigma des expliziten Datenservice ja tendenziell als Antipattern gebrandmarkt (Abschnitt 8.1.1). Es stellt sich allerdings die Frage, wie man mit eben jenen Daten umgehen soll, welche in mehr als einer Subdomäne benötigt werden. Die Daten des Kunden sind ein Klassiker, welche manchmal zu Unrecht in einer eigenen Subdomäne landen, mit dann oft zu vielen eingehenden Abhängigkeiten und Abstimmungsaufwänden. Was aber wäre die Alternative? Oft ist es bei diesen Aspekten so, dass sie eigentlich keine Daseinsberechtigung als eigene Subdomäne haben. Stattdessen besitzt jede andere Subdomäne ein ihr ureigenes Interesse an einem der Teilaspekte und sollte auch die jeweilige Datenhoheit darüber besitzen. So sind die möglichen Zahlungsarten eines Kunden (wie Bankverbindung oder Kreditkarte) evtl. in der Subdomäne für In- bzw. Exkasso abgelegt, während die Postadresse nur für die Rechnungserstellung relevant ist. Durch diese Aufteilung kann also jede Subdomäne ihren geteilten Aspekt so modellieren, wie es für sie jeweils ideal ist, und man erspart sich dadurch jede Menge Abhängigkeiten zwischen diesen Subdomänen.

Falls Ihnen bei diesem Gedanken anfangs nicht wohl sein sollte, so kann ich Ihnen auch verraten, warum und wo dieses Gefühl seinen Ursprung hat. So ziemlich jeder, der im Bereich der IT tätig ist, hat irgendwann einmal die Normalformen gelernt, welche beim Modellieren eines relationalen Datenmodells zur Anwendung kommen. Diese Denkweise ist so tief in uns verankert, dass ein Umschalten auf das Management der Dependencies im Sinne einer Strukturierung, die auf hohe Kohäsion und minimale Kopplung hin optimiert ist, schwerfällt.

■ 10.3 Migration

Nachdem wir die organisatorischen Aspekte des Verbesserungsprozesses bereits in Abschnitt 1.5 näher betrachtet haben, möchte ich noch kurz darauf eingehen, auf welche Art und Weise man in der Architektur Schritt für Schritt für Ordnung sorgen kann.

10.3.1 Extraktion

Wenn Sie Pech haben, sieht Ihre Systemlandschaft so oder so ähnlich aus, wie in Bild 10.1 dargestellt. Dabei greifen die Systeme „der Einfachheit halber" auf dieselben Datenbanken zu und teilen sich diese. Außerdem überschneiden sich die Systeme selber auch noch insoweit, als dass sie sich gewisse Codefragmente teilen. Dies sind übrigens die beiden klassischen Varianten der Shared-Kernel-Integration, wie sie im Domain Driven Design definiert ist. Hier wird es dann wichtig, den richtigen Zeitpunkt für ein Refactoring nicht zu verpassen, um den Erfolg mit der Softwarelösung auch dauerhaft sicherzustellen. So etwas geht nämlich eine Zeitlang gut, wird einem aber vor die folgenden Probleme stellen, wenn die Landschaft weiterwachsen sollte:

- Da für die laufenden Updates der Systeme oft Änderungen an den jeweils verwendeten Datenmodellen nötig sind, kommt es zu immensen Aufwänden für die Abstimmung unter den Teams. Die Aufgabe selbst, dabei eine gemeinsame Sicht auf die jeweiligen Daten zu finden, wird dabei immer schwieriger.

- Aufgrund dieser schwierigen Abstimmungen müssen die Releases koordiniert werden, was zu weiteren Abstimmungsaufwänden führt. Dadurch werden außerdem die Releases auf einige wenige Tage im Jahr reduziert und dadurch die Time-To-Market für neue Features erheblich verschlechtert.

- Neue Funktionalität ist kaum hinzuzufügen, einfach weil es so gut wie keine bestehenden Schnittstellen gibt, welche einfach zu konsumieren wären (Verletzung des Open-Closed-Prinzips). Die einzig vorhandenen Schnittstellen sind die Daten in den Datenbanken selbst.

- Tests sind während der Weiterentwicklung der einzelnen Systeme schwierig auszuführen, da es schwierig ist, eine gemeinsame, konsistente Testumgebung bereitzustellen.

Man beschließt demnach, einen Experten für das Domain Driven Design zu engagieren, der zunächst einmal hilft, die Problemdomäne in ihre Teilbereiche zu zerlegen (hier A bis F) und darüber hinaus die Systeme analysiert und die jeweils dabei implementierten Subdomänen identifiziert. Was wir nun vorhaben, ist eine Schritt-für-Schritt-Extraktion der einzelnen Subdomänen aus dieser zu engen Kopplung und Verteilung auf die Systeme. Der ideale Kandidat dafür ist mit Subdomäne F schnell identifiziert, da diese nur aus dem System 2 herausgelöst werden muss. Im Zuge dessen werden wir auf das Problem stoßen, dass die bestehende Landschaft keinerlei Schnittstellen wie Message Queues oder REST APIs zur Verfügung stellt. Wir wollen aber das grausame Spiel der geteilten Datenbanken nicht weiterspielen und die Neuentwicklungen diesbezüglich sauber halten. Daher legen wir gleich fest, dass das neue Service F auf die bestehenden Systeme und Datenbanken nur über einen Anticorruption Layer zugreifen darf. (Bild 10.2).

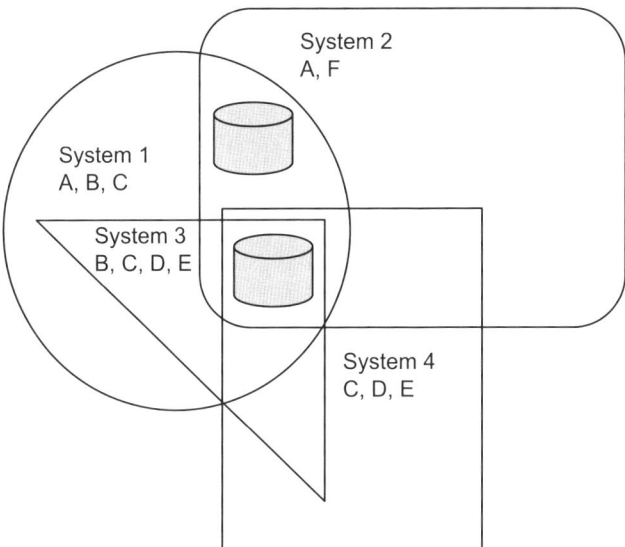

Bild 10.1 Ausgangssituation für unser Refactoring. Die Systeme teilen sich einfach alle einige wenige Datenbanken

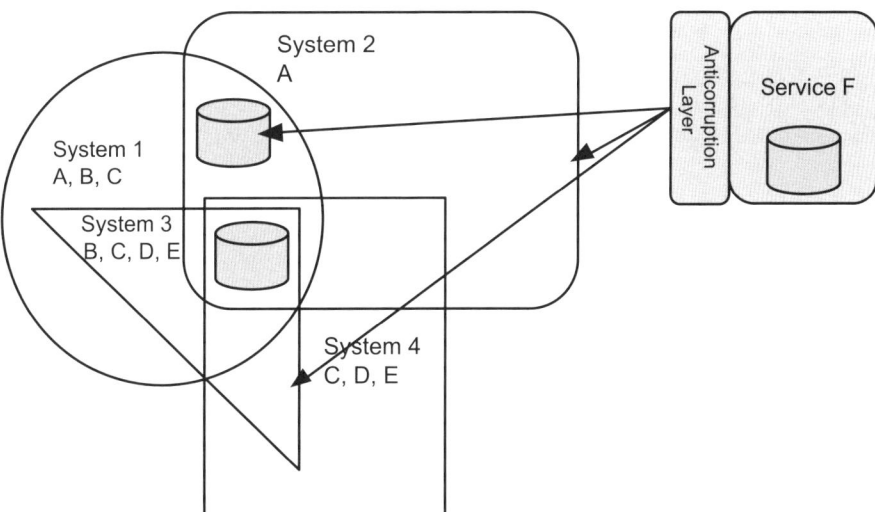

Bild 10.2 Der erste Schritt in eine neue, bessere Welt wäre hiermit getan

Der nächste logische Schritt zur Reduktion der Gesamtkomplexität liegt jetzt schon beinahe auf der Hand. Subdomäne A ist nun nur mehr in System 1 und 2 implementiert und wenn wir sie da rausbekommen, könnten wir damit auch gleich System 2 vollständig ablösen. Der Anticorruption Layer hat bei der Extraktion von F gute Dienste geleistet, daher beschließen wir, dass wir diesen erweitern und stattdessen gleich den verbleibenden Systemen 1, 3 und 4 ein Open-Host-Service verpassen (Bild 10.3). Da dieser gezielt eine schöne API der Subdomänen B, C, D und E zur Verfügung stellt, beschließen wir die neuen Services A und F in einer Customer-Supplier-Beziehung zu diesem Open-Host-Service zu stellen.

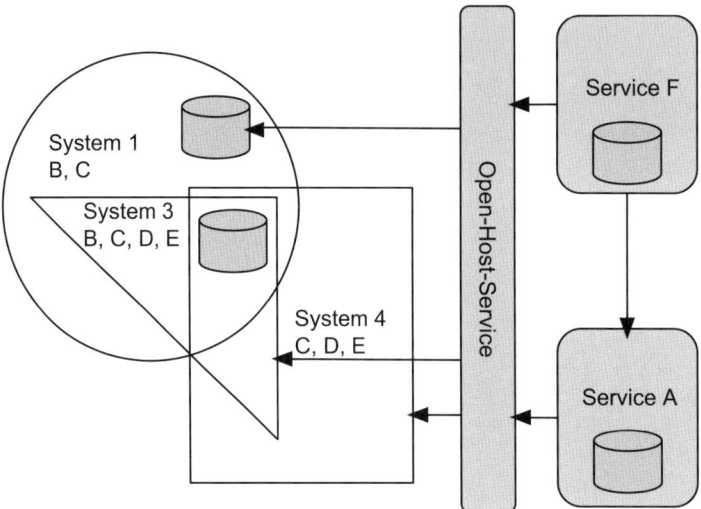

Bild 10.3 Und weiter geht's ...

Im Zuge dessen muss man sich auch erstmals überlegen, in welcher Beziehung die beiden neuen Services A und F zueinanderstehen. D.h., dass wir vor der Frage stehen, wie die Beziehungen in der Abbildung rechts des Open-Host-Services denn auszusehen haben. Dabei ist natürlich möglichst auf zu enge Formen der Kopplung zu verzichten, schließlich haben wir ja aus den Fehlern der Vergangenheit (hoffentlich) gelernt. Den Rest können Sie sich dann mit Sicherheit denken: Das Spiel wird einfach so lange weitergespielt, bis alle Subdomänen fertig extrahiert sind.

10.3.2 APIs First

Eine andere Idee, wie komplexe Migrationen angegangen werden können, geht in die Richtung, als ersten Schritt eine rudimentäre Implementierung der APIs der einzelnen identifizierten Subdomänen anzubieten (Bild 10.4).

Die Idee ist, dass ab dann jede Verwendung einer anderen Subdomäne aus einem der Altsysteme oder im Zuge der Erstellung der neuen Architektur über diese neuen APIs geht. Solange die Altsysteme noch nicht abgelöst sind, wird es an vielen Stellen nötig sein, über Adapter auf die Altsysteme und in diesem Fall auch auf die alten Datenbanken zuzugreifen. Mit der Zeit sollten allerdings die Adapter und auch die Altsysteme immer kleiner werden (Bild 10.5). Nach einer Weile gibt es nur mehr die neuen Services und APIs.

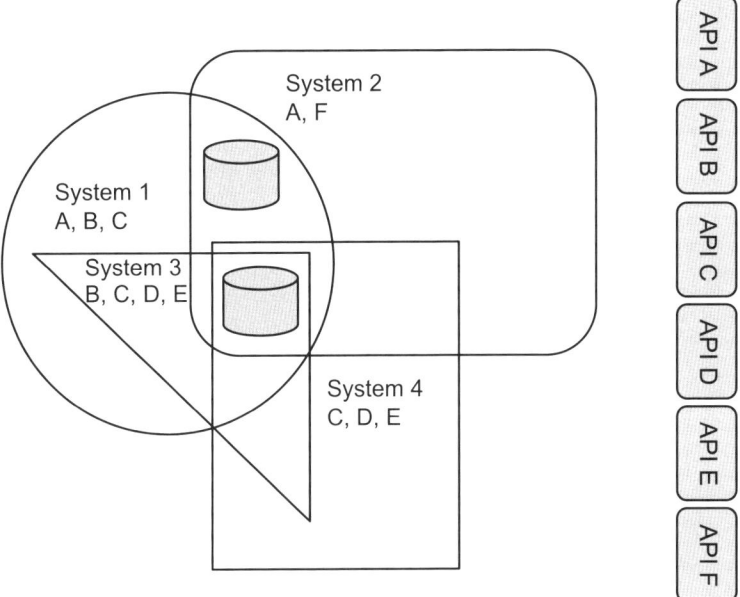

Bild 10.4 Zunächst werden sämtliche der neuen APIs zur Verfügung gestellt

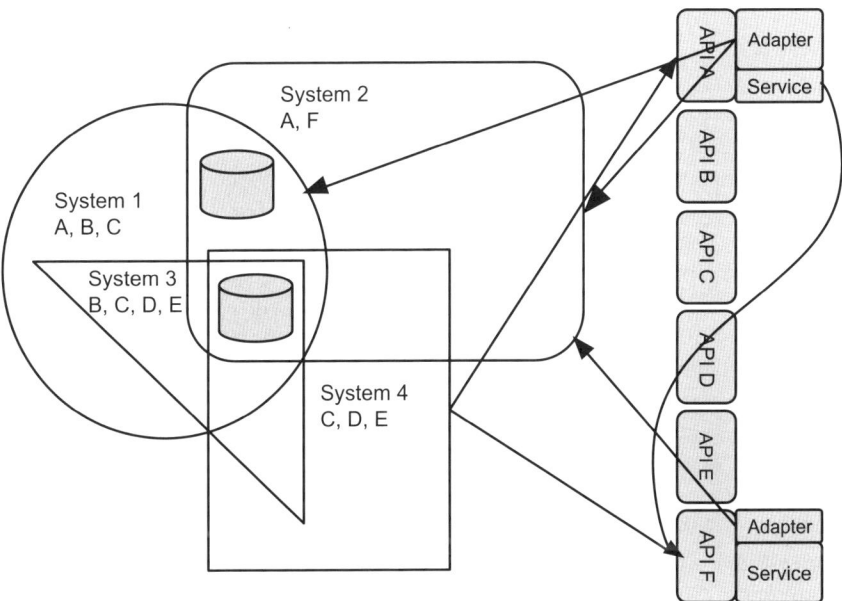

Bild 10.5 Die APIs werden immer öfter benutzt und mit echten Inhalten befüllt

10.3.3 Aushöhlung

Im nächsten Beispiel möchte ich einen Fall betrachten, bei dem die Entwicklung eines Monolithen über die Jahre immer mehr aus dem Ruder geraten ist (Bild 10.6). Es lässt sich zwar in Ansätzen noch das Konzept des Layerings erkennen, aber abgesehen davon, dass auch dieses schon an einigen Stellen verletzt wurde, haben wir das im Kapitel über Separation of Concerns sowieso als Antipattern kennengelernt.

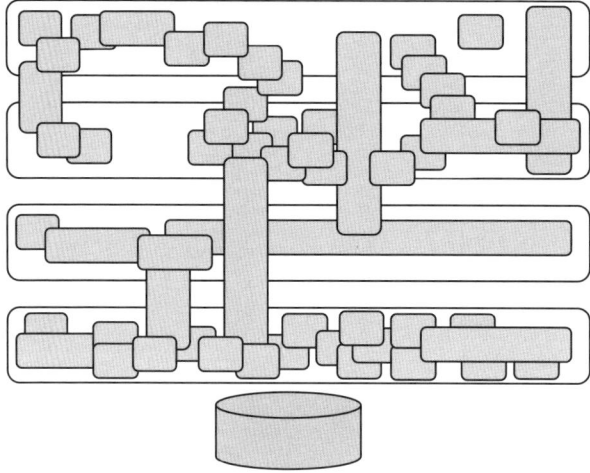

Bild 10.6 Ein klassischer Big Ball of Mud

Der Beginn einer Migration eines Monolithen ist besonders schwierig. Wie Sie sehen, grenzen sich die einzelnen Module des Monolithen nicht sauber voneinander ab. Es gibt also keinerlei Komponenten mit wohl definierten ein- und ausgehenden Schnittstellen. Daher gibt es in solchen Situationen meist auch keinerlei Abdeckung durch automatisierte Unit-Tests. Diese wären aber besonders wichtig, um mit der Migration zu beginnen, da man nur durch Testautomatisierung jederzeit überprüfen kann, ob es durch das laufende Refactoring nicht auch zu unerwünschten Seiteneffekten kommt. Diese unangenehme Situation haben wir in Abschnitt 9.1 als „Legacy-Code-Dilemma" kennengelernt. Die Lösung ist wie dort erwähnt einfach: die Erstellung von automatisierten Tests, welche den kompletten Monolithen als Integrations- oder Systemtest in seiner Gesamtheit testen. Für Webapplikationen ist dies z. B. mit einem Tool wie Selenium möglich. Sobald wir für unseren Big-Ball-of-Mud-Monolithen solche Tests haben, können wir damit beginnen, Schritt für Schritt die ersten fachlichen Themen als vertikale Schnitte herauszulösen (Bild 10.7). Und immer so weiter, so lange, bis die Architektur dem gewünschten Ziel (beispielsweise dem eines modularen Monolithen) entspricht, den man später noch in eine Microservice-Architektur überführen könnte.

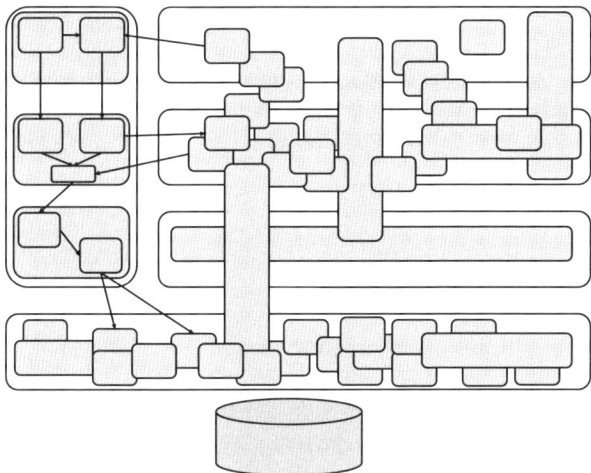

Bild 10.7 Der erste Schritt wäre getan …

Für die Weiterentwicklung eines Monolithen auf diese Art und Weise eignet sich die Methode der Managed-Evolution recht gut. Zur Berechnung der Qualität der Architektur kann man eine Kennzahl wie die RACD benutzen, welche in Abschnitt 9.7.4 vorgestellt wurde. Methoden zum Management technischer Schuld wie aim42 würde ich hier zu Beginn noch nicht einsetzen, und zwar aus dem folgenden Grund: Wenn keinerlei Konzepte existieren, wie dies bei einem Big Ball of Mud eben der Fall ist, ist es schwierig, einzelne Issues zu identifizieren, da die gesamte Architektur eigentlich als ein großes Issue bezeichnet werden muss. Sobald man die Kurve aber einmal gekriegt hat, muss man eigentlich nichts weiter tun als die Developer Boy Scout Rule von Robert C. Martin zu beherzigen [Mar13], die da heißt:

Always check a module in cleaner than when you checked it out.

10.3.4 Ach wenn ich doch nur anfangen könnte!

Das Refactoring eines Big Balls of Mud kann eine gewaltige Herausforderung darstellen, keine Frage. Dummerweise stellt sich die größte gleich zu Beginn, da es dabei erfahrungsgemäß immer am schwierigsten ist, den ersten Schritt zu tun und die allererste Form von Modularisierung herzustellen. Einen Tipp möchte ich Ihnen an dieser Stelle noch mitgeben: Üblicherweise lässt es sich am einfachsten mit den Teilen der Legacy-IT beginnen, die die wenigsten eingehenden und ausgehenden Abhängigkeiten haben. Oder mit anderen Worten niedrige Werte für Ca und Ce besitzen, wie sie in Abschnitt 9.6 definiert wurden. Denn je weniger Abhängigkeiten, desto einfacher ist etwas zu extrahieren. Im Endeffekt kommt es natürlich sehr auf das Legacy-System selbst an, womit Sie beginnen, und auch, für welche der drei hier vorgestellten Varianten Sie sich entscheiden. Selbstverständlich können diese Methodiken auch kombiniert werden.

Eines sei der Vollständigkeit halber noch erwähnt. In manchen Fällen ist es möglich, in Abstimmung mit dem Kunden bzw. Auftraggeber eine neue IT parallel zur alten aufzubauen. Man kann im Idealfall dann auf Überschneidungen zwischen der alten und der neuen IT-Landschaft verzichten. Dies hat, während die Umstellung läuft, dann nicht selten gravierende Nachteile für den Benutzer, da es für diesen unter Umständen nötig ist, manche Verarbeitungen zweimal durchzuführen. Dieser Mehraufwand kann aber evtl. kleiner sein als die Zusatzaufwände, welche in der IT für eine benutzerfreundlichere Migration notwendig wären.

10.3.5 Über die Migration der Mitarbeiter

Als wäre die Migration von unstrukturiert gewachsenen softwareintensiven Systemen nicht schon schwer genug, so wird man sich im Zuge so eines Prozesses auch mit den Herausforderungen auseinandersetzen müssen, welche sich einem aufgrund der menschlichen Psychologie stellen werden. Um in Zukunft bessere Software zu schreiben, ist es nämlich meist auch unerlässlich, an der Kultur des Unternehmens zu arbeiten. Sonst wäre die Migration für die Katz und es würde danach nur wieder zu denselben Problemen kommen. So etwas bedeutet allerdings für die Mitarbeiter, Änderungen an den seit langem gewohnten Arbeitsabläufen zu akzeptieren. Damit werden die meisten Mitglieder des Teams zumindest für eine Zeitlang ihre Komfortzone verlassen müssen. Das bedeutet, dass man durchaus auch mit persönlichem Widerstand wird rechnen müssen. Dies kann einerseits zwar mühsam sein, ist aber andererseits nur menschlich und normal, weshalb ich Sie einfach bitten möchte, demgegenüber geduldig zu sein, wenn Sie eine solche Migration in Angriff nehmen. Wenn Sie einen vernünftigen Pfad eingeschlagen haben, wird der Widerstand sehr bald abnehmen. Wenn nicht, lohnt es sich vielleicht, die Kritik ernst zu nehmen und den gewählten Weg nochmal zu hinterfragen.

■ 10.4 Pitfalls

Der Versuch, eine modulare IT zu entwickeln, geht leider nicht selten in die Hose, wofür es einige Gründe gibt, die man recht häufig antrifft. Die Klassiker, über die ich mich im Laufe meiner beruflichen Laufbahn schon einige Male ärgern musste, möchte ich zur Warnung noch explizit erwähnen.

10.4.1 Es funktioniert

Ich habe nicht erst einmal erlebt, dass ein ganzes Team jeden Blick über den Tellerrand gezielt vermied. Wenn man auf Schwächen in der Architektur hinweist, wird man dabei nicht selten der Einfachheit halber mit dem Argument „Es funktioniert doch" aus dem Diskurs gewatscht. Es gibt dort dann quasi eine rein funktionale Kultur, die bereits die Existenz nichtfunktionaler Anforderungen negiert. Wenn man hier aber den Kunden gezielt auf diese anspricht, so stößt man meist auf diesbezügliche Schwächen der Lösung, die dem

Auftraggeber dabei sehr wohl bewusst sind. Über diesen Weg stelle ich dann oft die Ange-
messenheit der Architektur in Frage und decke Schwachstellen auf. Dadurch beginnt das
Team dann, sich Fragen zu stellen, welchen es bis dorthin gezielt ausgewichen ist. ATAM
(Abschnitt 1.1.3) ist dabei für mich das ideale Werkzeug.

10.4.2 Enterprise- vs. Makro-Architektur

Vor allem große Unternehmen mit Inhouse-IT-Abteilungen benutzen gerne das Schlagwort
Enterprise-Architektur (EA) als Synonym für Makro-Architektur, wobei es sich dabei aber
genau genommen um etwas anderes handelt. Konkret ist mein Eindruck, dass die Disziplin
EA, was die Makro-Architekturthemen angeht, keine aktuellen Muster vertritt. Wenn Sie
also als Manager für die IT-Landschaft eines großen Unternehmens verantwortlich sind, so
stellen Sie sich einmal die Frage, wer in Ihrer Organisation denn nun konkret für die Makro-
Architekturfragen verantwortlich ist und nach welchen Prinzipien diese gebaut werden. Die
Muster, welche dabei von TOGAF in seiner SOA-Referenzarchitektur vorgegeben werden,
sind dabei als hoffnungslos veraltet abzulehnen, weil sie von der Effizienz her dabei mit
moderneren Ansätzen anderer Unternehmen nicht mithalten werden können.

10.4.3 Scrum

Scrum oder jede andere Art von iterativer Entwicklung wird leider teilweise als Erleich-
terung angesehen, nicht mehr durch die Quality Gates der schwerfälligen Planung eines
Wasserfalls durchzumüssen. Manche sind dann der Meinung, dass man einfach nur mehr
programmieren müsse. Leider musste ich schon erleben, dass durch diese Mentalität ganze
Produkte an die Wand gefahren wurden, was dann – zum Leidwesen aller – das Management doch wieder vom Wasserfall als Vorgehensmodell überzeugte. Tatsache ist, dass iterative Entwicklung sehr viel Selbstdisziplin vom Team verlangt. Dabei sind Themen wie nichtfunktionale Anforderungen, Clean Code und Modularisierung nicht verschwunden, sondern
auf jede einzelne Iteration verteilt. Probleme mit der Architektur wird man damit also viel
schneller bemerken, was einer der großen Vorteile der iterativen Entwicklung ist. Es ist also
wichtig, dass das Team, wenn es iterativ vorgeht, genau definiert, was es für eine Userstory
denn nun genau bedeutet, fertig umgesetzt zu sein. Im agilen Umfeld ist das üblicherweise
als die Festlegung der „Definition of Done" [Zit15] bekannt.

10.4.4 Microservices

„Wir brauchen Microservices!" – dieser Reflex ist momentan wohl die Antwort auf alle möglichen Probleme, welche die Architektur komplexer Systeme betreffen. Microservices sind
ein interessanter Ansatz, keine Frage. Es geht dabei im Grunde um eine sehr hohe, durch
Verteilung über das Netzwerk erzwungene Modularisierung, wodurch die Kopplungen von
der Annahme der Laufzeitumgebung und der Technologie befreit werden. Zugegriffen wird
nur über Fassaden (denn eine REST API setzt eigentlich immer das Facade Pattern um),

wodurch es zu einer konsequenten Umsetzung des Information-Hiding-Prinzips kommt. Ein Allheilmittel stellen Microservices aber keineswegs dar. Ein gut strukturierter Monolith ist mir nämlich allemal lieber als ein konzeptloser Haufen von Microservices, auch bekannt als Distributed Big Ball of Mud [Bro14]. Man sollte darüber hinaus nicht außer Acht lassen, dass es auch diverse Mittelwege zwischen Monolith und verteiltem System gibt, die man im Auge behalten sollte (Abschnitt 8.2.2). Microservices stellen also nicht zwangsläufig eine gute Architektur dar.

Es gilt festzuhalten: Pauschalaussagen im Bereich komplexer Softwarearchitekturen wird es auf absehbare Zeit nicht geben. Eine Antwort auf eine ganz allgemein gehaltene Fragestellung aus diesem Bereich muss eigentlich immer beginnen mit: „Das kommt darauf an …" [Bec15].

10.4.5 Vereinheitlichung

Wenn es in komplexen IT-Landschaften zu Problemen kommt, so wird manchmal der Ruf nach mehr Vereinheitlichung laut. Vermeintlich sind die Unterschiede der einzelnen Lösungen dabei für die vielen Abstimmungsmeetings verantwortlich, welche nötig sind, um den über die Jahre gewachsenen Big Ball of Mud noch halbwegs stabil betreiben zu können. Wenn wir noch einmal einen Blick auf das Ausgangsszenario für die Migration aus Abschnitt 10.3.1 werfen (Bild 10.1), so könnte man naiverweise meinen, dass die Probleme, welche sich beim Betrieb der Systeme, die sich hier wenige Datenbanken teilen, durch Vereinheitlichung lösen lassen. Dies würde aber eigentlich mehr einem Workaround um das eigentliche Problem herum gleichen, als einer wirklichen Lösung.

Tatsache ist, dass der Versuch, Homogenität herzustellen, nur zu noch mehr Abstimmungsmeetings führen wird. Die Arbeit wird sich also dadurch nicht beschleunigen lassen. Probleme, welche durch die Abwesenheit von Architektur verursacht werden, lassen sich nur durch Herstellung dieser beheben. Die Anzahl der Meetings wird erst sinken, wenn Sie es schaffen, für klare Strukturen in der Systemlandschaft zu sorgen, ähnlich wie es im Kapitel zum Thema Domain Driven Design vorgestellt wurde. Die einzelnen Teams können dann im Rahmen der Schnittstellen, welche sie als Vertrag für das jeweilige System anbieten, die Entwicklung unabhängig voneinander voranbringen. Die Abstimmung zwischen den einzelnen Teams und Systemen sollte dabei auf das notwendige Minimum beschränkt bleiben, wird aber natürlich nie völlig verschwinden. Die Gemeinsamkeiten, die sich dabei finden lassen, sind als unternehmensweite Richtlinien zu dokumentieren und laufend zu pflegen. Das aber ausschließlich, um unnötigen (!) Wildwuchs zu verhindern.

10.4.6 Keine klare Linie

Egal, ob Sie mit meiner Sichtweise des Themas Architektur d'accord sind oder nicht: Wichtig ist es für jedes Unternehmen, eine in groben Zügen abgestimmte Linie zu dem Thema zu vertreten. Wenn Sie durch Architektur Strukturen bauen wollen, welche Unabhängigkeit und Flexibilität fördern, so müssen diese Strukturen am Ende des Tages immer noch zusammenpassen. Und da ist eine suboptimale Vorgabe manchmal sogar besser als gar keine.

Denn vertikale und horizontale Schnitte wird man nur schwierig miteinander integrieren können.

 War Story

Einmal versuchte ein von mir betreutes Team, einen Anticorruption Layer als Konzept des Domain Driven Designs zur Abgrenzung zur Legacy-IT zu bauen. Worauf das zentrale Integrationsteam intervenierte, dass dieser Layer auf den ESB müsse und außerdem das kanonische Modell zu berücksichtigen habe. Da man dem kanonischen Modell, im DDD bekannt als Published Language, wegen der indirekten Abhängigkeit dadurch zu allen anderen Subdomänen und der erwarteten Abstimmungsaufwände nicht traute, plante das Team zu diesem ESB umgehend wiederum einen Anticorruption Layer.

10.4.7 Überbewertung des Themas Prozesse

„Aber das Management möchte Prozesse reusen." Mit dieser Argumentation wurde einmal ein Architekturkonzept von mir abgelehnt, einfach, weil ich es geschafft habe, den gesamten ESB-Layer, welcher zunächst der Einfachheit halber quer durch die gesamte Systemlandschaft gezogen wurde, wegzudiskutieren. Die modulare Architektur, welche ich vorgeschlagen hatte, bestand aus einigen wenigen Subdomänen, welche über einfache Messages miteinander kommuniziert hätten. Die Ablehnung ist zunächst wohlgemerkt erfolgt, weil die Prozesse fehlten und nicht, weil eine auf steuernde Prozesse ausgerichtete Architektur besser gewesen wäre oder es diesbezüglich Argumente gegeben hätte. Hier war Folgendes passiert: Die Theorie zur SOA 1.0 ist über die Jahre in die Managementetage vorgedrungen und wurde dort teilweise schon in das Vokabular übernommen. Und das wohlgemerkt ungeachtet dessen, ob diese Muster noch Gültigkeit besitzen. Schließlich hinterfragt die Softwarearchitektur laufend ihr Tun, was gut so ist. Schließlich ist das Pattern von heute ruckzuck das Antipattern von morgen. Da erscheint es wenig hilfreich, wenn das Vokabular der Führungsebene dem hinterherhinkt und man im Endeffekt gezwungen ist, eine dem Vokabular angemessene Architektur zu bauen. Ähnliches gilt übrigens für die Begriffe „Portal" und „Plattform", welche auch oft für ein solches Buzzword Driven Design verwendet werden.

10.4.8 Irrationalität

Manager haben kein einfaches Leben. Wenn ich versuche, mich in einen Manager hineinzuversetzen, dann tun sie mir jedes Mal aufs Neue leid. Wie soll man Entscheidungen treffen, wenn sich das Team nicht einig wird und man selbst nur teilweise über Fach-Know-how verfügt? Enorm hilfreich ist es, wenn man echte Argumente von Aussagen, welche an der Welt der objektiven Realität vorbei zielen, unterscheiden kann. Ich möchte diesbezüglich ein paar Klassiker aufzählen, welche mir in meiner beruflichen Laufbahn leider viel zu oft begegnen:

Zirkelschlüsse

„Die Bibel ist Gottes Wort, denn es steht geschrieben, alle Schrift ist von Gott eingegeben." So oder so ähnlich wird manchmal gerne argumentiert. Das Argument selbst ist dabei keines, da es sich selbst begründet und somit nicht in der Außenwelt (der sogenannten Realität) verankert ist. Nicht jeder dieser sogenannten Zirkelschlüsse ist dabei so einfach auf den ersten Blick als solcher zu erkennen. Mein immer wieder gerne gehörter Favorit ist dabei übrigens: „Andere machen das auch so." Wenn im Endeffekt kein weiteres objektives Argument als dieses übrigbleibt, so wäre die Annahme nur logisch, dass dies bei den angeblichen „anderen" auch so ist. Somit ist nichts anderes passiert, als den Zirkelschluss auf diese anderen auszudehnen. Ein valides Argument ist dadurch keineswegs entstanden. Es liegt übrigens in der Natur des Menschen, weit verbreitete Annahmen prinzipiell für plausibel zu halten. Nach dem Motto: Wie könnte es sonst sein, dass dies von so vielen geglaubt wird? Wenn dadurch aber Fakten entstehen würden, dann müsste die chinesische Mauer vom Mond aus erkennbar sein, Einstein wäre in der Schule tatsächlich ein Versager gewesen, Vitamin C würde nicht nur gegen Skorbut, sondern auch gegen Erkältungen helfen und wir würden nur 5 % unseres Gehirns benutzen.

Das Absurde mit dem Genialen verwechseln

Aus irgendeinem Grund scheinen die Menschen dazu zu neigen, Dinge, welche sie nicht verstehen, für genial zu halten. Vor allem dann, wenn diese in einem überzeugenden Rahmen kommuniziert werden. Während eine mittels einer Bierfahne kommunizierte Überzeugungsrede am Stammtisch beim Dorfwirt evtl. nur wenige Anhänger finden wird, könnten dieselben Inhalte in offiziellerem Rahmen, in schickem Anzug auf einem Podium und von einer Autoritätsperson rezipiert, durchaus plausibel erscheinen. Im Grunde steht man, wenn man etwas zunächst völlig Verwirrendes zum ersten Mal hört, vor der Entscheidung, dem Glauben zu schenken oder nicht. Um sich nicht für dumm verkaufen zu lassen, ist es dann wichtig, sich nicht von den eigentlichen Inhalten ablenken zu lassen.

Wiederholung bereits entkräfteter Argumente

Bezeichnend für ein offensichtliches Fehlen von Objektivität ist es für mich auch immer wieder, wenn bereits entkräftete Argumente wiederholt werden. Wenn also etwas bereits durch eine reductio-ad-absurdum widerlegt wurde und mangels alternativer Argumente später wiederholt wird, um den eigenen subjektiv gewählten Standpunkt zu untermauern, sollte vollkommen klar sein, welcher Seite man Vertrauen schenkt.

Trugschlüsse

Unzulässige Schlussfolgerungen trifft man auch in einer eigentlich logisch denkenden Branche wie der IT sehr häufig an. Ein aktuelles Beispiel ist etwas, was in jeder zweiten Session auf Konferenzen zum Thema Microservices behauptet wird: Nämlich, dass Monolithen prinzipiell dazu neigen, mit der Zeit zu erodieren, was ihre Strukturen betrifft. Das ist natürlich so nicht absolut wahr. Nur, weil wohl jeder von uns schon einen Monolithen mit wenig bis gar keiner erkennbaren Architektur gesehen hat, bedeutet das noch lange nicht, dass dies ein unausweichliches Schicksal dieses Architekturstils wäre. Wenn man laufend, über die gesamte Lebensdauer einer monolithischen Lösung am Ball bleibt, was die Architektur angeht, so kann man sehr wohl langfristig mit einem Monolithen Erfolg haben.

Quatsch

Die einfachste Art und Weise, sich in einer Diskussion zu behaupten, ist es immer, wenn man sich die Freiheit nimmt, Argumente einfach so aus der Luft zu greifen. So etwas zeichnet sich meist dadurch aus, dass dabei eine ebenso gewagte wie überhaupt nicht überprüfbare Behauptung aufgestellt wird. Mein absoluter Favorit diesbezüglich ist dabei die folgende These, welche sich aufgrund ihrer abstrakten Allgemeingültigkeit gut zur Wiederverwendung eignet. Allerdings nur für all jene, die keinerlei Skrupel haben, ihre Zuhörer auch mal argumentativ an der Nase herumzuführen: „Das ist Industriestandard!" Solche Sachen sind wohl genau das, worum es in Betrand Russels [Rus27] Teekannen-Analogie geht. Er bringt dabei als Beispiel jemanden, der behauptet, dass zwischen Erde und Mars eine Teekanne aus Porzellan kreisen würde, welche gerade so klein sei, dass auch die leistungsfähigsten Teleskope sie nicht entdecken könnten. Eine solche Behauptung ist dann nicht automatisch als wahrhaftig anzusehen, weil es niemandem möglich ist, das Gegenteil zu beweisen. Es obliegt vielmehr dem, der diese These aufgestellt hat, für Belege zu sorgen, wenn er möchte, dass man ihm Glauben schenkt.

Dogmatismen

Wie oft ist es schon passiert, dass irgendjemand meinte, endlich die Antwort auf alle Fragen der Softwarearchitektur gefunden zu haben. Es werden dann irgendwelche Muster identifiziert, welche es angeblich immer einzusetzen gilt. Wenn Sie so etwas hören, seien sie bitte prinzipiell skeptisch. Softwarearchitektur zeichnet sich dadurch aus, dass sie ihr Tun laufend hinterfragt. Ein Pattern von heute gilt schon morgen nicht selten bereits wieder als Antipattern. Strömungen, die dies nicht tun, gibt es zu Genüge, ernst zu nehmen sind sie aber alle nicht.

Bockmist (Bullshit)

Anmaßendes, leeres Gerede, im Englischen auch als Bullshit bezeichnet, ist etwas, das man aus irgendeinem Grund gerade in unserer Branche leider nur allzu oft antrifft. Die Aussprache eines Bullshits gleicht dabei dem Versuch, beim Pokern zu bluffen. Es wird versucht, mit einer hohlen Phrase nicht vorhandene Kompetenz vorzutäuschen, in der Hoffnung, dass diese niemand hinterfragt (also im Pokerjargon: „sehen will"). Sollte nämlich hinter dem Bullshit doch etwas Sinnvolles stecken, dann würde sich derjenige, der nachfragt, blamieren, weil er damit offenbart, selber noch nie etwas davon gehört zu haben. Für mich ist Bullshit kein Kavaliersdelikt, weil damit oft echte Kompetenz ersetzt wird und Unternehmen dadurch in schwerwiegende Probleme gebracht werden können.

Nichts, und wirklich gar nichts auf der Welt ist so dermaßen sinnlos, als mit jemandem zu debattieren, der Argumente nicht als den Weg zur Erkenntnis einer objektiven Wahrheit anerkennt. Wenn Sie eine der in diesem Kapitel angeführten Verhaltensweisen wiederholt bei einem Ihrer Zeitgenossen erkennen, so möchte ich Ihnen, was Diskussionen mit dieser Person angeht, noch Folgendes mit auf den Weg geben: Lassen Sie es bleiben! Einerseits, weil es ohnehin fruchtlos bleiben wird, aber andererseits auch im Sinne Ihrer eigenen körperlichen und geistigen Gesundheit!

Zum Abschluss des Themas Irrationalität noch etwas Werbung in eigener Sache. Sollten Sie Ihren Sinn für logisches Denken weiter schärfen wollen, so erlaube ich mir an dieser Stelle, Ihnen den Download meiner App „Logika – Logikrätsel" aus Googles Playstore zu empfeh-

len. Die App ist völlig gratis spielbar. Vor allem Übung in Spiel Nr. 3, „Schlussfolgerungen"
wird helfen, Trugschlüsse und Irrationalität in Zukunft viel schneller zu bemerken. Bei
einem selbst ebenso, wie bei anderen.

10.4.9 Big-Bang-Migration

Oft gescheitert und trotzdem immer wieder gerne versucht, sind Unterfangen, welche versuchen, in einem großen Wurf die Architektur betreffende Probleme in den Griff zu bekommen. Ab einer gewissen Systemgröße ist so etwas zum Scheitern verurteilt und man ist
besser damit beraten, Strukturen über die Zeit einfach schrittweise herzustellen. Ansätze
dafür wurden in diesem Kapitel bereits vorgestellt (Abschnitt 10.3).

Bild 10.8 Big-Bang-Migrationen auf den Punkt gebracht
(Quelle: *http://blog.gardeviance.org/2016/07/how-not-to-fix-government-it.html*)

10.4.10 Scope Creep

Mag sein, dass nicht jeder meine etwas reduktionistische Sichtweise des Themas Softwarearchitektur mit Fokus auf das Bauen von Strukturen und das Management deren Abhängigkeiten teilt. Eines ist aber sicher: Das ist die Hauptaufgabe der Disziplin Architektur in der
Softwareentwicklung. Wenn das nicht klar ist oder aus irgendwelchen Gründen nicht klap-

pen sollte, konzentrieren sich manche dann stattdessen auf die Randgebiete der Software-architektur. So hat mir einmal ein Gruppenleiter eines Teams von beinahe 20 Architekten stolz erzählt, wie gut seine Leute darin sind, alle (un-)möglichen Technologien zum Laufen zu bringen. Das ist schön und gut, aber im Grunde nichts weiter als eine Themaverfehlung. Auf meine Frage, wer sich währenddessen um die erodierende Makro-Architektur küm-mert, konnte er mir nicht antworten und schien sogar über diese Frage überrascht, die anscheinend seiner Meinung nach nichts mit der Thematik der Softwarearchitektur zu tun hatte.

10.4.11 Elfenbeinturm

Zentrale Architektur-Teams sind nach dem Gesetz von Conway ganz und gar nicht ideal für den Aufbau effizienter Strukturen. Sie werden immer dazu neigen, zentrale und somit alles andere als modulare Strukturen zu bauen. Abgesehen von diesem Problem wird man sich aber noch einer Herausforderung damit stellen müssen: Solche Teams laufen Gefahr, den Konnex zur Realität zu verlieren. Sie würden von da weg im Elfenbeinturm leben und von den anderen Teams immer weniger ernst genommen werden. Um das zu vermeiden, bietet es sich an, wenigstens einmal im Jahr dem Team eine kurze Auszeit zu geben. Dabei fragt man sich dann, ohne sich etwas vorzumachen, wie die eigenen Konzepte die Unterneh-mensziele unterstützen und ob und wie sie in den einzelnen Entwicklungstätigkeiten ankommen. Außerdem, ob diese Konzepte dort auch nachvollziehbare Vorteile erzeugen. Die typischen Anzeichen einer Entwicklung eines Teams hin zu einem Elfenbeinturm sind für mich:

- Es gibt Richtlinien, welche einfach zu weit gehen und die Teams bei ihrer Designtätigkeit nicht unterstützen, sondern einschränken sollen. Der Fokus liegt dabei auf übertriebener Vereinheitlichung.

- Die Architektur wird als Selbstzweck argumentiert. Das Ziel, welches es mit der Ein-haltung der Richtlinien zu erreichen gibt, ist „technische Sauberkeit". Also nicht etwa zufriedenere Kunden, mehr Gewinn oder ein höherer Aktienkurs des Unternehmens.

- Es werden gezielt zentrale Strukturen gebaut, die so gar nicht im Sinne der Modularität sind.

10.4.12 Ignorieren von Feedback zu Machbar- und Sinnhaftigkeit

Die folgende Geschichte, wenn auch evtl. historisch nicht ganz korrekt, soll als Warnung dienen, Ziele nicht zu hoch zu stecken, wie es beispielsweise eine Big-Bang-Migration tun würde. Außerdem lehrt sie uns, auf Feedback der Leute, die es eigentlich besser wissen müssten, auch einzugehen: Während des dreißigjährigen Kriegs erteilte der König von Schweden seinen Ingenieuren den Auftrag, das größte und beste Schiff zu konstruieren, welches die Welt jemals gesehen hatte. Vor allem bestand er darauf gleich zwei Kanonen-decks übereinander einzubauen [Paa08], die diesbezüglichen Einwände seiner Mitarbeiter in den Wind schlagend und in der Meinung, dass sich diese nur nicht genug anstrengen würden. Er setzte seine Mannschaft so lange unter Druck, bis im Endeffekt keine andere

Meinung als seine eigene akzeptiert wurde, denn schließlich wollte niemand seiner Untergebenen die Rübe runter haben. So wurden die Aufwände zur Aufrüstung der Seemacht in diesem einen Projekt konzentriert und das größte Schlachtschiff gebaut, welches die Welt bis dahin gesehen hatte. Nach Fertigstellung und Stapellauf kam die „Vasa" nur etwa 1000 Meter weit und sank daraufhin mit Mann und Maus.

Wobei mir natürlich klar ist, dass man als Manager unmöglich auf jeden Wiederstand, welchen es einfach gegen jegliche Form der Veränderung geben wird, Rücksicht nehmen kann. Die Unterscheidung zwischen berechtigtem Wiederspruch und einer generellen Ablehnung gegenüber allem Neuen ist wohl das ganz besondere Fingerspitzengefühl, welches gute Führungskräfte auszeichnet.

10.4.13 Widersprüchliche Ziele

Konflikte werden schon fast automatisch entstehen, sobald ein Manager seinen Mitarbeitern widersprüchliche Ziele mit auf den Weg gibt. Der klassische Konflikt ist dabei der zwischen Architekt und Projektleiter. Während der Projektleiter üblicherweise mit finanziellen Anreizen belohnt wird, wenn die gewünschten funktionalen Anforderungen budgetgetreu zu einem bestimmten Termin pünktlich umgesetzt werden, strebt der Architekt dabei eher nach einer langfristig gut wartbaren Lösung. Und diese Ziele widersprechen sich zu einem gewissen Teil, das ist nun mal so.

Tatsache ist, dass uns in letzter Zeit etwas, das (noch?) als Industriestandard gilt, einen solchen Konflikt in die Welt der Architektur gebracht hat. Ich meine damit die Teilung der Architekturaufgaben in Enterprise und Solution-Architektur. Üblicherweise stellt der Enterprise-Architekt Richtlinien für den Solution-Architekten auf, und der Solution-Architekt soll für eine reibungslose Umsetzung dieser im Projekt sorgen. Dem Enterprise-Architekten wäre es eigentlich am liebsten, wenn gar keine Projekte mehr umgesetzt würden, umso weniger Probleme und Abhängigkeiten können sich in die Systemlandschaft einschleichen. Der Solution-Architekt wird aber daran gemessen, wie gut und einfach die Umsetzung des Projekts geklappt hat, und ist eher zur Unterstützung der Projektleiter da. Ich plädiere daher eher für eine Unterscheidung in Makro-Architekten und Designer. Es wird dann jeweils dasselbe Ziel verfolgt, allerdings auf unterschiedlichen Abstraktionsebenen.

10.4.14 Management durch Kennzahlen

„If you can't measure it, you can't manage it". Soll heißen: Der Erfolg des Managements ist nicht feststellbar, wenn er sich nicht messen lässt. Was bedeutet das aber nun für das Software-Engineering-Business? Tatsache ist, dass Software üblicherweise im Zuge von Projekten entwickelt wird. Projekte aber zeichnen sich durch ihre Einzigartigkeit aus, was ganz konkret in der Definition des Begriffs Projekt enthalten ist. Wie will man dann aber die Effizienz und den Erfolg von Projekten in Kennzahlen messen und diese miteinander vergleichen? Wäre das in diesem Fall nicht eine zu reduktionistische Sicht auf den Erfolg bzw. den Misserfolg in der IT? Man kann auf dieses Dilemma auf zwei Arten reagieren:

- Wenn keine Kennzahlen auffindbar sind, findet man einfach trotzdem welche. Erfolg wird dann daran gemessen und man belohnt alles, was zu einer Verbesserung dieser Kennzahlen führt, auch falls dies absurd sein sollte.

- Man geht einen alternativen Weg des Managements. Einen, der auf etwas subjektivere Art und Weise etwas mehr auf das Vertrauen in die Mitarbeiter setzt.

10.4.15 Falsche Anreize (Kobra-Effekt)

Der Kobra-Effekt ist beispielhaft für eine weitere mögliche Falle, in welche man durch Setzen smarter Ziele leicht tappen kann. Die Anekdote bezieht sich dabei auf ein angebliches, historisches Ereignis in Britisch-Indien. Der Gouverneur wollte damals der Kobraplage Einhalt gebieten, indem er ein Kopfgeld für die Abgabe toter Kobras aussetzte. Zunächst schien alles gut zu laufen, denn es wurden viele tote Kobras abgegeben. Die Kobraplage schien sich aber gleichzeitig zu verschlimmern. Was war passiert? Durch den konkreten Anreiz „Geld für tote Kobra" wurden die Einwohner motiviert, Kobras sogar noch zu züchten. Einer toten Kobra sieht man es ja nicht an, ob sie in freier Wildbahn getötet wurde oder nicht [Sie01]. Es wurde also ein irreführendes Anreizsystem geschaffen, welches sogar negative Effekte hatte, von positiven ganz zu schweigen.

Ein besonders kurioses Beispiel für den Kobra-Effekt, über welches ich einmal gestolpert bin, war ein Unternehmen, welches über die schlechte Treffsicherheit der Schätzungen der Umsetzungsaufwände für Softwarebausteine erzürnt war. Effektiv ist aber nun einmal nicht vorhersehbar, wie viel Aufwand die Implementierung einer neuen Anforderung mit sich bringen wird. Trotzdem ließ man es sich nicht nehmen, den Führungskräften das Ziel mitzugeben, in Zukunft bei Schätzungen nie mehr als einen gewissen Prozentsatz danebenzuliegen. Dieses Ziel zu erfüllen, war überraschend einfach, allerdings brachte es den Nachteil mit sich, dass infolgedessen die Produktivität (und ich übertreibe nicht) auf etwa ein Drittel sank. Man war bei den Aufwandsschätzungen immer großzügiger zu sich, und in Folge dehnte sich die Arbeit nach dem Parkinsonschen Gesetz [Par55] einfach immer weiter aus, um die ursprüngliche Schätzung möglichst genau zu treffen. Das Ziel wurde erfüllt, die Boni wurden ausbezahlt, alle waren glücklich (oder auch nicht).

10.4.16 Cargo-Kult

Von einem Cargo-Kult spricht man, wenn an einmal getroffenen Entscheidungen, Mustern und Vorgehen festgehalten wird, auch wenn es für Außenstehende längst offensichtlich ist, dass dadurch keinerlei Mehrwert entsteht. Die grundlos getätigten Handlungen werden zum Teil des Selbstverständnisses und nach einer Weile gar nicht mehr hinterfragt. Man kann demnach auch sagen: als eine Art Kult zelebriert.

Ein amüsantes Beispiel aus der Welt der Südsee-Insulaner, den Begründern der ersten Cargo-Kulte während des zweiten Weltkriegs, sind die sogenannten John-Frum-Kulte [Daw16]. Anhänger gibt es auf einigen Inseln des Pazifiks auch heute noch. Obwohl es bei der historischen Person John Frum nicht einmal völlig klar ist, ob dieser überhaupt jemals existierte, wird er dort trotzdem mancherorts als eine Art Messias verehrt. Bei einigen gezielten Versuchen, diese Kulte zu unterdrücken, handelte es sich meist um völlig sinnlose Unterfangen. Einer der Anführer behauptete, John Frum würde per Flugzeug und reich an Fracht (eben: Cargo) wiederkehren. Neben eine Landepiste stellte man einen Kontrollturm aus Bambus und setzte darin Fluglotsen, die Kopfhörerattrappen aus Kokosnussschalen trugen. Auf der Startbahn standen Flugzeugattrappen, die als Täuschung dienten und John Frums Flugzeug anlocken sollten. Einige Jahre später reiste der berühmte englische Tierfilmer Sir David Attenborough auf eine der Inseln, um einen der Anführer des Kults zu treffen. Dieser behauptete, er würde regelmäßig über Funk mit John Frum sprechen. Das Funkgerät bestand aus einer alten Insulanerin, welche man mit einem Draht umwickelt hatte, deren Kauderwelsch, welches sie in Trance von sich gab, als Botschaften von John Frum gedeutet wurde.

Von einem selber kennt man sowas ja prinzipiell nicht. Wenn auch nicht in einer solchen Extremform, so behaupte ich aber doch, dass wir dafür prinzipiell alle anfällig sind. Wenn Sie hin und wieder alles, was Sie tun, mal ganz ehrlich auf die Sinnhaftigkeit hinterfragen, dann werden Sie evtl. ab und zu auch mal den einen oder anderen Kult bei sich selbst aufdecken können. Übrigens ist es gar nicht so einfach, sich so etwas dann einzugestehen, da man vor sich selbst und anderen nicht gerne zugeben möchte, soviel Lebensmühe bereits verschwendet zu haben.

■ 10.5 War Story

Ein kurzes Beispiel für ein mögliches (aber letztendlich nicht durchgeführtes) Refactoring hin zu einer modularen Makro-Architektur möchte ich noch anbringen. Echte Beispiele aus meiner eigenen Tätigkeit will ich hier explizit nicht anführen, da ich nicht weiß, wie das bei den betroffenen Unternehmen aufgenommen werden würde. Einmal hatte ich aber mit einem freiberuflich tätigen Projektleiter bei einem zwanglosen Abendessen die Gelegenheit, über sein aktuelles Projekt zu sprechen. Er wusste von meiner Erfahrung im Versicherungsbereich und berichtete mir daher vom geplanten Unterfangen eines Unternehmens, das System zur Berechnung der Vergütungen der Betreuer (genannt Provisionen) zu ersetzen. Als Unkundiger der Versicherungsdomäne könnte man meinen, dass dies ein triviales Unterfangen ist, welches mit einer einfachen Multiplikation erledigt wäre. Dem ist aber nicht so. Das Thema alleine rechtfertigt meist locker eine ganze Mikro-Architektur von beachtlicher Komplexität. Mich um meinen Rat zur Umsetzung bittend, empfahl ich ihm klar, das Thema in einem eigenen Bounded Context vom Rest der viel zu eng gekoppelten Systemlandschaft abzugrenzen. Diese war nämlich hauptsächlich über Shared Kernels (wie gemeinsame Datenbanken und Code-Reuse) integriert, und es wäre bestimmt nicht verkehrt, diese als klassischen Big Ball of Mud zu bezeichnen.

Betriebsblind, wie das Unternehmen war, war auch die erste Idee der dort tätigen Architekten, zur Umsetzung des neuen Provisionssystems wieder auf dieselben Shared Kernels zu setzen, weil das am einfachsten, billigsten und schnellsten umzusetzen wäre. Tatsächlich verlangten auch die Anforderungen, dass zur Berechnung der Vergütung ein Zugriff auf die Historie der Versicherungsverträge nötig war. Mein Vorschlag war, dass der bestehende

BBoM diese Info bei Änderungen regelmäßig auf einem Message Broker als Pub/Sub-Nachricht zur Verfügung stellt. Das bringt es aber mit sich, dass die Provisions-Domäne dafür ihre eigene Historie der Verträge führen muss. Dies hat den Plan auch recht schnell zunichtegemacht, weil das Unternehmen dazu folgende „Gegenargumente" parat hatte:

- Das Führen der zusätzlichen Policenhistorie wäre aufwendig, während ein direkter Zugriff auf den Shared Kernel mit dem Vertragssystem viel günstiger implementiert werden könnte. Eine Amortisation einer solchen Investition wäre innerhalb der geforderten 3-Jahres-Frist nicht gegeben.

- Die zusätzliche Entwicklungsarbeit hätte Testaufwände nach sich gezogen und Tests waren in diesem Unternehmen besonders schwierig durchzuführen (natürlich wegen mangelnder Modularisierung).

- Der Outsourcing-Partner für den Betrieb war ausgesprochen großzügig zu sich selbst und verlangte vor allem für Speicherplatz wahre Unsummen. Eine redundante Datenhaltung war also nicht gewünscht, weil sie erhebliche Mehrkosten bedeutet hätte.

Der letzte Punkt verdient noch besondere Beachtung. Die Frage, die sich einem da regelrecht aufdrängt, lautet, warum man denn diesen fast schon unverschämt agierenden Partner für den Betrieb der Systeme nicht wechselt. Der Grund war klar: Es gab einfach viel zu viele Systeme (weit über 100), welche auf so eng koppelnde Art und Weise integriert waren, dass es nicht möglich war, mit einem davon den Outsourcing-Partner zu wechseln. Darüber hinaus gab es Technologien, welche so ungünstig im BBoM verteilt waren, dass es nicht absehbar war, wie man sie jemals wieder loswerden konnte. Manche dieser Technologien waren bereits problematisch im Betrieb, weil entweder die Lizenzen dafür kaum noch zu bezahlen waren oder schlichtweg das Know-how dafür am Aussterben war. Auch die Komplexität der Tests war ausschließlich auf die fehlende Architektur zurückzuführen. Das Testen war nämlich deshalb so komplex, weil es wegen der vielen x-beliebigen Abhängigkeiten der Systeme kaum möglich war, ein neues Feature auszuprobieren. Ob es wirklich läuft, hat man meist erst in der Produktionsumgebung gesehen.

Wenn man hier nun in einem Projekt mit einer Modularisierung der Makro-Architektur beginnt, so bringt einem das in absehbarer Zeit keine erkennbaren Vorteile. Diese würden erst eintreten, wenn alle Projekte über eine lange Zeit auf ein ähnliches Ziel der Modularisierung hinarbeiten würden. Hier ist das Unterfangen übrigens (aus meiner zugegeben doch externen Sicht) gescheitert, weil:

- Die Bürokratie, welche nötig war, um den BBoM noch halbwegs fehlerfrei weiterzuentwickeln, wurde fälschlicherweise als erfolgreiche Qualitätssicherungsmaßnahme missverstanden. So gab es Teams, die nur dazu da waren, die wenigen Releases im Jahr zu koordinieren, und andere, welche notwendige Änderungen an der zwangsweise homogenen Betriebsumgebung mit dem Outsourcing-Partner abstimmten. Der Großteil der Mitarbeiter war also mit Tätigkeiten beschäftigt, welche in einer modularen Makro-Architektur gar nicht anfallen würden, auf die man aber noch dazu stolz war. Überhaupt konnte man die eigene Misere nicht unbedingt als solche erkennen, geschweige denn die Missstände auf die fehlende Makro-Architektur zurückführen.

- Die Maßnahmen zur Modularisierung der Systemlandschaft hätten erst langfristig Wirkung gezeigt. Man hätte also ausreichend lange Vertrauen dazu haben müssen. Das Management hatte aber von so etwas noch nie gehört, während man der Meinung war, dass der TOGAF-Standard, auf welchen man setzte, quasi einen „Industriestandard" darstellt. Außerdem haben auch alle externen Consultants, welche gezielt engagiert wurden, weil sie nach dem TOGAF-Standard arbeiteten, die Beibehaltung von TOGAF „merkwürdigerweise" empfohlen.

- Im Zuge der Modularisierung hätte das zentrale, für die allgemeine Planung verantwortliche Team, in dem auch die zentrale Architektur positioniert war, automatisch an Macht verloren. Diese wollte man aber nicht abgeben.

- In Richtung Enterprise-SOA nach TOGAF wurde schon jede Menge Geld investiert. Man wollte sich nicht die Blöße geben, durch einen Richtungswechsel zuzugeben, dass diese Millionen unwiederbringlich verloren gewesen wären.

Mit anderen Worten: Das Unternehmen war einerseits nicht mutig genug, diesen ersten richtigen und wichtigen Schritt in eine bessere Welt zu machen. Andererseits stand man sich dabei auch einfach selber im Wege.

■ 10.6 Fazit

Was gibt es nun noch zu sagen, bevor wir abschließend zu einem Kapitel über Umsetzungsmöglichkeiten der in diesem Buch vorgebrachten Ideen kommen? Meiner Meinung nach ist es eine Tatsache, dass in unserer Branche momentan einiges schiefläuft. Und zwar gerade und vor allem, was das Thema Softwarearchitektur angeht. Warum ist dies gerade hier so? Es ist sicherlich mit ein Grund, dass es sich dabei nicht um eine exakte Wissenschaft handelt. Hier sind andere Disziplinen wie die Physik eindeutig im Vorteil. Wenn dort eine These aufgestellt wird, so kann man daraus Schlussfolgerungen ableiten und diese dann empirisch überprüfen. Dieser Vorgang wird Falsifizierung genannt. Wie sonst wären die Physiker von Einsteins Relativitätstheorie zu überzeugen gewesen, wenn sie nicht in vielen Belangen bei konkreten Beobachtungen der klassischen Mechanik Newtons überlegen gewesen wäre? Oder nehmen wir den Motorsport. Ob ein Team seine Sache gut macht oder nicht, wird man früher oder später schlichtweg an den Rundenzeiten im Vergleich zu den anderen Teams ablesen können. Oder ein Beispiel aus der Welt der Medizin: Um Medikamente zu testen, gibt es das Verfahren des doppeltblinden Tests. Es werden dabei Effekte, die bei der Messung der Wirksamkeit ablenken würden, geschickt ausgeschlossen. Am Ende des Tages weiß man dann, ob und welche Wirkung das getestete Medikament hat. Und was gibt es in der IT? Wenn Sie einen Algorithmus schreiben, dann lässt sich die Frage, ob er das gewünschte Ziel erfüllt oder nicht, noch relativ einfach beantworten. Sobald wir von komplexeren Projekten sprechen, wird die Sache aber schon schwierig bis unmöglich.

In der Softwareentwicklung ist der eventuelle Nutzen einer Maßnahme nicht so einfach zweifelsfrei feststellbar. Schließlich handelt es sich bei jedem Unterfangen, eine Software zu entwickeln, immer um ein einzigartiges Vorgehen, denn wenn es eine solche Software schon geben würde, dann könnte man einfach diese wiederverwenden. Die Teams sind immer unterschiedlich qualifiziert und die Ausgangssituation ist auch meist eine andere. Wie soll man nun also messen, welche Art von Vorgehen, Mustern und Handlungsmaximen jeweils ideal ist? Softwareengineering ist ab einem gewissen Ausmaß an Komplexität einfach zu abstrakt, um noch exakte Aussagen über dessen Effizienz zu treffen.

Um das hinzubekommen, muss es vorrangig festgelegt sein, worum es eigentlich genau geht und was man durch Softwarearchitektur erreichen möchte. Daher war es mir auch so wichtig, an einigen Stellen dieses Buchs (vor allem in den Kapiteln 1, 3 und 6) festzuhalten, was die Ziele sein können. Erst, wenn man diese definiert hat, kann man auch nach dem besten Weg zur Zielerreichung suchen, denn ohne Ziel ist bekanntlich jeder Weg richtig. Erst eine solche Zieldefinition entlarvt die Lüge, die beispielsweise von Vertretern der SOA 1.0 nach wie vor gerne erzählt wird, nämlich dass man dies einfach so machen müsse. Und diese Lüge ist keine kleine, wird sie doch nach wie vor auf manchen Universitäten und Fachhochschulen unterrichtet.

Von daher wundert es mich auch nicht, wenn der Begriff „Architektur" inzwischen für viele einen etwas negativen Beigeschmack hat. Und das liegt dabei bestimmt nicht nur an der SOA 1.0. Ich kann mich auch noch gut an die vielen Layer der Core J2EE Pattern erinnern, von denen auch behauptet wurde, dass man eine Applikation exakt so bauen müsse. Ein Graus, wie dabei ein Consumer gezwungenermaßen über Business Delegates und einem weiteren Umweg über eine Session Facade zu seiner Funktionalität beim Provider kam. Kein Wunder also, dass das Thema überraschend unpopulär ist und für viele etwas angestaubt, schwerfällig und teuer wirkt. Vielleicht ist das aber nichts anderes, als eine willkommene Gelegenheit, das Thema einem Rebranding zu unterziehen. Tatsächlich habe ich den Eindruck, dass der Begriff „Microservices" momentan genau das tut, auch wenn dies sicherlich nie die Intention bei der Entwicklung dieses Architekturstils war. Ich fände es schade, wenn Architekturarbeit in Zukunft darauf reduziert werden würde. Architektur ist nämlich viel mehr als das! Und sie ist wichtig! Sogar sehr wichtig, um dauerhaft erfolgreich zu sein.

Falls Sie mit der Umsetzung beginnen, so möchte ich Sie noch bitten, am Ball zu bleiben. Insbesondere wenn man auf die ersten Widerstände stößt, möchte man auch mal die Flinte ins Korn werfen und auf die Modularisierung pfeifen. Für mich war es jedes Mal aufs neue erstaunlich, wie groß die Zweifel daran waren, dass man eine modulare Makro-Architektur überhaupt hinbekommen könnte. „Aber das geht doch nicht, aus diesen und jenen Gründen …" habe ich nicht nur einmal gehört. Wobei ich aus meiner Erfahrung sagen kann, dass es technisch gar nicht so schwierig ist, sobald einem die Augen dafür geöffnet wurden. Und das ist mir bei Ihnen, lieber Leser, mit diesem Buch hoffentlich gelungen. Unternehmenspolitik macht es aber leider doch wiederum des Öfteren zu einer Herkulesaufgabe. Da lohnt es sich sicherlich eine Zeitlang dranzubleiben, aber wenn ein komplexes System (womit ich in diesem Fall die Organisation meine) sich dauerhaft gegen Änderungen zur Wehr setzt, kann es manchmal auch ratsam sein, rechtzeitig das Weite zu suchen. Diese Organisationen sind in unserer Welt, wo die einzige Konstante der Wandel selbst ist, ohnehin nicht überlebensfähig.

Warnen möchte ich Sie abschließend noch davor, mit einem Hang zum Perfektionismus an die Sache heranzugehen. Und zwar hauptsächlich im Sinne Ihrer eigenen Gesundheit. Wenn Sie perfekt sein möchten, dann sind Sie im Grunde bereits gescheitert. Ich denke, dass Sie Ihren Mitbewerbern am Markt bereits einiges voraushaben, wenn Sie die Dinge nicht falsch angehen, also Ansätze wie SOA 1.0 als den Humbug, den diese darstellen, entlarven können. Bei der Umsetzung werden Sie dann manchmal durchaus auch Kompromisse eingehen, vor allem wenn Sie es schaffen, diese als Technische Schuld nicht zu vergessen. Davon abgesehen ist es meiner Erfahrung nach in einigen Fällen einfacher, modular zu strukturieren, als in anderen. Manchmal existiert eine gewisse Kohäsion zwischen den verschiedenen Anforderungen des Kunden, wodurch diese sich nicht problemlos voneinander abgrenzen lassen. Dies hängt also teilweise auch von der konkreten Domäne ab.

Egal, ob Sie meine Standpunkte teilen oder nicht: Über inhaltlich produktiven Austausch und objektive Debatten zu den hier in diesem Buch von mir angeführten Themen freue ich mich jederzeit. In einem solchen Fall können Sie mich gerne kontaktieren oder an der Diskussion zu den Inhalten dieses Buchs auf meiner Webseite teilnehmen:

http://improve-it.solutions/buch.html

11 Umsetzung

■ 11.1 Datenreplikation

Falls Sie aus welchen Gründen auch immer Daten von einer Subdomäne in eine andere replizieren möchten, so können Sie auf die in diesem Kapitel angeführten Muster bzw. Technologien setzen.

11.1.1 Extract Transform Load (ETL)

Bei den sogenannten ETL-Tools handelt es sich um Werkzeuge, mit denen es möglich ist, Daten aus einer oder mehreren Quellen zu extrahieren, umzuwandeln und/oder in eine oder mehrere Ziele zu importieren. Dies ist natürlich etwas, was am besten in einer Batchverarbeitung passiert.

11.1.2 Features der Datenbanken

Viele Datenbanken aus dem NoSQL-Bereich, wie die MongoDB, haben Mechanismen zur Replikation bereits eingebaut. Dabei muss man allerdings aufpassen, dass es über diese Replikation nicht zu einer Schemateilung und somit zu einer Art kanonischem Modell zwischen den einzelnen Services kommt. Das Adapter Pattern kann dabei dem entgegengesetzt werden. Relationale Datenbanksysteme sind zur Replikation nur bedingt geeignet, es gibt allerdings RDBMS am Markt, wie die MySQL-Datenbank, die dies ebenfalls beherrschen.

11.1.3 Polling

Ein Consumer, der Daten von einem Provider replizieren möchte, kann in gewissen Zeitabständen eine Abfrage an diesen senden. Dabei wird der Timestamp der zuletzt erfolgten

Replikation mitgegeben. Der Provider antwortet mit allen Datensätzen, deren aktueller Änderungs-Timestamp danach liegt. Dabei ist man gut beraten, eine Obergrenze für die Menge der pro Request gelieferten Datensätze zu definieren. Der Consumer holt sich die jeweils geänderten Daten also häppchenweise vom Provider ab. Dies kann dabei im Gegensatz zu einem ETL-Vorgang laufend passieren, auch während das System online ist. Man ist dabei auch in keiner Weise auf bestimmte Technologien beschränkt.

11.1.4 Push Messaging

Nach jedem Update eines Geschäftsfalls stellt der Provider einen Event auf den Message Bus, welcher über die erfolgte Änderung informiert. Alle Consumer, welche daran interessiert sind, holen sich die Daten dann von dort ab. Wenn der neue Datensatz selbst nicht Teil der Payload der Message ist, können diese später per synchronem RPC abgeholt werden.

Apache Kafka

Apache Kafka ist das Messaging-System, welches sich wohl am besten zur Replikation von Daten eignet. Die einzelnen Datensätze werden, im Gegensatz zu den meisten anderen Messaging Lösungen, dauerhaft gespeichert und können von den Consumern jederzeit wieder vollständig abgerufen werden. Datensätze (Records) sind prinzipiell immutable und werden von ihren Producern in ihre jeweiligen Topics geschrieben. Dort werden sie von den interessierten Consumern über die proprietäre API abgeholt. Eine hohe Skalierbarkeit wird erreicht, indem man die einzelnen Topics auf verschiedene Partitionen verteilt. Vorsicht ist allerdings geboten bei der Verwendung von Features wie der Streaming-API, mit der es leider möglich ist, das ESB-Antipattern zu implementieren. Davor warnt auch das aktuelle Technology Radar von Thoughtworks [Tho17].

■ 11.2 Composite UI

Von dem Composite UI Pattern bin ich persönlich ein großer Fan. Sinnvoll anwendbar ist diese Form der Integration über das User-Interface, wenn die Rahmenbedingungen dafür gegeben sind:

- Die Anforderungen müssen dafür geeignet sein.
- Der Einfluss auf das UX-Design muss akzeptiert werden. Die Benutzer müssen gewillt sein, das dadurch entstehende Look and Feel der Benutzerinteraktionen auch zu akzeptieren.
- Es ergibt eigentlich nur Sinn, wenn lediglich eine UI-Plattform für das System existiert. Sobald mehrere Technologien, wie Web, Android und iOS verlangt werden, ist dieses Muster kaum noch sinnvoll anwendbar.
- Die jeweils eingesetzte Technologie muss auch dafür geeignet sein. Bei Web-Entwicklung bieten die Standards des W3C eigentlich immer genügend Möglichkeiten der Integration, wenn auch nicht jedes Framework am Markt dafür geeignet ist.

11.2.1 Partielle Integration im Web

Die folgenden Möglichkeiten bieten sich für Webapplikationen an, um Teile des UIs eines anderen Services in das eigene UI einzubinden. So ziemlich jedes Web-UI-Framework am Markt bietet die eine oder andere Möglichkeit, um damit UI-Widgets zu erstellen. Ich möchte aber davon abraten, einen solchen Mechanismus zur Integration von Services zu verwenden. Der Grund ist, dass die Integration dann nicht mehr agnostisch wäre, was die verwendete Technologie angeht. Die Integration würde auf das jeweils andere Service in der Form technologisch einschränkend wirken, dass es dasselbe UI-Framework verwenden müsste. Wenn man tatsächlich Hunderte Services auf diese Art und Weise integriert, wäre diese Technologie nur mehr durch einen Gewaltakt auszutauschen. Um das zu vermeiden, ist es ratsam, zur UI-Integration möglichst auf die Standards des Webs zu setzen. Es bieten sich die folgenden Möglichkeiten:

Web Components

In den letzten Jahren begann das W3C damit, einen offiziellen Standard zur Erstellung von wiederverwendbaren Komponenten für Webseiten zu entwickeln, genannt Web Components. Dieser besteht seinerseits wiederum aus vier anderen neuen Standards, nämlich Custom Elements, Shadow DOM, HTML Import und HTML Template, welche auch unabhängig voneinander benützt werden können. Im Moment (2017) sind diese Standards noch in Arbeit [W3C17-a] und es gibt dementsprechend auch noch keinen vollständigen Support in den gängigen Browsern. Allerdings ist es bereits möglich, auf Polyfill Libraries zu setzen, welche die Möglichkeit zur Anwendung dieses Standards vorwegnehmen.

Server Standards

Zur Integration am Server war früher der Java-Portlet-Standard recht populär (JSR 286). Dieser kann heute getrost als tot bezeichnet werden, weil es sich dabei um einen Java-spezifischen Standard handelt und er soweit ich weiß nur von wenigen JSF-Implementierungen und durch Vaadin umgesetzt wird. Als Alternative bietet es sich auch hier an, Standards des W3C zu verwenden, wie Edge Side Includes (ESI) [W3C17-b] oder Server Side Includes (SSI) [W3C17-c]. Dadurch ist man technologisch weniger einschränkend, weil offen für alle Technologien, die einen dieser Standards umsetzen.

Von Consumer Client zu Provider Server

Das http-Protokoll bietet ebenfalls noch eine einfache Möglichkeit zur Integration. Nehmen wir eine Situation an, wo ein Webshop aufgeteilt ist auf zwei Services, nämlich Bestellung und Lieferung. Im Zuge der Anzeige der Details zur Bestellung sollen auf derselben Webpage allerdings auch einige Daten zur Lieferung erscheinen und ein Link zur Webseite des Lieferungs-Services, welcher alle Details und Änderungsmöglichkeiten darstellt. Die Umsetzung könnte wie folgt ablaufen:

- Die Webseite `intranet.company.com/bestellung/1234` wird vom Browser vom Service „Bestellung" abgerufen. Die Daten zur Bestellung mit der ID 1234 werden als HTML geliefert und im Browser dargestellt.
- Auf der Webseite wird ein JavaScript wie in Listing 11.1 ausgeführt. Der Content von `intranet.company.com/lieferung/summarypart?orderid=1234` (= serviceURL) wird

geladen. Dieser enthält die Übersichtsdaten zur Lieferung als HTML gerendert, inklusive einem Link zur Detailseite der Lieferung selbst: `<a href='intranet.company.com/lieferung/6789'>Details zur Lieferung</a>`.

- Der Inhalt wird in der eigenen Bestellungs-Webseite dargestellt. Dazu gibt es eine vordefinierte Komponente (Identifizierung in Listing 11.1 Ersetzen einer Komponente im Browser DOM über jquerySelector), welche durch den geladenen Inhalt ersetzt wird. Dort ist dann auch der Link enthalten, welcher den User bei Bedarf zur Detailseite der Lieferung weiterleitet.

Listing 11.1 Ersetzen einer Komponente im Browser DOM

```
var content = $('<div></div>').load(serviceURL, function() {
    $(jquerySelector).replaceWith(content);
});
```

Man darf bei diesem Beispiel nicht übersehen, welche immensen Vorteile diese Integrationsform bietet. Der Lieferservice kann komplett neu geschrieben werden, solange er unter der URL /summarypart?orderid={oderid} weiterhin eine Zusammenfassung als DOM liefert, ohne dass die Bestellung davon irgendetwas mitbekommen würde.

11.2.2 Integration über ein Trägerportal

Die nächste prinzipielle Variante zur UI-Integration, welche ich vorstellen möchte, integriert die UI-Plugins der einzelnen Services in ein Trägerportal (Bild 11.1). Die Kontrolle übernimmt dabei das Portal, welches eigens entwickelt (oder gekauft) und betrieben werden muss. Die Services liefern dabei jeweils „ihren" Teil als UI-Plugin an. Umsetzen können Sie dies wiederum mit einer der Varianten, welche in Kapitel 2 vorgestellt wurden.

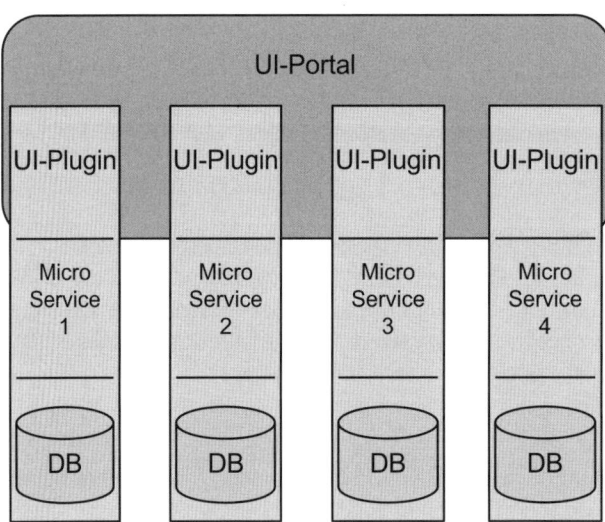

Bild 11.1 Ein Trägerportal bindet aktiv die UI-Teile der anliefernden Services ein

11.2.3 Vollständige Pages

Bei der zweiten Variante definiert jeder Service selbst die jeweils einzelnen Seiten des Gesamtportals, für welche er hauptsächlich zuständig ist. Alle Seiten rendern dabei eine gleichartige Navigation, die es möglich macht, über Links von einer Seite zur anderen, und somit von einem Service zu einem anderen zu navigieren. Dabei gibt es üblicherweise eine Abhängigkeit der einzelnen Services und Portalseiten zu einem gemeinsamen Set an Templates und Widgets, wie zur Anzeige des Navigations-Menüs. Das eigentliche „Portal" entsteht dabei durch dieses gleichartige Zusammenspiel der einzelnen Services (Bild 11.2). Dabei kann es natürlich teilweise ebenfalls zu einer partiellen Integration zwischen den einzelnen Pages kommen.

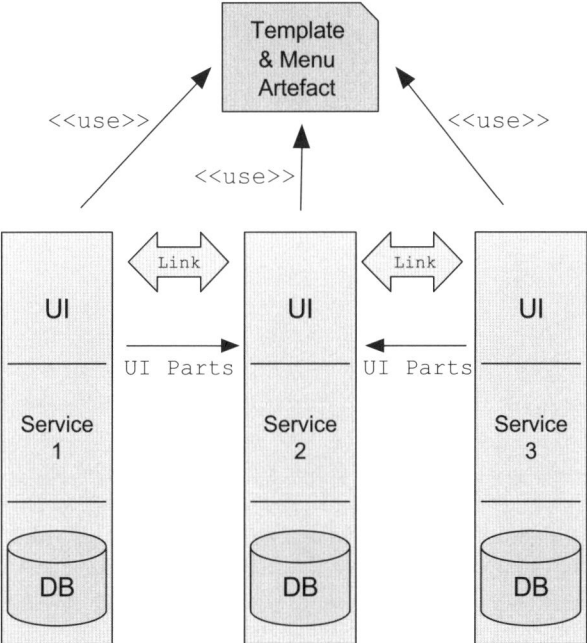

Bild 11.2 Jeder Service liefert komplette Webseiten, die sich zu einem großen Ganzen zusammen-fügen

11.2.4 Komplexe Integration

In komplexeren Anwendungsfällen wird all das aber nicht ausreichend sein. Man kann dann aber manchmal immer noch das UI zur Integration benutzen, und zwar auf dieselbe Art und Weise, wie beispielsweise auch die Integration mit PayPal funktioniert (Bild 11.3). Dabei wird die Integration im UI mit etwas Integration der Service Backends kombiniert.

1. Daten werden bei Bedarf vom initiierenden Service an das jeweilige Gegenüber übergeben. Dabei ist auch ein Link zur Rücknavigation zum UI des Service 1 inkludiert. Einer der beiden Services generiert eine eindeutige ID für diesen gemeinsamen Ablauf.

2. Der Benutzer wird im Browser zum UI des Service 2 weitergeleitet, im Link enthalten ist die in Schritt 1 vergebene eindeutige ID dieser Konversation.

3. Service 2 übergibt ermittelte Daten zurück an Service 1.

4. Danach wird der Browser über die in Schritt 1 übergebene Rücksprungadresse inkl. der eindeutigen ID wieder zum User-Interface von Service 1 geführt.

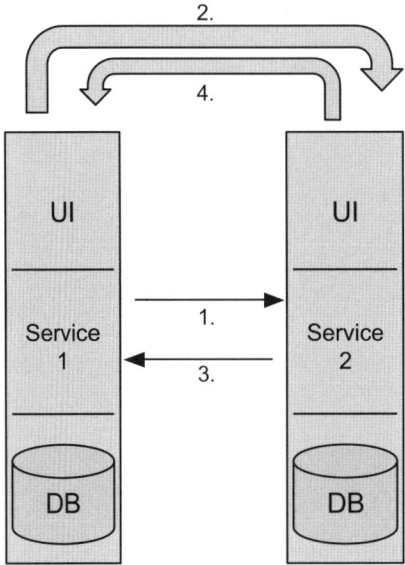

Bild 11.3 UI-Integration mit RPC kombiniert

Vielleicht sind Sie nun darüber verwundert, dass es bei dieser Form der Integration gleich zu zwei Formen der Kopplung kommt, nämlich einerseits über das UI und andererseits ebenfalls über das Datenformat der Schnittstelle zwischen den Backends via RPC. Tatsächlich macht dies natürlich nur Sinn, wenn man sich durch die zusätzliche Kopplung im UI den Großteil der Annahmen in Bezug auf die Datenformate erspart. Meist genügt es dabei nämlich, wenn nur einzelne Schlüssel oder nur wenige Daten zur Interaktion übergeben werden. Die Darstellung der Daten aus Service 2 in Service 1 wäre wesentlich mehr Aufwand und kann dann entfallen.

■ 11.3 Design eines Moduls

Ein einzelnes Modul (oder Service in einem verteilten System), welches sich nicht sinnvoll weiter fachlich zerlegen lässt, braucht natürlich ab einer gewissen Komplexität selber eine innere Struktur bzw. ein Design. Im klassischen Layering gibt es dabei meist eine obere Schicht für das User-Interface, eine mittlere für die Business-Logik und eine untere, welche meist für die Persistenz der Daten zuständig ist. Was mir persönlich daran nicht gefällt, ist, dass die Businesslogik als wichtigstes Element in diesem Zusammenspiel von der Schicht darunter abhängig ist. Robert C. Martin war es, der mit seinen Software-Package-Metriken (Abschnitt 9.6) vorschlägt, gezielt stabile Komponenten zu erstellen, welche keine weiteren ausgehenden Abhängigkeiten mehr besitzen. Wenn wir die Business-Logik von solchen Abhängigkeiten befreien wollen, so bietet sich eine Aufteilung in Anlehnung an den Ports-and-Adapters-Architekturstil an, welche in Bild 11.4 dargestellt ist. Diese würde dann aus den folgenden Subbausteinen bestehen:

- Die Business-Logik selbst definiert Interfaces, welche benötigte Dinge spezifizieren. Das können die erforderlichen ausgehenden externe API sein oder die API zur Persistenz der eigenen Daten.
- Die Business-Logik selbst exportiert keine Funktionalität aus dem Modul heraus. Für andere Bausteine innerhalb des Moduls wird aber gezielt eine API angeboten.
- Das User-Interface und die Fassaden-API für andere Services greifen auf diese API der Business-Logik zu und exportieren, was nötig ist, zu den menschlichen und nicht-menschlichen Consumern dieses Moduls.
- Es gibt Module, welche die von der Businesslogik geforderten Interfaces implementieren. In einem Service wird es eine eigene Implementierung der Persistenz geben, welche per Dependency Injection geliefert wird. Ein Modul eines Monolithen wird hier allerdings evtl. eine Implementierung bekommen, welche für alle Module dieselbe ist, genauso wie die Datenbank, die dann verwendet wird.

Für einfache Fälle kann so eine Aufteilung allerdings auch ein klares Overengineering darstellen! Wenn es allerdings Anwendung findet, so kann ein Modul eines Monolithen später relativ einfach zu einem Service oder Microservice migriert werden.

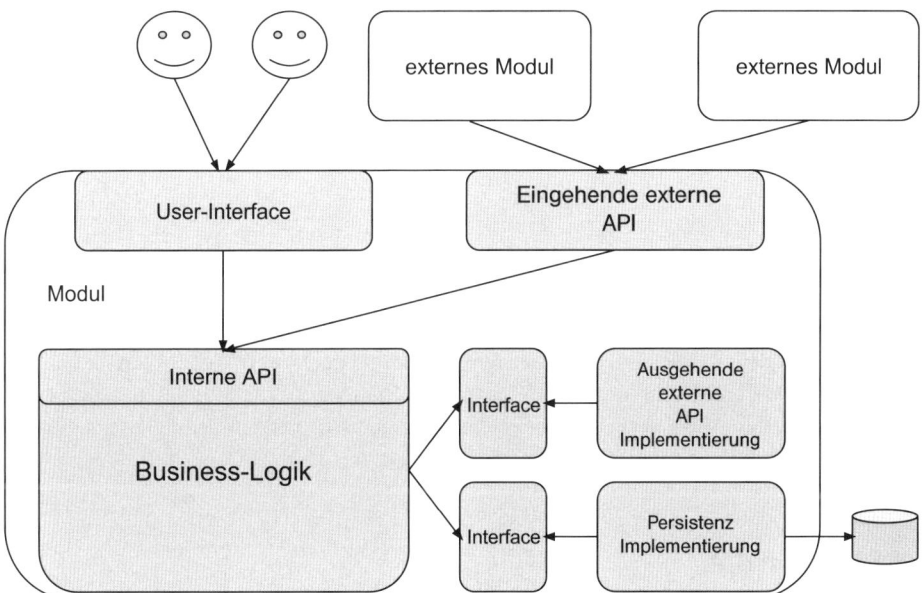

Bild 11.4 Beispiel für eine mögliche innere Struktur eines Moduls bzw. Services

■ 11.4 Consumer Driven Contract Testing mit PACT

Wenn Sie das Buch nun bis hierhin gelesen haben, so ist es vermutlich kein Geheimnis mehr, dass ich ein großer Fan der Consumer Driven Contract Tests bin (Abschnitt 6.2.1). Diese bieten einem nämlich eine hervorragende Möglichkeit, um die Entwicklungstätigkeiten an verschiedenen Services voneinander zu entkoppeln. Die Umsetzung ist leider nicht so ganz einfach, vor allem, wenn man die technologische Entkopplung zwischen Consumer und Provider ernst nehmen möchte. Dann ist es nämlich nicht möglich, als Consumer dem Provider die eigenen Erwartungen in Form eines Tests zu übergeben, der einfach in der eigenen Programmiersprache entwickelt wurde. Schließlich ist ja nicht gesagt, dass in einem Verteilten System der Provider auf dieselbe Technologieplattform setzt wie der Consumer. Hier bietet das Tool PACT Abhilfe [Vit16]. Vorgegangen wird dabei auf die folgende Art und Weise:

1. Zunächst schreibt man für den eigenen Consumer einen Server Mock mit der PACT Fluent API, welcher den eigenen Erwartungen an das Verhalten des Providers entspricht.

2. Bei einem Testlauf des Consumers gegen diesen Mock erstellt PACT eine Datei seines eigenen spezifischen JSON-Formats, welche eine technologie-agnostische Abbildung des Consumer-Vertrags darstellt.

3. Der Provider kann dann im einfachsten Fall über die PACT-Integration in seinen Build-Standard (wie Maven oder Gradle) einen solchen Testfall gegen seine eigene API ausführen.

■ 11.5 Modulares Design

Um für ein modulares Design zu sorgen, ist es natürlich immer möglich, mit einem Tool UML-Diagramme zu erzeugen und diese in ein Word-Dokument einzupflegen. Fraglich wird dann aber sein, ob sich die so erdachten und dokumentierten Konzepte auch tatsächlich im Code wiederfinden werden. In diesem letzten Kapitel möchte ich daher Möglichkeiten näher erläutern, wie man Code selbst strukturieren kann, um dadurch mehr oder weniger automatisch sicherzustellen, dass es keine Architekturverletzungen mehr geben wird. Zunächst schauen wir uns an, welche Bordmittel manche der gängigen Programmiersprachen dafür bereits mitbringen. Auch wenn sich die Möglichkeiten dafür meist in recht überschaubaren Bahnen bewegen.

11.5.1 Javascript

Eine der Programmiersprachen der Zukunft ist mit Sicherheit jene, die jeder Webbrowser auszuführen in der Lage ist, was auf JavaScript zutrifft. Wenn die Sprache auch ihre Schwächen hat, so gibt es meist Mittel und Wege, mit diesen recht gut klarzukommen. Für mich, als C-, C++- und Java-Entwickler, war es ebenfalls etwas gewöhnungsbedürftig, und ich musste mich in den letzten Jahren mit dieser Sprache erst anfreunden. Tatsache ist nämlich, dass JavaScript trotz des Namens nicht allzu viel mit Java zu tun hat. Ursprünglich wurde sie auch Livescript genannt und der Name erst später wegen der damaligen Popularität von Java geändert. Prinzipiell ist die Sprache funktionaler Natur, ganz im Gegensatz zu Java. Diese Funktionen sind es auch, welche es in JavaScript ermöglichen, die Sichtbarkeit einzuschränken.

In Listing 11.2 habe ich ein Beispiel angeführt, welches ein Modul definiert, das gezielt die Funktion PrivateFunction vor der Außenwelt verbirgt, während die Methode PublicFunction zur Wiederverwendung exportiert wird. Die namenlose eingebettende Funktion, deren interne Funktionen in JavaScript prinzipiell vor der Außenwelt verborgen sind, übergibt die zu veröffentlichende Methode dabei der globalen Variable modul, wodurch diese auch später außerhalb dieser Funktion noch aufrufbar bleibt.

Listing 11.2 Eine einfache Moduldefinition ist auch mit JavaScript möglich

```
var modul = {};
(function () {

    function PrivateFunction() {
        console.log('Privat!');
    }

    function PublicFunction() {
        console.log('Public!');
        PrivateFunction();
    }

    // Export der öffentlichen Methode
    modul.PublicFunction = PublicFunction;

})();

modul.PublicFunction();
// -> Console: Public! Private!

// Nicht sichtbar:
//modul.PrivateFunction();
```

11.5.2 TypeScript

Bei TypeScript handelt es sich um einen cleveren Ansatz, der JavaScript (einer Art bottom-up-Ansatz folgend) die Dinge hinzufügt, welche viele beim Design komplexerer Systeme mit dieser Sprache vermissen. Außerdem werden Features kommender JavaScript-Standards dabei vorweggenommen und von einem Compiler in den gewünschten JavaScript-Standard transpiliert (übersetzt). In Listing 11.3 sehen Sie ein Stück TypeScript-Code, welches weitgehend das Pendant zum Beispiel aus Listing 11.2. Eine einfache Moduldefinition ist auch mit JavaScript möglich darstellt.

Listing 11.3 Noch eleganter ist dasselbe mit TypeScript möglich

```
module MyModule {

    class PrivateClass {
        doSomething() {
            console.log('Private!');
        }
    }

    export class PublicClass {
        private local = new PrivateClass();
        someFunction() {
            console.log('Public!');
            this.local.doSomething();
        }
    }
}

var oeffentlich = new MyModule.PublicClass();
oeffentlich.someFunction();
// -> Console: Public! Private!

// Nicht sichtbar:
//var privat = new MyModule.PrivateClass();
```

11.5.3 Java

Pures Java bietet zwar etwas mehr Optionen als JavaScript für die Modularisierung des Codes, als völlig ausreichend empfinde ich die Möglichkeiten aber nach wie vor nicht. Über die folgenden Schlüsselwörter können Sie die Sichtbarkeit von Java-Code einschränken. Möglich ist das für die Variablen und Methoden innerhalb einer Klasse und für die Klassen innerhalb eines Packages:

- Mit **public** gekennzeichnete Methoden oder Klassen sind für jedermann sichtbar.
- Das Schlüsselwort **protected** schränkt die Sichtbarkeit auf dieselbe Klasse, sich im selben Package befindende Klassen und von dieser Klasse erbende Klassen ein.
- Der Verzicht auf ein Schlüsselwort bedeutet, dass die jeweilige Funktionalität nur in der Klasse selbst und in Klassen desselben Packages sichtbar sein soll (**package protection**).
- Wenn Sie eine Methode oder Membervariable als **private** markieren, dann ist sie ausnahmslos nur in der Klasse selbst sichtbar.

Es ist unter Java-Entwicklern durchaus üblich, Methoden einer Klasse möglichst vor der Außenwelt zu verbergen und diese als private zu markieren. Es ist aber nach wie vor Unsitte, prinzipiell alle erstellten Klassen public zu machen, wodurch diese für alle anderen Klassen auch außerhalb desselben Packages sichtbar werden. Obwohl einem ein Java-Package also bereits eine einfache Möglichkeit zur Modularisierung des Codes bietet, findet diese überraschenderweise meist gar keine Anwendung. Packages werden dann viel mehr dazu verwendet, um eine gewisse kategorische Einteilung der Klassen vorzunehmen, die keinerlei Moduldefinition entsprechen. Um aus einem Package ein Modul zu machen, ist nichts weiter zu tun, als manche Klassen, welche von der Außenwelt verborgen werden sollen, als package protected zu definieren (Default, ohne Schlüsselwort). Dies klappt aber wieder nur so lange, bis es nötig wird, ein solches Modul in mehrere Packages aufzuteilen.

Project Jigsaw

Ab der im September 2017 verabschiedeten Version 9 bringt Java ein eigenes einfaches Modulkonzept mit, Project Jigsaw genannt. JAR-Dateien waren ja von jeher nur als Mittel zur Auslieferung von Java-Klassen gedacht und bringen kein eigenes Modulkonzept mit sich. Es gibt keine dezidierte Schnittstelle eines .JARs bzw. es ist alles, was im JAR-File enthalten ist, dessen Schnittstelle. Dies war bestimmt mit eine der Ursachen für die jetzt weit verbreitete JAR-Hölle, wo man oft nicht mehr weiß, wer (und warum) eigentlich welches der vielen JAR-Files benötigt oder ob eines davon evtl. bereits überflüssig sein könnte. Durch Project Jigsaw wird es nun möglich, ein Java-Modul aus mehreren Packages zu bilden, wobei jedes davon …

- … die Packages definiert, welche es exportiert (alle anderen sind defaultmäßig verborgen).
- … die Module definiert, welche es selber wiederum benötigt. Dort hat es dann natürlich nur Zugriff auf die davon wiederum exportierten Packages.

Festgelegt wird dies mit einer selbsterklärenden Syntax in einer Datei module-info.java, wie in Listing 11.4 gezeigt. Einer der ganz großen Vorteile daran ist bestimmt, dass es sich dabei nun um ein offizielles Feature von Java handelt und in Zukunft wohl von jeder IDE berücksichtigt werden wird. Nachteilig ist anzuführen, dass komplexere Architekturregeln, wie hierarchische Zerlegungen, damit nach wie vor nicht abzubilden sind.

Listing 11.4 Eine einfache Moduldefinition mit Project Jigsaw

```
module com.foo.bar {
    requires com.foo.baz;
    exports com.foo.bar.api;
}
```

11.5.4 Open Services Gateway initiative – OSGi

Bei OSGi handelt es sich um einen seit längerem etablierten und von vielen Implementierungen unterstützten Standard, welcher auf der Java Virtual Machine (JVM) aufbaut. Dabei macht es eine OSGi-Implementierung möglich, einzelne Module, hier genannt „Bundles", zu starten, in verschiedenen Versionen parallel zu betreiben und während der Laufzeit auszuwechseln. Der Begriff „Service" bezieht sich in OSGi dabei auf die Schnittstelle (API) eines solchen Moduls bzw. „Bundles". Über die „Registry" wird ein solcher „Service" JVM lokal zur Verfügung gestellt. OSGi hat seinen Ursprung übrigens im Bau und Betrieb von eingebetteten Systemen (embedded Systems) und war niemals als eine Plattform für den Betrieb Verteilter Systeme gedacht, auch wenn manche der Begriffe hier ebenfalls (und teilweise leider auch anders) verwendet werden. Prinzipiell handelt es sich bei einem OSGi-„Bundle" um ein ganz normales JAR-File, welches um spezifische Metainformation in der Datei META-INF/ MANIFEST.MF erweitert wird. In Listing 11.5 sehen Sie ein Beispiel für eine solche Datei, welche in etwa dem Beispiel der Project-Jigsaw-Definition aus Listing 11.4 entspricht.

Listing 11.5 Dieselbe Moduldefinition in OSGi

```
Manifest-Version: 1.0
Bundle-ManifestVersion: 2
Bundle-Name: Foo Bar Sample Bundle
Bundle-SymbolicName: com.foo.bar
Bundle-Version: 1.0.0
Bundle-Activator: com.foo.bar.Activator
Require-Bundle: com.foo.baz;bundle-version="1.0.4"
Export-Package: com.foo.bar.api;version="1.0.0"
```

11.5.5 ArchUnit

Wenn Sie die Einhaltung gewisser Strukturregeln über die Möglichkeiten von Java hinaus forcieren möchten, so gibt es dafür u. a. völlig frei verfügbare Libraries, welche allerdings einen relativ eingeschränkten Funktionsumfang besitzen. Vielversprechend scheint mir das noch recht junge Projekt ArchUnit von Peter Gafert [Gaf17]. Dabei werden Architektur-regeln als Unit-Tests abgebildet. Bei Verletzung einer solchen Regel wird dann der Build schiefgehen, genauso wie das passiert, wenn irgendein anderer der funktionalen Unit-Tests fehlschlagen würde. Als Beispiel nehmen wir eine Architektur mit drei Schichten an (.bot-tom, .middle, und .top), wo wir definieren wollen, dass Zugriffe nur von oben (.top) nach unten (über .middle zu .bottom) erlaubt sein sollen. Dies wurde in Listing 11.6 mit ArchUnit implementiert. Einerseits elegant, wenn dadurch Architekturregel und Code miteinander untrennbar vereint werden. Man kann sich aber an diesem einfachen Beispiel auch bereits vorstellen, dass es bei komplexen Fällen ausgesprochen mühsam werden kann, die Regeln mit dieser Fluent-API zu definieren. Bei einer schrittweisen Verbesserung von Legacy-Code wird so etwas auch nicht sinnvoll zur Anwendung kommen können, wodurch es dann nötig wird, zu einem der kommerziellen Tools zu greifen, wie eben Sonargraph eines ist.

Listing 11.6 Prüfung der Struktur mit ArchUnit

```
public class AppTest {

    private final ClassFileImporter importer = new ClassFileImporter();
    private JavaClasses classes;

    @Before
    public void importClasses() {
        classes = importer.importClasspath();
    }

    @org.junit.Test
    public void testApp() {

        com.tngtech.archunit.lang.syntax.ArchRuleDefinition.noClasses().that()
            .resideInAPackage("info.moderneit.bottom").should()
            .accessClassesThat().resideInAPackage("info.moderneit.middle")
            .andShould().accessClassesThat()
            .resideInAPackage("info.moderneit.top").check(classes);
```

```
com.tngtech.archunit.lang.syntax.ArchRuleDefinition.noClasses().that()
    .resideInAPackage("info.moderneit.middle").should()
    .accessClassesThat().resideInAPackage("info.moderneit.top").check(classes);
    }
}
```

11.5.6 Sonargraph

Das kommerzielle Sonargraph von hello2morrow ist ein allumfassendes Werkzeug zur Definition und Überprüfung von Softwarearchitekturen. Sein Funktionsumfang geht über die reine Festlegung gewünschter Strukturen hinaus. Unterstützt werden die Programmiersprachen C, C++, C# und Java. Mit diesem Tool ist man u. a. zu Folgendem in der Lage:

■ Ist-Architekturen durch statische Code-Analyse visualisieren (Bild 11.5).

■ Durchführung virtueller Refactorings mit Einblick in das damit erreichbare Ergebnis.

■ Berechnung diverser Kennzahlen, wie ein Großteil derer, welche in Kapitel 9 vorgestellt wurden. Inklusive Festlegung von Grenzwerten.

■ Erzeugen von eigenen Scripts zur Überprüfung eigens definierter Regeln im Code. Viele solcher Scripts werden dabei bereits mitgeliefert.

■ Erkennung und Visualisierung von Strukturzyklen inkl. Unterstützung bei Auflösung derselben.

■ Integration in die meisten IDEs (wie IntelliJ und Eclipse) und Build-Standards (wie Maven oder Gradle). Integration in SonarQube als eigenes Dashboard.

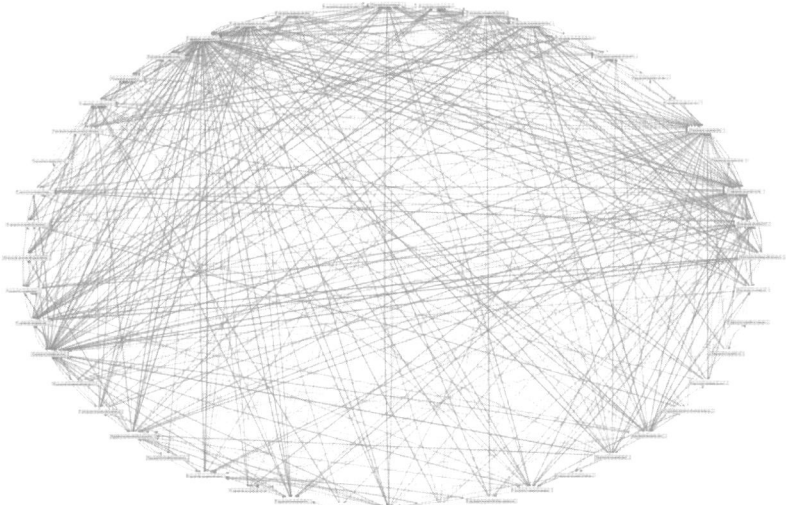

Bild 11.5 Manche Open-Source-Projekte, wie hier Apache Cassandra, sind leider nichts anderes als Musterbeispiele für einen Big Ball of Mud

Hier möchte ich zum Abschluss noch auf das Hauptfeature von Sonargraph eingehen, welches die Möglichkeit bietet, mit einer eigenen DSL die Strukturregeln des Codes festzulegen. Ich möchte dafür ein fiktives Beispiel verwenden, welches in Bild 11.6 dargestellt ist. Dabei enthält das System „Demo" die Module „Facade" und „Service". Die Fassade ist auf zwei Subbausteine aufgeteilt und greift auf das Modul Service ausschließlich über dessen dezidierte API zu. Denselben Sachverhalt habe ich außerdem noch in Listing 11.7 mit der Sonargraph DSL abgebildet. Dies sollte dann hoffentlich gemeinsam mit der Abbildung selbsterklärend sein.

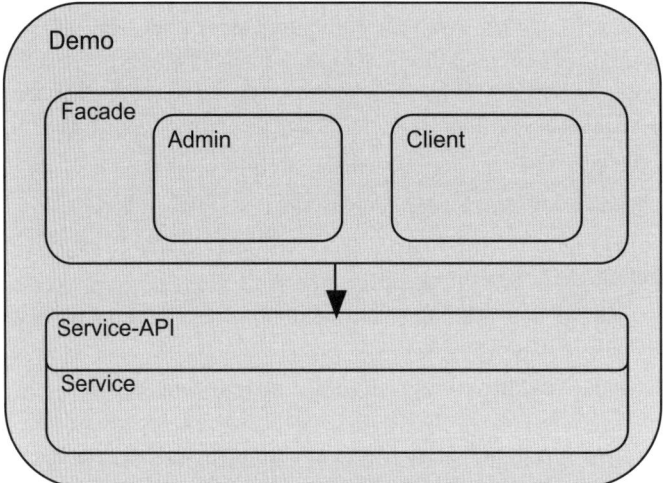

Bild 11.6 Die in Listing 11.7 beschriebene Struktur

Listing 11.7 Beispiel für eine Architekturdefinition mit der Sonargraph DSL

```
artifact Demo
{
    include "demo/com/company/demo/**"

    artifact Facade
    {
        include "*/*/*/*/facade/**"

        artifact Admin
        {
            include "*/*/*/*/facade/admin/**"
        }

        artifact Clients
        {
            include "*/*/*/*/facade/clients/**"
        }

        connect to Service.Api
    }

    artifact Service
```

```
    {
        include "*/*/*/*/service/**"

        interface Api
        {
            // Only classes in the "api" package can be used from outside
            include "*/*/*/*/*/api/*"
        }
    }
}
```

12 Glossar

Abhängigkeit, direkt bzw. indirekt	Eine Komponente ist von einer andere direkt abhängig, wenn sie eine Schnittstelle von dieser benützt. Indirekte Abhängigkeiten ergeben sich durch die weiteren Abhängigkeiten der verwendeten Komponenten.
Abstraktionsebene	Konkrete Ebene in den Strukturdimensionen.
Antipattern	Ein Muster, welches früher als Pattern galt, bei dem sich aber herausstellte, dass durch den Einsatz mehr Nachteile als Vorteile entstehen.
Big Ball of Mud	Synonym für ein komplexes System, dem es an jeglichem Strukturentwurf mangelt.
Baustein	*siehe Komponente.*
Consumer	Benutzer einer Schnittstelle, welche ein anderes Service exportiert.
Dependency	*siehe Abhängigkeit.*
Design	*siehe Mikro-Architektur.*
Distributed System	*siehe Verteiltes System.*
Elfenbeinturm	Ein leider allzu oft anzutreffendes organisatorisches Antipattern. Es werden damit Abteilungen bezeichnet, die aufgrund ihrer Abschottung von der Realität bei den Zielen, die sie verfolgen, sich nur mehr auf sich selbst konzentrieren.
Iteration	Einzelner Schritt eines Vorgehens, welches auf Grund seiner Länge oder Komplexität in kürzere Einzelschritte aufgeteilt wurde.
Komponente	Ein modularer Teil eines Systems. Dieser wird durch seine extern wahrnehmbaren Eigenschaften wie ein- und ausgehende Schnittstellen beschrieben, auf deren Basis er austauschbar ist.
Layer	Strukturschnitte von vollständiger horizontaler Ausdehnung, weithin als Antipattern bekannt.
Legacy	Die „Erbschaft", womit üblicherweise die Altsystemlandschaft des Unternehmens gemeint ist. Oft wird es auch einfach als synonym für schlechte Architekturen verwendet (*siehe Big Ball of Mud*).
Makro-Architektur	Architekturthemen der hohen Abstraktionsebenen.
Manifest	Abgestimmte Handlungsrichtlinien und Philosophien.

Microservices	Modulare Unterart von SOA, bei der eine eher feingranulare Aufteilung in Services angestrebt wird.
Mikro-Architektur	Architekturthemen niedriger Abstraktionsebenen.
Modul	Eine spezielle Art von Komponente, für welche zusätzliche Bedingungen gelten und in welcher die Einhaltung gewisser Designprinzipien gegeben ist, wie Information Hiding, hohe Kohäsion und lose Kopplung.
Monolith	Software, welche am Stück gebaut und ausgeliefert werden kann. Die einzelnen Komponenten müssen dazu auf derselben Technologieplattform aufsetzen. Die Kommunikation zwischen den einzelnen Komponenten erfolgt mit den simplen Mitteln, welche diese Plattform bietet.
Muster	*siehe Pattern.*
Pattern	Bewährtes Lösungsmuster für eine Problematik, welche in Design und Architektur häufiger anzutreffen ist.
Provider	Service, welches eine Schnittstelle für mögliche Consumer bereitstellt.
Schichten	*siehe Layer.*
Schnitte	Grenzen der einzelnen Komponenten in einer Architektur.
Seiteneffekt	Änderungen an einer Komponente, die zu einer unerwünschten Auswirkung auf eine andere Komponente führt.
Service	Ein Dienst, welcher eine gewisse Funktionalität üblicherweise innerhalb einer SOA anbietet.
SOA	Architekturansatz, bei dem sich die Systemlandschaft in einzelne Services/Dienste zerlegt. Oft genutzt als Synonym für Verteiltes System.
SOA 1.0	Unterart von SOA, welche explizit nicht modular ist, sondern versucht, externe Abhängigkeiten zu maximieren, um in der Lage zu sein, aus bestehenden Services neue Funktionalitäten zu generieren.
Single-Point-of-Failure	Ein nicht redundantes Infrastrukturelement, welches bei Problemen die Verfügbarkeit weiter Teile der Systemlandschaft gefährdet.
Strukturdimensionen	Ebenen der Verschachtelung von Komponenten ineinander. Umso sinnvoller, je größer das System.
Time to Market	Geschwindigkeit, mit der ein Unternehmen in der Lage ist, mit neuen Features und Produktion an die Öffentlichkeit zu gehen.
Verteiltes System	Eine Systemlandschaft, bei der die einzelnen Bausteine über das Netzwerk miteinander verbunden sind.
Wartung	Laufende Betreuung (Änderungen, Updates) eines Softwaresystems.

13 Quellen

[Bec15]   K. Beck: Twitter Post, 06 05 2017. [Online]. *https://twitter.com/kentbeck/
           status/596007846887628801*

[Bro14]   S. Brown: Distributed big balls of mud, 06 07 2014. [Online].
           *http://www.codingthearchitecture.com/2014/07/06/distributed_big_balls_of_
           mud.html*

[Cho14]   J. Choi: The Science Behind Why Jeff Bezos's Two-Pizza Team Rule Works,
           24.09.2014. [Online]. *http://blog.idonethis.com/two-pizza-team/*

[Con68]   M. E. Conway: How Do Committees Invent? In: F. D. Thompson Publications, Inc.
           (Hrsg.): Datamation. Band 14, Band 5, 04/1968

[Dah10]   U. Dahan: The known unknowns of SOA, 15.11.2010. [Online]. *http://udidahan.
           com/2010/11/15/the-known-unknowns-of-soa*

[Daw16]   R. Dawkins: Der Gotteswahn, Ullstein Taschenbuch, Berlin, 2016

[Dow17]   H. Dowalil: Langlebigkeitstherapien, JavaMagazin, no. 11, 2017

[Eva03]   E. Evans: Domain-Driven Design: Tackling Complexity in the Heart of Software,
           Addison Wesley,1. Auflage, Boston 2003

[Fea10]   M. C. Feathers: Effektives Arbeiten mit Legacy Code. Refactoring und Testen beste-
           hender Software, Mitp-Verlag, Frechen 2010

[Fow04]   M. Fowler: Inversion of Control Containers and the Dependency Injection pattern,
           23.01.2004. [Online]. *https://martinfowler.com/articles/injection.html*

[Fow08]   M. Fowler: Does My Bus Look Big in This?, 06.06.2008. [Online].
           https://www.infoq.com/presentations/soa-without-esb

[Fow10]   M. Fowler: Richardson Maturity Model, steps toward the glory of REST. 18.03.2010.
           [Online]. *https://martinfowler.com/articles/richardsonMaturityModel.html*

[Fow15]   M. Fowler: Monolith First, 03.06.2015. [Online]. *https://martinfowler.com/bliki/
           MonolithFirst.html*

[Fre16]   J. Freund, B. Rücker: Praxishandbuch BPMN: Mit Einführung in CMMN und DMN.
           Hanser, München 2016

[Gaf17]   P. Gafert: Java-Architekturen testen mit ArchUnit, 31.10.2017. [Online]. *https://
           www.informatik-aktuell.de/entwicklung/programmiersprachen/java-architekturen-
           testen-mit-archunit.html*

[Gam94]   *E. Gamma, R. Helm, R. E. Johnson, J. Vlissides:* Design Patterns. Elements of Reusable
           Object-Oriented Software, Prentice Hall, Upper Saddle River 1994

[Gia13]   *V. Giang:* The ‚Two Pizza Rule' Is Jeff Bezos' Secret To Productive Meetings,
           29.10.2013. [Online]. *http://www.businessinsider.com/jeff-bezos-two-pizza-rule-*
           for-productive-meetings-2013-10?IR=T

[Hal77]   *M. Halstead:* Elements of Software Science, Elsevier North-Holland, 1977

[Hic12]   *R. Hickey:* Simplicity Matters, Rails Conf Keynote, 2012. [Online].
           http://confreaks.tv/videos/railsconf2012-keynote-simplicity-matters

[Hen00]   *C. Hendrikson, Ann Anderson, Ron Jeffries:* Extreme Programming Installed (XP),
           Addison Wesley, Boston 2000

[Hod16]   *P. Hodgson:* Feature Toggles, 08.02.2008. [Online]. *https://martinfowler.com/*
           articles/feature-toggles.html

[Hoh03]   *G. Hohpe, B. Woolf:* Enterprise Integration Patterns: Designing, Building, and Deploy-
           ing Messaging Solutions, Addison-Wesley Longman, Amsterdam 2003

[Hol87]   *I. Holland:* Law of Demeter: Principle of Least Knowledge, Northeastern University,
           1987. [Online]. *http://www.ccs.neu.edu/home/lieber/LoD.html*

[Ino17]   *K. Inoue, R. Yokomori, H. Fujiwara, T. Yamamoto, M. Matsushita, S. Kusumoto:*
           Component Rank: Relative Significance Rank for Software Component Search,
           2017. [Online]. *http://sel.ist.osaka-u.ac.jp/lab-db/betuzuri/archive/391/391.pdf*

[Jac75]   *M. A. Jackson:* Principles of Program Design, Academic Press, London 1975

[JAR17]   *JArchitect:* Relational Cohesion (H), 2017. [Online]. *https://www.jarchitect.com/*
           Metrics#RelationalCohesion

[Kel17]   *W. Keller:* IT-Unternehmensarchitektur: Von der Geschäftsstrategie zur optimalen
           IT-Unterstützung, dpunkt, Heidelberg 2017

[Kin13]   *M. Kindahl:* MySQL Sharding: Tools and Best Practices for Horizontal Scaling,
           23.09.2013. [Online]. *https://www.slideshare.net/mkindahl/mysql-sharding-tools-*
           and-best-practices-for-horizontal-scaling

[Köb17]   *N. Köbler:* „Die Drehscheibe", JavaMagazin, no. 4, 2017

[Lak96]   *J. S. Lakos:* Large-Scale C++ Software Design, Addison-Wesley Professional Compu-
           ting, Boston 1996

[Lie13]   *D. Liebler:* Consistent Hashing – intelligentes Sharding, 08.05.2013. [Online].
           https://blog.mayflower.de/3712-Consistent-Hashing-e28093-intelligentes-Sharding.
           html

[Lil17]   *C. Lilienthal:* Langlebige Software-Architekturen: Technische Schulden analysieren,
           begrenzen und abbauen, dpunkt.verlag GmbH, Heidelberg 2017

[Lis87]   *B. Liskov:* Data abstraction and hierarchy Konferenz-Keynote, 1987

[Mar02]   *R. C. Martin:* Agile Software Development: Principles, Patterns and Practices,
           Pearson Education, London 2002

[Mar13]   *R. C. Martin:* Clean Code: A Handbook for Agile Software Craftsmanship, Prentice
           Hall, Upper Saddle River 2013

[Mar17]   *R. C. Martin:* Clean Architecture: A Craftsman's Guide to Software Structure and
           Design, Prentice Hall, Upper Saddle River 2017

[McC76]   *T. McCabe:* A Complexity Measure, IEEE Trans, On S. E., 1976

[Mey86]   *B. Meyer:* Design by Contract, Technical Report TR-EI-12/CO, Interactive Software Engineering Inc., 1986

[Mey94]   *B. Meyer:* Object Oriented Software Construction, Prentice Hall, 09/1994

[Mol87]   *H. G. Molina, K. Salem:* Sagas, 1987. [Online]. *ftp://ftp.cs.princeton.edu/ reports/1987/070.pdf*

[Mur10]   *S. Murer, B. Bonati:* Managed Evolution: A Strategy for Very Large Information Systems, Springer, Berlin 2010

[New15]   *S. Newman:* Pattern: Backends For Frontends, 18.11.2015. [Online]. *http://samnewman.io/patterns/architectural/bff/*

[Nyg07]   *M. T. Nygard:* Release It!: Design and Deploy Production-Ready Software (Pragmatic Programmers), O'Reilly UK Ltd., Sebastopol 2007

[ORA17]   *ORACLE*, Preconditions, Postconditions and Class Invariants, 2017. [Online]. *https://docs.oracle.com/cd/E19683-01/806-7930/assert-13/index.html*

[Paa08]   *G. Paal:* Verluste - eine Geschichte, 2008. [Online]. *http://www.gunkl.at/Verluste.pdf*

[Par01]   *D. L. Parnas:* Software Fundamentals: Collected Papers by David L. Parnas, Addison Wesley Pub Co Inc, Boston 2001

[Par55]   *C. N. Parkinson:* The Economist, No 5856, 19.11.1955

[Pos89]   *Jonathan Postel:* Requirements for Internet Hosts – Communication Layers, 10/1989. [Online]. *https://tools.ietf.org/html/rfc1122*

[Ric17]   *C. Richardson:* Pattern: Application publishes Events, 2017. [Online]. *http://microservices.io/patterns/data/application-events.html*

[Rod17]   *G. Roden:* Event Stores selber bauen, 20.10.2017. [Online]. *https://www.heise.de/ developer/artikel/Event-Stores-selber-bauen-3864270.html*

[Rot17]   *A. Rotem-Gal-Oz:* Fallacies of Distributed Computing Explained, 2017. [Online]. *http://www.rgoarchitects.com/Files/fallacies.pdf*

[Ruc17]   *B. Rücker:* Saga: How to implement complex business transactions without two phase commit. 26.04.2017. [Online]. *https://blog.bernd-ruecker.com/saga-how-to-implement-complex-business-transactions-without-two-phase-commit-e00aa41a1b1b*

[Rus27]   *B. Russell:* Is There a God? Why I am not a Christian, 06.03.1927.

[Sie01]   *H. Siebert:* Der Kobra-Effekt: Wie man Irrwege der Wirtschaftspolitik vermeidet, DVA, München 2001

[Sne10]   *H. M. Sneed, R. Seidl:* Software in Zahlen: Die Vermessung von Applikationen. Hanser, München 2010

[Sta14]   *G. Starke, M. Gharbi, A. Koschel, A.Rausch:* Basiswissen für Softwarearchitekten: Aus- und Weiterbildung nach iSAQB-Standard zum Certified Professional for Software Architecture – Foundation Level, dpunkt.verlag GmbH, Heidelberg 2014

[Sta15]   *G. Starke:* Effektive Softwarearchitekturen: Ein praktischer Leitfaden. Hanser, München 2015

[Sta16]   *G. Starke, P. Hruschka:* arc42 in Aktion: Praktische Tipps zur Architekturdokumentation. Hanser, München 2016

[Sta17]   *G. Starke:* Aim42 Whitepaper V2, 06/2017. [Online]. *http://aim42.org/assets/ downloads/AIM42-Whitepaper-v2.0.pdf*

[Tak17]   *D. Takai:* Architektur für Websysteme. Hanser, München 2017

[Tho17]	*Thoughtworks:* Technology Radar Vol. 17, 2017. [Online]. *https://www.thoughtworks.com/de/radar/techniques/recreating-esb-antipatterns-with-kafka*
[Til11]	*S. Tilkov, P. Ghadir:* Softwarearchitektur im Großen, OBJEKTspektrum – Ausgabe Architekturen/2011
[Til15]	*S. Tilkov:* REST und HTTP: Entwicklung und Integration nach dem Architekturstil des Web, dpunkt.verlag GmbH, Heidelberg 2015
[TOG11]	*The Open Group:* TOGAF® Version 9.1, Van Haren Publishing, 29. 11. 2011
[Tot15]	*S. Toth:* Vorgehensmuster für Softwarearchitektur: Kombinierbare Praktiken in Zeiten von Agile und Lean. Hanser, München 2015
[Ver17]	*V. Vernon, C. Lilienthal, H. Schwentner:* Domain Driven Design kompakt, dpunkt, Heidelberg 2017
[Vit16]	*M. Vitz:* Consumer-Driven Contracts – Testen von Schnittstellen innerhalb einer Microservices-Architektur, JAVASpektrum, no. 4, 2016.
[W3C17-a]	*W3C:* WEB COMPONENTS CURRENT STATUS, 2017. [Online]. *https://www.w3.org/standards/techs/components*
[W3C17-b]	*W3C:* ESI Language Specification 1.0, 2017. [Online]. *https://www.w3.org/TR/esi-lang*
[W3C17-c]	*W3C:* Server Side Include commands, 2017. [Online]. *https://www.w3.org/Jigsaw/Doc/User/SSI.html*
[WIK17-a]	*WIKIPEDIA:* Business-IT alignment, 2017. [Online]. *https://en.wikipedia.org/wiki/Business-IT_alignment*
[WIK17-b]	*WIKIPEDIA:* Service Oriented Architecture, 2017. [Online]. *https://en.wikipedia.org/wiki/Service-oriented_architecture*
[WKO16]	*Wirtschaftskammer Österreich:* Gamification - Den menschlichen Spieltrieb unternehmerisch nutzen! 18. 07. 2016. [Online] *https://www.wko.at/service/innovation-technologie-digitalisierung/gamification.html*
[Zit15]	*A. v. Zitzewitz:* The Importance of Defining „Done" Correctly, 03. 02. 2015. [Online]. *http://blog.hello2morrow.com/2015/02/the-importance-of-defining-done-correctly/*
[Zör15]	*S. Zörner:* Softwarearchitekturen dokumentieren und kommunizieren: Entwürfe, Entscheidungen und Lösungen nachvollziehbar und wirkungsvoll festhalten. Hanser, München 2015
[Zör16]	*S. Zörner:* Microservices: Softwarearchitektur-Relevanz? JavaMagazin, no. 9, 2016.

Index